PŘEKL[illegible]ÍK

ČEŠTINA/RUŠTINA/ANGLIČTINA

VOTOBIA

1997

Překladový slovník

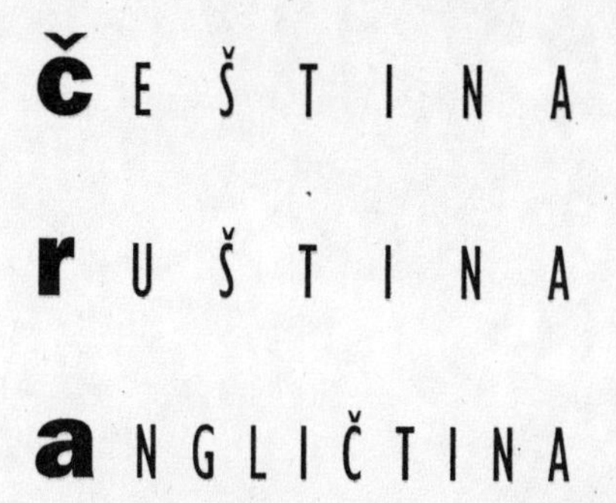

z oblasti

ekonomické, finanční, politické a sociálně právní

Zpracoval kolektiv autorů

Slovník zpracoval kolektiv autorů:

doc. PhDr. Helena Flídrová, CSc., PhDr. Milena Machalová,
Mgr. Jarmila Potomková, Mgr. Ladislav Vobořil, doc. PhDr. Eva Vysloužilová, CSc.

Odborná spolupráce:

doc. L. I. Stěpanova, CSc., Filologická fakulta, Univerzita St. Peterburg, Rusko.
Michael Charles Stoddart, B. A., katedra anglistiky a amerikanistiky FF UP Olomouc
Dr. Alec Oulton, Velká Británie, t. č. zahraniční lektor UP Olomouc.

ISBN 80-7198-231-8

Předmluva

Předkládaný česko-rusko-anglický slovník je jednosvazkový praktický slovník, který přináší aktuální slovní zásobu a běžnou terminologii z rychle se rozvíjejících oblastí, a to zejména z ekonomiky a financí, vnější i vnitřní politiky a sociálně právní sféry, okrajově také z ekologie a náboženství. V závěrečné části jsou uvedeny v abecedním řazení názvy vybraných institucí a mezinárodních organizací.

Vzhledem k dynamice současného vývoje v těchto oblastech u nás i v jiných zemích si slovník nemůže činit nároky na úplné postižení neustále se obohacující slovní zásoby.

Slovník je určen širokému okruhu zájemců, manažerům a odborníkům příslušných profesí, překladatelům, pedagogům vyšších stupňů škol i studentům. Důraz byl kladen na to, aby byl přístupnou formou zachycen současný jazyk.

Zárukou co nejsnadnějšího používání slovníku je poměrně jednoduché zpracování jednotlivých hesel. Převažují heslová slova substantivní a adjektivní, v menší míře jsou zastoupena slovesa, ojediněle také adverbia. Lexikální jednotky jsou zpracovány hnízdově. V hnízdech jsou závisle na slovnědruhové příslušnosti uváděna v abecedním řazení spojení s adjektivy, substantivy nebo slovesy, někdy je také doplněno běžně užívané ustálené slovní spojení (označené +).

U českých a ruských substantiv je udávána příslušnost k rodu a typu skloňování nebo zvláštnosti užití kategorie čísla. U sloves je uveden vid, ve složitějších případech i časování. V ruských ekvivalentech je u více než jednoslabičných slov označen přízvuk.

Anglická verze vychází důsledně z češtiny. Bylo v ní záměrně upuštěno od uvádění výslovnosti, protože u uživatelů tohoto slovníku se předpokládá odpovídající znalost angličtiny.

Vzhledem k tomu, že se jedná o slovník menšího rozsahu (cca 2500 jednotek), byla při výběru hesel rozhodující jejich společenská aktuálnost a frekvence ve sdělovacích prostředcích.

Autorský kolektiv se snažil tímto trojjazyčným slovníkem, který zastoupením jazyků, obsahem a způsobem zpracování představuje do určité míry novum v české lexikografii, reagovat jak na potřeby v jazykové přípravě studentů pro práci ve změněných podmínkách, tak i na stále se stupňující požadavky odborníků z praxe.

Slovník je podrobně lektorován rodilými mluvčími.

Prameny

Adam, J. H.: Anglicko-český ekonomický slovník. Leda 1995

Алексеева, Т. М.: Урбоэкология. Наука, Москва 1990

Bannock, G. et al.: The Penguin Dictionary of Economics. 4th ed. Penguin Books 1987

Bártová, E. et al.: Anglicko-slovenský pôdohospodársky slovník. Príroda, Bratislava 1982

Белик, Ю. А. и др.: Чешско-русский экономический словарь. Изд. „Полит. лит.", Москва 1987

Белик, Ю. А. и др.: Краткий экономический словарь. Изд. „Полит. лит.", Москва 1987

Bernard a Colli: Ekonomický a finanční slovník. Práca, Bratislava 1992

Бессонов, М. Н.: Православие в наши дни. Политиздат, Москва 1990

Bočánková, M., Jírová, D.: Česko-anglický ekonomický slovník. Aleko 1991

Dvořáček, P.: „Nadslovník" (česko-ruský slovník obtížnější terminologie v oblasti práva, financí, administrativy). Jednota tlumočníků a překladatelů, Praha 1994

Fronek, J.: Česko-anglický slovník. 1. vydání. SPN, Praha 1993

Говорушкина, М. А.: Проблемы развития общества: экономика, политика, культура. Москва 1992.

Грейниман, В. Л. и др.: Русско-английский толковый словарь международных финансовых, валютных, биржевых терминов и понятий. Центр „Партнер", Москва 1991

Hais, K., Hodek, B.: Velký anglicko-český slovník I-IV, Academia, Praha 1991

Hutarová, M., Choděra, R., Tučný, P.: Rusko-český ekonomický slovník. Praha – Moskva 1977

Hutchinson Encyclopedic Dictionary. 2nd ed., Helicon Publ., Oxford 1994

Евдокомова, Т. Г., Маховикова, Г.А.: Краткий словарь делового человека, „Финансы и статистика", Москва 1991

Коноплицкий, В., Филина, А.: Это бизнес. Альтерпрес, Киев 1996

Копецкий, Л. В., Филипец, Й.,Лешка, О.: Чешско-русский словарь. Москва – Прага 1976

Копецкий, Л. В., Лешка, О.: Русско-чешский словарь. Москва – Прага 1978

Красных, В. И.: Русские глаголы и предикативы. Арсис лингва, Москва 1993

Крывелев, И. А.: История религии I–II. Мысль, Москва 1988

Longman Dictionary of Contemporary English. 2nd ed., Longman Group 1987

Макаренко, В. А. и др.: Краткий словарь современных понятий и терминов. Изд. „Республика“, Москва 1993

Морковкина, В. В.: Финансы а экономика. РЯ, Москва 1988

Odborný slovník česko-anglický z oblasti ekonomické, finanční a právní. Kolektiv autorů VŠE. Linde 1994

Одум, Ю.: Экология 1,2. Мир, Москва 1986

Памухина, Д. Г., Любимцева, С. Н., Дворникова, Т. В., Жолтая, Д. Р.: Русско-английский разговорник по внешне-экономическим связям. Русский язык, Москва 1993

Poldauf, I.: Česko-anglický slovník. 1. vydání. SPN, Praha 1986

Пушкин, С. Н.: Православное понимание цивилизации. Знание, Москва 1990

Рахилин, В. К.: Общество и живая природа. Москва 1989

Саяхова, Д. Г., Хасанова, Д. М.: Иллюстрированный словарь русского языка. Москва 1989

Tuck, A. (ed.): Oxford Dictionary of Bussiness English for Learners of English. Oxford University Press, Oxford 1994

Vavrečka, M., Rudincová, B.: Česko-ruský slovník slovesných spojení v ekonomické sféře. Pedagogické centrum, Ostrava 1996

Вечканов, Г. С., Вечканова, Г. Р., Пешков, А. Б.: Толковый словарь бизнесмена. Санкт-Петербург 1992

Vysloužilová, E. a kol.: Cvičebnice překladatelství a tlumočnictví I, II. FF UP Olomouc 1994

Vysloužilová, E. a kol.: Výběrový česko-ruský slovník I. (ekonomika, politika, vojenství, soudnictví). FF UP Olomouc 1995

Webster's Encyclopedic Unabridged Dictionary of the English Language. New rev. ed., Random House 1994

Жданова, И. Ф. и др.: Русско-английский внешнеторговый и внешнеэкономический словарь. Русский язык, Москва 1991

Журавченко, К. В. и др.: Русско-английский дипломатический словарь. Русский язык, Москва 1995

Kromě uvedené literatury bylo využito excerpcí ze současného českého, ruského a anglického tisku.

Seznam použitých zkratek

d/n	dokonavý/nedokonavý vid
dok.	dokonavý vid
hovor.	hovorový výraz
j. č.	jednotné číslo
m	mužský rod
mn	množné číslo
nedok.	nedokonavý vid
neskl.	nesklonné substantivum
s	střední rod
sb	somebody (někdo)
st	something (něco)
UK	britská angličtina
US	americká angličtina
zprav.	zpravidla
ž	ženský rod

SLOVNÍK

A

ABSOLVOVAT *d/n*	пройти, проходить	to pass, finish, graduate
absolvovat kurz	пройти курсы	to pass a course
ABSORPCE	поглощение *(-ия) s*, абсорбция *(-ии) ž*	absorption
absorpční spektrum	спектр поглощения	absorption spectrum
ABSTINENT	абстинент *(-а) m*	total abstainer
ADAPTACE	адаптация *(-ии) ž*	adaptation
ADMINISTRATIVA	администрация *(-ии) ž*	administration, authorities
administrativa prezidenta a vlády	администрация президента и правительства	the administration (US)
ADOPCE (děvčete)	удочерение *(-я) s*	adoption
ADOPCE (chlapce)	усыновление *(-я) s*	adoption
ADOPTOVAT *d/n* (chlapce i děvče)	усыновить, усыновлять ребёнка	to adopt a child
ADVOKÁT	адвокат *(-а) m*	lawyer; (obecně) barrister (GB); (nevystupující před vyšším soudem) solicitor (GB); attorney/attorney-at-law (US); SC advocate
AEROSOLY	аэрозоли *(-ей) mn*	aerosols
disperze aerosolů	дисперсность аэрозолей	aerosol dispersion
koncentrace aerosolů	концентрация аэрозолей	aerosol concentration
AGENDA	делопроизводство *(-а) s*	office-work
AGENT	агент *(-а) m*, коммивояжёр *(-а) m*	agent

obchodní agent	коммерческий агент	sales agent
pojišťovací agent	страховой агент	insurance agent
reklamní agent	рекламный агент	advertising agent
+ agent, zabývající se prodejem cenných papírů	агент по продаже ценных бумаг	stock broker
AGENTURA	агенство *(-а) s*	agency
bezpečnostní agentura (ochranka)	охранное агенство	security agency
informační agentura	информационное агенство	news agency
realitní agentura, kancelář	агенство недвижимости	estate agency (GB), real estate agency (US)
tisková agentura	телеграфное агенство, пресс-агентура	press agency
+ agentura hájící autorská práva	агенство по авторским правам	copyright agency
AGLOMERACE	агломерация *(-ии) ž*	agglomeration
městská aglomerace	городская агломерация	conurbation
AGREGACE	агрегация *(-ии) ž*	aggregation
městská agregace	городская агрегация	conurbation
AGROEKOSYSTÉM	агроэкосистема *(-ы) ž*	agroecosystem
AIDS	СПИД *(-а) m* (синдром приобретенного иммунодефицита)	AIDS (acquired immune deficiency syndrome)
AKCE	акция *(-ии) ž*, действие *(-ия) s*, кампания *(-ии) ž*	action, campaign, drive, attack
dobročinná akce	благотворительная акция	charity campaign
petiční akce	сбор подписей, кампания по сбору подписей	petition campaign
podpisová akce	подписная кампания	drive for signatures
protestní akce	акция протеста	protest campaign
vojenská akce	военная акция, военное действие	military action

akce na podporu *něčeho*	акция в поддержку *чего*	campaign for st
eskalace bojových, vojenských akcí	эскалация боевых действий	escalation of hostilities
konání akce	проведение акции	organization of a campaign
+ zastrašit *někoho* vojenskými akcemi	запугать *кого* военными действиями, акциями	to intimidate by military actions
+ zdržet se útočných akcí	воздержаться от нападений	to refrain from attacks
AKCEPTOVAT *d/n*	акцептировать	to accept
akceptovat platbu	акцептировать платеж	to accept a payment
AKCIE	акция *(-ии) ž*	share, stock
nejobchodovanější akcie	наиболее продаваемая акция	the most marketable shares
balík akcií	пакет акций	block of shares
emise akcií	эмиссия акций	issue of shares
majitel akcie	держатель акции	shareholder
objednávka akcií	заказ акций	order of stocks
prodávat akcie na burze	продавать акции на бирже	to sell shares on the stock exchange
- na černém trhu	- на черном рынке	- on the black market
- pod cenou	- ниже стоимости	- below price
AKCIONÁŘ	акционер *(-а) m*	shareholder
AKCIOVÝ	акционерный	joint-stock
akciová společnost	акционерное общество	joint-stock company
AKCÍZ	акциз *(-а) m*	excise duty
AKČNÍ FILM	боевик *(-а) m*, остросюжетный фильм *(-а) m*	action film
AKLAMACE	открытое голосование *(-ия) s*	acclamation, open vote
hlasovat aklamací	голосовать поднятием руки	to vote by a show of hands
zvolit aklamací	избрать открытым голосованием	to vote by acclamation

AKLIMATIZACE	акклиматизация *(-ии) ž*	acclimatization
aklimatizace živých organismů	акклиматизация живых организмов	acclimatization of live organisms
AKLIMATIZOVANÝ	акклиматизированный	acclimatized
aklimatizované rostliny	акклиматизированные растения	acclimatized plants
AKREDITACE	аккредитация *(-ии) ž*	accreditation
akreditace banky	аккредитация банка	accreditation of a bank
akreditace firmy	аккредитация фирмы	accreditation of a company
AKREDITOVAT *d/n*	аккредитовать	to accredit
akreditovat banku	аккредитовать банк	to accredit a bank
AKTIVUM (bankovní)	актив *(-а) m*	assets *mn*
skončit aktivem	кончить *(-чу, -чишь)* активом	to end in assets
aktiva a pasiva	актив и пассив	assets and liabilities
AKUMULOVAT *d/n*	аккумулировать	to accumulate
akumulovat prostředky	аккумулировать средства	to accumulate funds
ALIANCE	альянс *(-а) m*	alliance
spolupráce s aliancí	сотрудничество с альянсом	cooperation with an alliance
ALKALICKÝ	щелочной	alkaline
ALKOHOLIK	алкоголик *(-а) m*	alcoholic
notorický alkoholik	хронический алкоголик	chronic alcoholic
ALKOHOLISMUS	алкоголизм *(-а) m*	alcoholism
propadnout alkoholismu	стать алкоголиком	to be addicted to drink
AMBICIÓZNOST	амбициозность *(-и) ž*	ambition
ambicióznost politických vůdců	амбициозность политических лидеров	ambition of party leaders
AMNESTIE	амнистия *(-ии) ž*	amnesty, pardon
propustit na amnestii	освободить по амнистии	to grant an amnesty, pardon

vyhlásit amnestii	объявить амнистию	to proclaim an amnesty
AMORTIZACE	амортизация *(-ии) ž*	depreciation
ANALYZOVAT *nedok.*	анализировать	to analyze
analyzovat návrh	анализировать проект	to analyze a proposal
ANKETA	анкета *(-ы) ž*	public inquiry, survey
provést anketu	провести анкету	to carry out a survey
ANTISEMITISMUS	юдофобия *(-ии) ž*, юдофобство *(-а) s*	anti-Semitism
ANULOVAT *d/n*	аннулировать	to nullify, cancel
anulovat pojistku	аннулировать полис	to cancel a policy
APARÁT	аппарат *(-а) m*	machinery, staff
státní aparát	государственный аппарат	state machinery
zahraničněpolitický aparát	внешнеполитический аппарат	foreign-policy machinery
ARBITRÁŽ	арбитраж *(-а) m*	arbitration, arbitrage
státní arbitráž	государственный арбитраж	governmental arbitration
ARCIBISKUP	архиепископ *(-а) m*	archbishop
ARMÁDA	армия *(-ии) ž*	army
bojeschopná armáda	боеспособная армия	army fit for action
bojující armáda	действующая армия	army in the field
stálá armáda	регулярная армия	regular army
vycvičená armáda	обученная армия	well-trained army
profesionalizace armády	профессионализация армии	professionalization of the army
sloužit v armádě	служить в армии	to serve in the army
ARZENÁL	арсенал *(-а) m*	arsenal
snižování strategického arzenálu	свертывание стратегического арсенала	strategic arsenal reduction

ATEISMUS	атеизм *(-a) m*	atheism
ATEISTA	атеист *(-a) m*	atheist
ATEISTICKÝ	атеистический	atheistic(al)
ateistická výchova	атеистическое воспитание	atheistic education
ATENTÁT	покушение *(-ия) s*	attempted assassination
atentát na *čí* život	покушение на жизнь *кого*	attempt on a sb's life
přihlásit se k atentátu	взять на себя ответственность за покушение	to undertake responsibility for an attempt
zorganizovat atentát	устроить покушение	to organize an assassination attempt
ATESTOVAT *d/n*	аттестовать	to certify
atestovat výrobek	аттестовать изделие	to certify a product
ATMOSFÉRA	атмосфера *(-ы) ž*	atmosphere
současná zemská atmosféra	современная земная атмосфера	present earth's atmosphere
nashromáždění oxidu uhličitého v atmosféře	накопление в атмосфере двуокиси углерода	carbon dioxide accumulation in the atmosphere
znečištění atmosféry	загрязнение атмосферы	air pollution
ATMOSFÉRICKÝ	атмосферный	atmospheric
atmosférický obal	атмосферная оболочка	gaseous envelope
atmosférický tlak	атмосферное давление	atmospheric pressure
AUDITOR	аудитор *(-a) m*	auditor
AUDITORSKÝ	аудиторский	auditor's
hloubková auditorská kontrola	фундаментальная аудиторская проверка	detailed audit
AUKCE	аукцион *(-a) m*	auction
holandská aukce	голландский аукцион	Dutch auction

AUKCIONÁTOR	аукционист *(-а) m*	auctioneer
AUKČNÍ	аукционный	auction
aukční trh	аукционный торг	auction selling, market
AUTENTICKÝ	аутентичный, аутентический	authentic
autentický text mezinárodní smlouvy	аутентичный текст международного договора	authentic text of an international treaty
autentický výklad zákona	аутентичные толкования закона	authentic interpretation of a law
AUTODESTRUKCE	самодеструкция *(-ии) ž*	self-destruction
AUTOCHTON	автохтон *(-а) m*	autochton
AUTOMECHANIK	автомеханик *(-а) m*	car mechanic
AUTOOPRAVNA	автосервис *(-а) m*	garage, car repair service
dílna autoopravny	мастерская автосервиса	car repair shop
reklamovat služby autoopravny	рекламировать услуги автосервиса	to complain about garage services
AUTORIZACE	авторизация *(-ии) ž*	authorization
AVALOVAT *d/n*	авалировать	to guarantee
avalovat směnku	авалировать вексель	to guarantee a bill of exchange

B

“BAJKR” (*sleng,* jezdec a jezdkyně na silných motocyklech)	байкер *(-а) m*, байкерша *(-и) ž*	biker
BAKTÉRIE	бактерия *(-ии) ž*	bacterium
půdní baktérie	почвенные бактерии	soil bacteria
BALÍČEK (první pomoci)	индивидуальный пакет *(-а) m*	first-aid kit

BALÍK	пакет *(-a) m*	packet, package
balík návrhů	пакет предложений	package deal
kontrolní balík akcií	контрольный пакет акций	controlling block of shares, controlling interest
být analyzován v balíku	рассматриваться в пакете	to be analyzed as package
tvořit ucelený balík	составлять целостный пакет	to create an integrated package
BALIT *nedok.*	упаковывать	to pack
BANKA	**банк** *(-a) m*	bank
centrální **banka**	**центральный** банк	central bank
investiční **banka**	**инвестиционный** банк	investment bank
komerční **banka**	**коммерческий банк**	commercial bank
obchodní **banka**	**торговый** банк	merchant bank
státní banka	**государственный банк**	national bank
hlavní investiční banka země	ведущий инвестиционный банк страны	central investment bank of a country
místopředseda banky	зампред банка	vice-president of a bank
sjednocení bank	объединение банков	bank association
sloučení bank	слияние банков	merger of banks
+ dát na účet do banky	положить на банковский счет	to credit a bank account
+ opatření banky proti podnikům	меры банка против предприятий	bank measures against enterprises
BANKET	банкет *(-a) m*	banquet
BANKOMAT	банковский автомат-кассир,банкомат *(-a) m*	cash dispenser, cash point
+ vybírat peníze z bankomatu	брать деньги из банкомата	to get money out of the cash point
BANKOVNÍ	банковский	bank, banking
bankovní dozor	банковский надзор	bank supervision
Bankovní poradní výbor	Банковский консультационный комитет	Bank advisory committee
bankovní služby (st.banky)	банковские, конфиденциальные услуги	bank services

BANKROT	банкротство *(-a) s*	bankruptcy, crash, failure
odvrátit bankrot (podniku)	предотвратить банкротство (предприятия)	to head off bankruptcy
vyhlásit bankrot	объявить себя банкротом	to declare bankruptcy
BARET	берет *(-a) m*	beret
modré barety	синие береты	blue berets
BARIÉRA	барьер *(-a) m*	barrier
BARMAN	бармен *(-a) m*	barman, bar-tender
BÁZE (ekonomická)	базис *(-a) m*, база *(-ы) ž*	base, basis
cenová báze	базисная цена	quotation basis
báze dat	база данных	data base
BERNÍ	акцизный	tax
berní úřad	акцизное ведомство	inland revenue office
BEZDOMOVEC	бомж *(-a) m*, бич *(-a) m* (*zkratka,* “бывший интеллигентный человек")	homeless man
BEZPEČNOST	безопасность *(-и) ž*	security
národní bezpečnost	национальная безопасность	national security
zájmy bezpečnosti státu	интересы безопасности государства	interests of state security
bojovat o mezinárodní bezpečnost	бороться за международную безопасность	to struggle for international security
zajistit bezpečnost	обеспечить безопасность	to guarantee security
zajišťovat bezpečnost	гарантировать безопасность	to guarantee security
BEZPEČNOSTNÍ	охранный	security
bezpečnostní opatření	охранные мероприятия, меры безопасности	security measures

BEZVĚDOMÍ	обморок *(-а) m*	unconsciousness
upadnout do bezvědomí	упасть в обморок	to become unconscious, lose consciousness
BEZVLÁDÍ	безвластие *(-ия) s*	interregnum, anarchy
úplné, naprosté bezvládí	полное, полнейшее безвластие	total anarchy
BĚŽNÝ	ходовой, текущий	current, continued
běžný účet	текущий счет	continuing account, continued account, current account
BIANKO ÚČET	бланковый кредит *(-а) m*	blank (clear, open) credit
BIBLE	библия *(-ии) ž*	bible
BIBLICKÝ	библейский	biblical
BILANCE	баланс *(-а) m*	balance
příznivá bilance	положительный баланс	favourable balance
účetní bilance	бухгалтерский баланс	accounting balance
zahraniční platební bilance	иностранный платежный баланс	foreign balance
BILANCOVAT *d/n*	балансировать	to balance
BILANČNÍ	балансовый	balance
bilanční ukazatel	балансовый показатель	balance index
bilanční výkaz	балансовый отчет	balance sheet
bilanční, rozvahový zisk	балансовая прибыль	balance profit
BÍLKOVINY	белки *(-ов) mn*	proteins
BIOCENÓZA	биоценоз *(-а) m*	biocenosis
utváření biocenóz	формирование биоценозов	biocenosis formation
BIOGENNÍ	биогенный	biogenic
koloběh biogenních prvků	круговорот биогенных элементов	cycle of biogenic elements

BIOLOGICKÝ	биологический	biological
biologické zdroje přírody	биологические ресурсы природы	natural biological resources
porušení biologické rovnováhy	нарушение биологического равновесия	disturbance of a biological balance
BIOM	биом *(-а) m*	biome
pozemní biomy	наземные биомы	land biomes
BIOMASA	биомасса *(-ы) ž*	biomass
biomasa lesa	биомасса леса	forest biomass
BIOPRODUKTIVITA	биопродуктивность *(-и) ž*	bioproductivity
bioproduktivita jezer	биопродуктивность озер	bioproductivity of lakes
BIOSFÉRA	биосфера *(-ы) ž*	biosphere
pozorování biosféry	наблюдение над биосферой	biosphere study
rovnováha v biosféře	равновесие в биосфере	biosphere balance
+ přetváření biosféry naší planety	преобразование биосферы нашей планеты	transformation of the biosphere
BIOSYSTÉM	биосистема *(-ы) ž*	biosystem
BIOTOP	биотоп *(-а) m*	biotope
změna biotopů	изменение биотопов	change in biotopes
BISKUP	епископ *(-а) m*	bishop
BISKUPSTVÍ	епархия *(-ии) ž*	bishopric
BITVA	битва *(-ы) ž*, сражение *(-ия) s*, бой *(-я) m*	battle, fight
námořní bitva	морское сражение	naval battle
vzdušná bitva	воздушный бой	air battle
prohrát bitvu	проиграть сражение	to lose a battle
BLOK	блок *(-а) m*	block
politický blok	политический блок	political block
volební blok	избирательный блок	electoral block

BLOKÁDA	блокада *(-ы) ž*	blockade
námořní blokáda	морская блокада	sea blockade
uvolnění blokády	ослабление блокады	easing of a blockade
zrušení blokády	снятие блокады	end of a blockade
BOD	точка *(-и) ž*, момент *(-а) m*	point, score
neuralgický bod návštěvy	острый момент визита	crucial point of a visit
BODOVÝ SYSTÉM	система очков	points system
BOHATNOUT *nedok.*	богатеть	to get rich
BOHOSLUŽBA	богослужение *(-ия) s*, церковная служба *(-ы) ž*	divine service, religious service
BOHOSLOVÍ	теология *(-ии) ž*, богословие *(-ия) s*	theology
BOJ	бой *(боя) m* , сражение *(-ия) s*, битва *(-ы) ž*	fight, battle
námořní boj	морской бой	naval, sea battle
vzdušný boj	воздушный бой	air battle
ukončení bojů	прекращение боев	cease-fire
zasahovat do boje	вступать в бой	to bring into action
+ svést rozhodný boj s nepřítelem	дать решительное сражение,решительный бой врагу	to give final battle to the enemy
BOJKOT	бойкот *(-а) m*	boycott
hrozba bojkotu	угроза бойкота	threat of a boycott
bojkotovat *někoho, něco*	бойкотировать *кого, что*	to boycott sb, st
vyhlásit bojkot *komu*	объявить бойкот *кому*	to put sb under a boycott
BOJOVÝ	боевой	military, martial, war
bojová hlavice	боеголовка	warhead
BOLŠEVIK	большевик *(-а) m*	bolshevik, bolshevist
BOMBA	бомба *(-ы) ž*	bomb

časovaná bomba	бомба замедленного действия	time bomb
položit, nastražit bombu	заложить бомбу	to plant a bomb
svrhnout bombu	сбросить бомбу	to throw a bomb
+ bomba připevněná pod sedadlem	бомба, заложенная под одно из сидений	bomb planted under a seat
BOMBARDÉR (který nelze zachytit radarem)	бомбардировщик-невидимка *(-a) m-(-u) ž*	stealth bomber
BOMBARDOVÁNÍ	бомбардировка *(-u) ž*	bombardment, bombing
letecké bombardování	бомбардировка с воздуха	aerial bombing
bombardování pozic nepřítele	бомбардировка позиций врага, вражеских позиций	bombardment of hostile positions
BONUS	бонус *(-a) m*	bonus
výše bonusu	размер бонуса	bonus rate
BONIFIKACE	бонусная скидка *(-u) ž*	bonus
BOOM	бум *(-a) m*	boom
burzovní boom	биржевой бум	stock market boom
inflační boom	инфляционный бум	inflation boom
BOSS	босс *(-a) m*	boss
nejvyšší boss	верховный босс	top boss
BRANEC	призывник *(-a) m*	recruit
BRÁNIT *nedok.*	защищать, предотвращать	to defend
BRÍFINK	брифинг *(-a) m*	briefing
BRUTALITA	грубость *(-u) ž*	brutality
BUDOUCNOST	будущее *(-его) s*	future
+ vyřešit v blízké budoucnosti	решить в обозримом будущем	to resolve in the near future
BUNDESTAG	бундестаг *(-a) m*	Bundestag

BUNDESWEHR	бундесвер *(-а) m*	Bundeswehr
BURZA	биржа *(-и) ž*	exchange market
burza cenných papírů	фондовая биржа	stock exchange (market)
BYDLENÍ	проживание *(-ия) s*, жильё *(-я) s*	housing
BYT	квартира *(-ы) ž*	flat
družstevní byt	кооперативная квартира	cooperative flat
náhradní byt	другая квартира, квартира взамен	replacement flat
státní byt	государственная квартира	council flat
dekret na byt	ордер на получение квартиры	licence to occupy a flat
kvóta bytů	квота квартир	flats quota
pořadí na byt	очередь на квартиру	waiting list
trh s byty	рынок с квартирами	housing economy
výpověď z bytu	отказ в квартире	eviction from a flat
dát byt do osobního vlastnictví	передать квартиру в личную собственность граждан	to transfer a flat to personal ownership
dotovat ceny bytu	давать дотацию на квартиру	to subsidize housing
přidělovat byt	давать квартиру	to allocate a flat
pronajímat byt	сдавать квартиру	to let a flat
pronajímat si, najímat si byt	снимать квартиру	to rent a flat
vniknout násilně do bytu	захватить квартиру	to occupy a flat illegally
vyklidit byt	освободить квартиру	to vacate a flat
zdědit byt	получить в наследство квартиру	to inherit a flat
zdevastovat byt	привести квартиру в негодность	to wreck, vandalize a flat
BÝT *nedok.*	быть, лежать	to be
být na účtu	лежать на счете	to be in one's account
BYTOVÝ	жилищный, жилой	housing
bytová krize	жилищный кризис	housing shortage
bytová otázka	жилищный вопрос	housing problem

bytová výstavba	жилищное строительство	blocks of flats building
bytový fond	жилой фонд	housing fund
BYZNYS	бизнес *(-а) m*, дело *(-а) s*	business
drobné podnikání	мелкий бизнес	small business
nelegální podnikání	подпольный бизнес	to be engaged in illicit, unlawful activities
stínový byznys	теневой бизнес, новое дело	black economy
BYZNYSMEN	бизнесмен *(-а) m*, предприниматель *(-я) m*, владеющий крупным капиталом	businessman, proprietor
C		
CELIBÁT	безбрачие *(-ия) s*	celibacy
učinit slib celibátu	дать обет безбрачия	to take a vow of celibacy
CELNÍ	таможенный	customs
celní deklarace	таможенная декларация	customs declaration
celní tarify	таможенные тарифы	customs tariff, schedule
celní unie	таможенная уния	customs union
CELNICE	таможня *(-и) ž*	Customs
vnitrozemský celní úřad	внутренняя таможня	non-frontier customs office
vstupní celnice	впускная таможня	entry customs office
výstupní celnice	выпускная таможня	exit customs office
CELONÁRODNÍ	всенародный	nation-wide
celonárodní hlasování, referendum	всенародное голосование, референдум	nation-wide vote
CELORUSKÁ PRAVOSLAVNÁ RADA	Всероссийское православное совещание *(-ия) s*	All-Russian Orthodox Council
CENA	цена *(-ы) ž*	price, cost, charge
fakturovaná cena	фактурная цена	invoice price
nadhodnocená cena	вздутая цена	inflated price

nominální cena	номинальная цена	nominal price
prodejní cena	продажная цена	sales price
průměrná cena	средняя цена	average price
smluvní cena	договорная цена	contract price
spotřebitelská cena	потребительская цена	consumer price
stálá cena	устойчивая цена	fixed price
volná cena	свободная цена	free market price
výkupní cena	заготовительная цена	purchase price
vyvolávací cena	стартовая цена	starting price
základní cena	базисная цена	basic price
zaváděcí cena	стартовая цена	starting price
zúčtovací cena	расчетная цена	standard price
zvýhodněná cena	льготная цена	reasonable price
index cen	индекс цен	price index
pokles cen (na burze)	понижение цен (на бирже)	drop in prices
proces tvorby cen	ценообразование	price trend
(jednorázové) uvolnění cen	(одноразовое) освобождение цен	(once-and-for-all) removal of price restrictions
volná tvorba cen	свободное ценообразование	free determination of prices
obchodovat ve volných cenách	торговать *(-гую, -гуешь)* в свободных ценах	to trade in free prices
přejít na volné ceny	перейти к свободным ценам	to transfer to free prices
stlačovat ceny dolů	сбивать *(-ваю, -ваешь)* цены	to push prices down
uvolnit ceny	отпустить цены	to release prices
zvyšovat ceny	поднимать цены	to increase prices
+ ceny se ztrojnásobily, vzrostly třikrát	цены утроились	prices tripled
CENA (odměna)	приз *(-а) m*	prize, award
hlavní cena	главный приз	cup
putovní cena	переходящий приз	challenge trophy
získat hlavní cenu	получить главный приз	to win a cup
CENA	стоимость *(-и) ž*	cost
cena 10-denní rekreace	стоимость 10-дневного отдыха	cost of a 10-day-holiday
cena zájezdu	стоимость тура	cost of a trip

CENÍK	прейскурант *(-а) m*, указатель *(-я) m* цен	price list
CENNÉ PAPÍRY	ценные бумаги *(-ых бумаг) mn*	stocks and shares
operace s cennými papíry	операции с ценными бумагами	transactions with stocks and shares
CENNÝ	ценный	valuable
cenná zásilka	ценная бандероль	insured consignment
cenné psaní	"ценное"	registered letter
CENOVÝ	ценовой	price, quotation
cenový šok	ценовой шок	price shock
CENTRALISMUS	централизм *(-а) m*	centralism
demokratický centralismus	демократический централизм	democratic centralism
CENTRUM	центр *(-а) m*	centre
administrativní centrum	административный центр	administrative centre
centrum obchodu, obchodní centrum	торговый центр	trade centre
CENZURA	цензура *(-ы) ž*	censorship
válečná cenzura	военная цензура	wartime censorship
CENZUS	ценз *(-а) m*	census
majetkový cenzus	имущественный ценз	property census
obchodní cenzus	торговый ценз	trade census
věkový cenzus	возрастной ценз	age census
CEREMONIÁL	церемониал *(-а) m*	ceremony
pohřební ceremoniál	церемониал похорон	funeral ceremony
CERTIFIKÁT	сертификат *(-а) m*	certificate
spořitelní vkladový certifikát	депозитный сертификат	deposit certificate
certifikát kvality	сертификат качества	quality certificate
certifikát původu	сертификат происхождения	certificate of origin

CESTA	путешествие *(-ия) s*, вояж *(-а) m*	journey, trip
cesta kolem světa	кругосветное путешествие	trip round the world
konat cestu územím	совершать вояж по территории	to travel through a territory
CESTOVNÍ KANCELÁŘ	бюро *neskl.* путешествий	travel agency
CÍL	цель *(-и) ž*	aim, target, goal
pozemní cíle	наземные цели	ground targets
nezasáhnout cíl	не попасть в цель, промахнуться	to fail to reach a target
CÍRKEV	церковь *(-кви) ž*	church
odluka církve od státu	отделение церкви от государства	separation of church and state
Ruská pravoslavná církev	Русская православная церковь	Russian Orthodox Church
CÍRKEVNÍ	церковный	church, religious
církevní obřad	церковный обряд	religious ceremony
církevní sňatek	церковный брак	church wedding
CIVILIZACE	цивилизация *(-ии) ž*	civilization
lidská civilizace	человеческая цивилизация	human civilization
zánik civilizace	гибель цивилизации	end of civilization
CIVILIZOVANÝ	цивилизованный	civilized
civilizovaný přístup	цивилизованный подход	civilized approach
civilizovaný trh	цивилизованный рынок	civilized market
CLEARING	клиринг *(-а) m*	clearing
CLO	пошлина *(-ы) ž*	custom(s) duty, tariff
antidumpingové clo	антидемпинговая пошлина	anti-dumping duty
dovozní clo	ввозная, импортная пошлина	import duty

vývozní clo	вывозная пошлина	export duty
osvobodit od cla	освободить *(-божу, -бодишь)* от пошлины	to exempt sb from paying duty
uvalit clo na zboží	обложить товары пошлиной	to impose duty on goods
vybírat clo	взимать пошлину	to collect, levy, take duty
COPYRIGHT	копирайт *(-а) m*	copyright
CORPUS DELICTI (věc doličná)	поличное *(-ого) s*	corpus delicti
CVIČENÍ	учение *(-ия) s*	practice, exercise
vojenské cvičení	военное учение	field exercise
+ cvičení se může zúčastnit více než 30 bombardérů	в учении может быть задействовано более 30 бомбардировщиков	more than 30 bombers can take part in a field exercise
+ společné cvičení spřátelených armád	совместное учение дружеских армий	joint field exercise of friendly armies
CVIČIŠTĚ	учебный плац *(-а) m*	training ground
CYKLUS	цикл *(-а) m*	cycle
srážkový cyklus	осадочный цикл	precipitation cycle
životní cyklus	жизненный цикл	life cycle

Č

ČÁSTKA	сумма *(-ы) ž*	sum
celková částka	общая сумма	total sum
nezaplacená částka	непогашенная сумма	outstanding sum, sum in arrears, payment in arrears
paušální částka	паушальная сумма	lump sum
ČERNÝ	чёрный	black
černá díra	черная дыра	black hole
černá skříňka	черный ящик	black box
černý pasažer	“заяц”	fare-dodger
ČERPACÍ STANICE	автозаправочная станция *(-ии) ž*	petrol station

ČERPÁNÍ	использование *(-ия) s*	pumping, utilization
ČERPAT *nedok.*	черпать	to draw, pump, utilize
čerpat úvěr	черпать кредит	to utilize a loan
ČESKÁ A SLOVENSKÁ KONFEDERACE ODBOROVÝCH SVAZŮ	Чешская и словацкая конфедерация профсоюзов	Czech and Slovak Confederation of Trade Unions
ČESKÁ NÁRODNÍ RADA	Чешский национальный совет	Czech National Council
ČICHÁNÍ	нюхание *(-ия) s*	sniffing
skupinové čichání	коллективное нюхание	group sniffing
ČIN	поступок *(-пка) m*, действие *(-ия) s*	act, deed
bezhlavý čin	бестолковое действие	reckless act
vykonat hrdinský čin	совершить героический поступок	to perform a deed of valour
ČINIT *nedok.*	составлять	to make, do, amount
+ provize činí...	комиссия составляет...	commission amounts to ...
ČINNOST	деятельность *(-и) ž*	activity
správní činnost	административная деятельность	administrative activity
ČÍSLO	номер *(-а) m*, цифра *(-ы) ž*	number, numeral, cipher
inventární číslo	инвентарный номер	inventory number
směrné číslo	ориентировочная, контрольная цифра	target number, target (figure)
směrové číslo	код (предприятия связи)	numerical code
ČISTICÍ ZAŘÍZENÍ	очистное сооружение *(-ия) s*	cleaning plant
ČIŠTĚNÍ	очистка *(-и) ž*	purification

čištění vod	очистка вод	water purification
ČLÁNEK (ústavy)	статья *(-ьи) ž*, раздел *(-а) m*	article (of constitution)
ČLEN (extremistického vojensky laděného uskupení)	боевик *(-а) m*	extremist
ČLEN OCHRANNÉ STRÁŽE	охранник *(-а) m*	guard
ČLEN PARLAMENTU	парламентарий *(-я) m*	member of parliament
ČLENSKÉ STÁTY	страны-члены	member states
ČLENSKÝ VKLAD (družstvo)	пай *(-я) m*	share (original deposit paid by co-op members)
ČLOVĚK	человек *(-а) m*	man, human being
člověk roku	человек года	man of the year
ČTVRŤ (rajon pro národnostní menšiny)	сеттльмент *(-а) m*	settlement, quarter
D		
DALAJLÁMA	далай-лама *(-ы) m*	Dalai Lama
DÁLNOPIS	телекс *(-а) m*	teleprinter, telex
DAMPING	демпинг *(-а) m*	dumping
DAŇ	налог *(-а) m*	tax
nepřímá daň	косвенный налог	indirect tax
osobní daň	личный налог	poll tax
podniková daň	налог с промышленных и торговых предприятий	company income tax
daň na zboží a služby	налог на товар и услуги	commodity and service tax
daň z obratu	налог с оборота	sales tax

daň z přidané hodnoty	налог на добавленную стоимость, НДС	value added tax
daň z příjmů	подоходный налог	income tax
úleva na dani	скидка с налога, налоговая льгота	tax exemption
výnos daně z obratu	доход от налога с оборота	tax revenue from turnover
zavedení daně	введение налога	imposition of a tax
osvobodit *někoho, něco* od daně	освободить *кого-что-л.* от налогов	to exempt sb, st from taxes
platit daně	платить налоги	to pay taxes
přiznávat daně	заявлять о налогах	to declare taxes
strhávat, srážet daň ze mzdy	вычитать налоги из зарплаты	to deduct tax from wages/ pay
vypočítat daně	начислить налоги	to charge taxes
vypočítat si daně	высчитать свои налоги	to calculate one's taxes
+ naše produkce, výrobky se nezdaňují, jsou osvobozeny od daně (DPH)	наша продукция не облагается НДС	our products are exempted from V.A.T.
+ podíl daně na hrubém domácím produktu	доля налогов в валовом национальном продукте	tax share in the gross domestic product
+ vyhýbat se placení daní	уклоняться от уплаты налогов	to dodge taxes, evade paying tax

DAŇOVÝ	налоговый	tax, taxation
daňová kvóta	налоговая квота	tax quota
daňová povinnost	налоговая повинность	tax duty
daňové přiznání	налоговая декларация	tax declaration
daňové řízení	налоговые дела	tax proceedings
daňové zákony	налоговые законы	tax (fiscal) legislation
daňové zatížení	налогообложение	tax assessment
daňové zvýhodnění	льготное налогообложение	tax relief
daňový poplatník	налогоплательщик	tax bearer, tax payer
daňový poradce	налоговый консультант	tax adviser
daňový systém	налоговая система	taxation
daňový únik	утечка налогов	tax avoidance
daňový úřad	налоговое ведомство, налоговая инспекция	inland revenue service

daňový výměr	платежное налоговое извещение, окладной лист	tax charge
daňový základ	налогооблагаемая база	tax basis
nová daňová soustava	новая налоговая система	new taxation system
shodná daňová soustava	одинаковая налоговая система	identical taxation system
úlevy na daních	льготы по налогообложению	tax allowances
+ podstatná změna současného daňového systému	кардинальное изменение действующей налоговой системы	core change in the taxation system
DÁT *dok.*	дать	to give
dát povolení	дать разрешение	to give permission
dát do zástavy	заложить	to pledge
DATABÁZE	база *(-ы) ž* данных	database
DATABÁZOVÝ SYSTÉM	система *(-ы) ž* базовых данных	database system
DATUM	срок *(-а) m*, дата *(-ы) ž*	date
datum splatnosti úroků	срок выплаты процентов	interest payment date
datum vystavení šeku	дата выписки чека	cheque issue date
DAŮV JOHNSONŮV INDEX	Доу-Джонса индекс *(-а) m*	Dow-Jones index
DÁVKA	доза *(-ы) ž*	rate, dose, amount
nadměrná dávka (drog)	чрезмерная доза (наркотиков)	(drug) overdose
zvyšování (počtu) dávek	повышение доз	increasing doses
aplikovat, vpíchnout si dávku	ввести дозу	to apply a dose
DÁVKA (peněžní)	налог *(-а) m*, оценка *(-и) ž*, сбор *(-а) m*	amount (of money)
dovozní dávka	налог на импорт	tax on importation
exportní dávka	налог на экспорт	export tax

DEALER	дилер *(-а) m*,	dealer
(komerční agent)	(коммерческий агент)	(commercial agent)
samostatný dealer	авторизованный дилер, автодилер	authorized dealer
"valutový dealer"	валютный дилер	dealer in currency
(obchodník s měnou)	(торговец валютой)	
DEALING	дилинг *(-а) m*	dealing
DEBATA	дискуссия *(-ии) ž*, дебаты *jen mn.*	discussion, debate, argument
parlamentní debata, rozprava	парламентские прения, дебаты	parliamentary debate
zahájit debatu v parlamentě	открыть парламентские прения	to open a debate in Parliament
DĚDĚNÍ	наследование *(-ия) s*	inheritance
dědění ze závěti	наследование по завещанию	legacy
DĚDIC	наследник *(-а) m*	heir, legatee, successor
neopomenutelný dědic	необходимый наследник	forced heir
dědic ze zákona	наследник по закону	lawful, rightful heir, heir-at-law
ustanovit dědicem	назначить наследником	to appoint sb one's heir
DĚDICKÝ PODÍL	доля *(-и) ž* наследства	portion, patrimony
DĚDICTVÍ	наследство *(-а) s*, наследие *(-ия) s*	inheritance, heritage
duchovní dědictví	духовное наследие	intellectual inheritance
kulturní dědictví	культурное наследие	cultural heritage
odkázat dědictví	оставить в наследство	to leave an inheritance
připadnout jako dědictví *komu*	достаться в наследство *по кому*	to fall to sb by inheritance
+ zříci se dědictví ve prospěch *někoho*	отказаться от наследства в пользу *кого*	to waive the inheritance in favour of sb
DĚDIT	наследовать	to inherit
dědit ze zákona	наследовать в порядке закона	to inherit by law

DEFICIT	дефицит *(-а) m*	deficit
rozpočtový deficit	бюджетный дефицит	budget deficit
deficit platební bilance	дефицит платежного баланса	payments deficit
DEFLACE	дефляция *(-ии) ž*	deflation
statistická deflace	статистическая дефляция	statistical deflation
DEKLARACE	декларация *(-ии) ž*	declaration
celní deklarace	таможенная декларация	customs declaration
dovozní deklarace	ввозная декларация	import declaration
poštovní deklarace	почтовая декларация	post declaration
vývozní deklarace	вывозная декларация	export declaration
Deklarace lidských práv a svobod	Декларация прав и свобод человека	Declaration of the Rights of Man
vyplnit celní deklaraci	заполнить таможенную декларацию	to complete a customs declaration
DEKODÉR	дешифратор *(-а) m*	decoder
dekodér adresy	дешифратор адреса	address decoder
DEKOLONIZACE	деколонизация *(-ии) ž*	decolonization
DELEGACE	делегация *(-ии) ž*	delegation
reprezentativní delegace	представительная делегация	representative delegation
vládní delegace	правительственная делегация	government delegation
+ vládní delegace přijela na přátelskou návštěvu...	правительственная делегация прибыла с дружеским визитом...	government delegation arrived on, for a friendly visit
DELEGAČNÍ	делегатский	delegate
delegační lístek	делегатский билет, мандат	delegate's card, credentials
DELEGÁT	делегат *(-а) m*	delegate
pravicový delegát	делегат правых	right-wing delegate
delegát *urč.* strany	делегат *от какой-л.* партии	party delegate

DELEGOVÁNÍ	делегирование *(-ия) s*	delegation, delegating
DELEGOVAT *d/n*	послать, посылать делегатом, делегировать	to send as a delegate, delegate
+ byl delegován za (stranu)	он был послан, выбран делегатом от (партии)	to be sent as a (party) representative
delegovat pravomoci	делегировать полномочия	to delegate powers
DELIKT	правонарушение *(-ия) s*	offence, lort
delikt mezinárodního práva	международное правонарушение	offence under international law
dopustit se deliktu	совершить правонарушение	to commit an offence
DELIKVENT	правонарушитель *(-я) m*, преступник *(-а) m*	law-breaker, offender, delinquent
DELIRIUM TREMENS	белая горячка *(-и) ž*	delirium tremens
DÉLKA	продолжительность *(-и) ž*	length, duration
průměrná délka života	средняя продолжительность жизни	everage life expectancy
DĚLO	орудие *(-ия) s*	gun
protiletadlové dělo	зенитное орудие	anti-aircraft gun
dělo o ráži ...	орудие *какого* калибра	a calibre ... gun
+ zaměřit dělo *na něco*	навести орудие *на что*	to aim a gun at st
DĚLOSTŘELECTVO	артиллерия *(-ии) ž*	artillery
námořní dělostřelectvo	морская артиллерия	naval artillery
DEMISE	отставка *(-и) ž*	resignation
demise vlády	отставка правительства	resignation of the cabinet
podat demisi	подать в отставку	to file, give, submit one's resignation
přijmout demisi	принять отставку	to accept the resignation
DEMOBILIZACE	демобилизация *(-ии) ž*	demobilization

DEMOBILIZAČNÍ	демобилизационный	demobilization
demobilizační rozkaz	приказ о демобилизации	demobilization order
DEMONSTRANT	пикетчик *(-а) m*	rioter, demonstrator
DEMONTÁŽ	демонтаж *(-а) m*	dismantling, disassembly, dismounting
demontáž strategických nosičů	демонтаж стратегических ракетоносителей	dismantling of strategic carriers
DEMORALIZACE	развращение *(-ия) s*	demoralization
DEMORALIZOVAT *d/n*	развратить,развращать	to demoralize
demoralizovat mladistvé	развращать несовершеннолетних	to demoralize youth
DEN	день *(дня) m*	day
burzovní den	биржевой день	session
inventurní den	переучетный день	inventory day
den odeslání	день отправки	date of departure
den plnění	день исполнения	date set, due date
den splatnosti	платежный день, день платежа	day of payment
DENACIFIKACE	денацификация *(-ии) ž*	denazification
DEPONENT	депонент *(-а) m*	depositor
DEPONOVAT *d/n*	депонировать	to deposit
deponovat na účet	депонировать на счет	to place on deposit
DEPORT	депортная сделка *(-и) ž*	deport
DEPOZITOR	депонент *(-а) m*	depositor
DEPRESE	депрессия *(-ии) ž*	depression
DEPRIVACE	депривация *(-ии) ž*	deprivation
citová deprivace	эмоциональная депривация	emotional deprivation

DĚS	кошмар *(-а) m*	horror
noční děs	ночной кошмар	nightmare
DESIGN	дизайн *(-а) m*	design
zastaralý design	устаревший дизайн	obsolete design
návrh designu	дизайн-проект	draft
DESIGNÉR	дизайнер *(-а) m*	designer
DESINFLACE	дезинфляция *(-ии) ž*	disinflation
DEVALVACE	девальвация *(-ии) ž*	devaluation
skrytá devalvace	скрытая девальвация	hidden devaluation
zjevná devalvace	открытая девальвация	apparent devaluation
DEVALVOVAT *d/n*	девальвировать	to devalue
DEVIACE	девиация *(-ии) ž*	deviation
deviační chování	отклоняющееся поведение	deviant behaviour
DEVIZA	девизы *(-0) mn*, валюта *(-ы) ž*	currency, exchange
volné devizy	свободная валюта	free exchange
nabídka deviz	предложение валюты	foreign exchange offer
nedostatek deviz	нехватка валюты	foreign exchange shortage
nouze o devizy	валютный голод	foreign exchange shortage
stav deviz	валютное положение	exchange position
platit v devizách	платить в валюте	to pay by exchange
DEVIZOVÝ	девизный, валютный	(foreign) exchange
devizové omezení	девизное ограничение	exchange limitation
devizové rezervy	валютные резервы	currency holdings
devizový spekulant	валютчик	foreign exchange speculator
DEZERCE	дезертирство *(-а) s*	desertion
DEZINFIKOVÁNÍ	обеззараживание *(-ия) s*, дезинфицирование *(-ия) s*, дезинфекция *(-ии) ž*	disinfection

dezinfikování vody	обеззараживание воды	water disinfection
DIALOG	диалог *(-а) m*	dialogue
+ dialog k širokému okruhu otázek	диалог по широкому кругу вопросов	broad-spectrum dialogue
DIECÉZE	епархия *(-ии) ž*	diocese
DÍLČÍ	частный	single, particular, partial
dílčí otázka	частный вопрос	particular question
dílčí úspěch	частный успех	partial success
dílčí závěr	частный вывод	partial conclusion
DIPLOM	диплом *(-а) m*	diploma
diplom s vyznamenáním (červený diplom)	диплом с отличием	diploma with honours
DIPLOMAT	дипломат *(-а) m*	diplomat
DIPLOMATICKÝ	дипломатический	diplomatic
diplomatická imunita	дипломатический иммунитет	diplomatic immunity
diplomatická mise	дипломатическое представительство	diplomatic representation
diplomatická nedotknutelnost	дипломатическая неприкосновенность	personal inviolability of a diplomat
diplomatické vztahy	дипломатические отношения	diplomatic relations
diplomatické zastupitelství	дипломатическое представительство	diplomatic mission
diplomatický kurýr	дипломатический курьер	diplomatic messenger
diplomatický protokol	дипломатический протокол	diplomatic protocol
diplomatický sbor	дипломатический корпус	diplomatic corps, body
diplomatický úřad	дипломатический ранг	diplomatic rank
DISCIPLÍNA	дисциплина *(-ы) ž*	discipline
vojenská disciplína	военная дисциплина	military discipline
disciplína upadá	дисциплина падает	discipline is upset
DISIDENSTVÍ	инакомыслие *(-ия) s*	dissidence

Czech	Russian	English
DISKONT	учёт *(-а) m*	discount
bankovní diskont	банковский учет	bank discount
DISKONTNÍ	учётный	discount
diskontní sazba	учетная ставка	discount rate
DISKRIMINACE	дискриминация *(-ии) ž*	discrimination
národnostní diskriminace	дискриминация по национальному признаку	national discrimination
rasová diskriminace	расовая дискриминация	race discrimination, racism
diskriminace Židů	дискриминация евреев	discrimination against Jews
diskriminace žen	дискриминация женщин	sexism
DISKRIMINOVAT *d/n*	дискриминировать	to discriminate
DISPONENT	распорядитель *(-я) m*	authorized representative, managing clerk
DISPONOVÁNÍ	распоряжение *(-ия) s*	disposal
nezákonné disponování *něčím*	незаконное распоряжение *чем-нибудь*	illegal disposal of st
disponování majetkem	распоряжение имуществом	disposal of the property
DISPONOVAT *d/n*	распорядиться, распоряжаться *чем*, располагать *чем*	to dispose of st, to have st at one's disposal
disponovat vkladní knížkou	распоряжаться сберкнижкой	to dispose of a deposit book
disponovat kapitálem	располагать капиталом	to dispose of capital
DISPOZIČNÍ	распорядительный	disposition, dispositional
dispoziční právo	право распоряжения *чем*	right of disposal
DISTRIBUTOR	дистрибьютор *(-а) m*, дистрибутор *(-а) m*	distributor, trafficker
DIVIDENDA	дивиденд *(-а) m*	dividend

vyplácení dividend	выплата, выплачивание дивидендов	dividend payment
DLUH	долг *(-а) т*	debt
nedobytný dluh	безнадежный долг	bad debts
odepsat dluh	списать долги	to write off a debt
splácet dluhy	уплачивать, выплачивать, погашать долги	to pay a debt
uhradit dluh	покрыть долг	to settle a debt
vymáhat dluhy	взыскивать долги *с кого-л.*	to recover, collect debts
zaplatit dluh	оплатить долг	to repay a debt
DLUHOPIS	долговое обязательство *(-а) s*, вексель *(-я) т*	bond, debit note, bill of exchange
DLUŽIT *nedok.*	задолжать *кому*	to get into debt, to be in a debt
DLUŽNÍK	должник *(-а) т*	debtor
+ žalovat dlužníka u soudu	подавать жалобу на должника	to take an action against a debtor
DOBA	срок *(-а) т*, период *(-а) т*	period, time
doba platnosti	период действия	validity period
doba splatnosti směnky	вексельный срок	bank draft payment term
DOBÍRKA	наложенный платёж *(-а) т*	cash on delivery
poslat na dobírku	послать наложенным платежом	to send as cash on delivery
DOBROČINNOST	благотворительность *(-и) ž*	charity
DODAVATEL	поставщик *(-а) т*	supplier
zahraniční dodavatel	заграничный поставщик	foreign supplier

DODAT *dok.*	поставить	to supply, deliver
dodat se zpožděním	поставить с просрочкой	to supply behind schedule
dodat ve lhůtě	поставить в срок	to deliver on schedule
DODÁVKA	поставка *(-и) ž*	supply, delivery
dílčí dodávka	частичная поставка	partial delivery
investiční dodávka	поставка на капиталовложения	investment delivery
kompletní dodávka	комплектная поставка	complete delivery
nevyfakturovaná dodávka	неотфактурованная поставка	uninvoiced delivery
opožděná dodávka	просроченная поставка	delayed delivery
předběžná dodávka	авансовая поставка	prior delivery
zahraniční dodávka	внешняя поставка	foreign delivery
zkušební dodávka	пробная поставка	test delivery
dočasné přerušení dodávek	приостановка поставок	temporary interruption of supply
dodávka na úvěr	поставка в кредит	delivery on credit
podmínky dodávek	условия поставок	delivery terms
přerušit dodávky	прекратить поставки	to cease delivery
DODRŽET *dok.*	выполнить	to keep, maintain
dodržet termín	выполнить срок	to be on schedule
DOHLED	надзор *(-а) m*	supervision
bankovní dohled ČNB	банковский надзор ЧНБ	bank supervision by CNB
šéf dohledu (nad bankami)	шеф надзора	chief supervisor (over banks)
DOHODA	соглашение *(-ия) s*, сделка *(-и) ž*, договор *(-а) m*	agreement
cenová dohoda	соглашение о ценах	price agreement
daňová dohoda	налоговое соглашение	tax agreement
devizová dohoda	валютное соглашение	currency agreement
finanční dohoda	финансовое соглашение	financial agreement
kulturní dohoda	культурное соглашение	cultural agreement
mezibankovní dohoda	межбанковский договор	inter-bank agreement

mezivládní dohoda	межправительственное соглашение	government agreement
obchodní a platební dohoda	соглашение о товарообороте и платежах	trade and payment agreement
odzbrojovací dohoda	договор о разоружении	disarmament agreement
vyhotovení dohody	оформление сделки	draft,preparation of an agreement
podepsat dohodu	подписать соглашение	to sign an agreement
stvrdit dohodu podpisy	поставить подписи под соглашением	to put a signature to an agreement
uzavřít dohodu	заключить соглашение	to make an agreement
+ dohody týkající se činnosti bank	соглашения по банковской деятельности	bank agreements
DOHODNOUT *dok.*	оговорить	to agree
dohodnout podmínky	оговорить условия	to agree on terms
DOKLAD	документ *(-а) m*	document
výjezdní doklad	выездной документ	travel document
DOKUMENT	документ *(-а) m*, грамота *(-ы) ž*, *zpr.* документы *(-ов) mn*	document
supertajné dokumenty	сверхсекретные документы	top secret documents
vyplnění dokumentů	заполнение документов	completion of documents
podepsat dokument	подписать документ	to sign a document
+ zmocnit se *něčích* dokumentů *(pro někoho, ve prospěch koho)*	изъять *чьи* документы *(для кого)*	to take possession of one's documents
DOKUMENTACE	документация *(-ии) ž*	documentation
technická dokumentace	техническая документация	technical documentation
DOLAĎOVÁNÍ	доведение *(-ия) s* до толка	fine-tuning
DOLÉČOVÁNÍ	долечение *(-ия) s*	after-treatment

DOLNÍ	нижний	lower
dolní sněmovna	нижняя палата	House of Commons, lower house
dolní (spodní) lůžko (ve vlaku)	нижняя полка	lower berth
DOLOŽKA NEJVYŠŠÍCH VÝHOD	Режим наибольшего благоприятствования	most-favoured nation treatment
DOMÁCÍ (majitel bytu)	квартирохозяин *(-a) m*	landlord
DOMÁCÍ (majitel domu)	домохозяин *(-a) m*	landlord
DOMLUVIT SE *dok.*	договориться *о чем*	to agree upon a st
domluvit se o následujícím	договориться о нижеследующем	to agree upon the following
DOMOVNÍ	домовый	house
domovní prohlídka	обыск квартиры	house inspection
domovní řád	положение о домоуправлении	house rules
DOPORUČIT *dok.*	рекомендовать	to recommend
doporučit partnera	рекомендовать партнера	to recommend a partner
DOPRACOVÁNÍ	доработка *(-и) ž*	completion, finalization
+ vrátit zákon na dopracování	возвратить закон на доработку	to return a bill for completion, finalization
DOPRAVA	транспорт *(-a) m*	transport
autobusová doprava	автобусный транспорт	bus service
automobilová doprava	автомобильный транспорт	road transport
automobilová nákladní doprava	автогрузовой транспорт	vehicular transport
automobilová silniční doprava	автодорожный транспорт	road transport
dálková doprava	магистральный транспорт	long-distance transport
letecká doprava	воздушный транспорт	air transport
městská doprava	городской транспорт	city transport

podzemní doprava	подземный транспорт	underground transport
pozemní doprava	наземный транспорт	surface transport
veřejná doprava	общественный транспорт	public transport
DOPRAVIT *dok.*	доставить	to convey, transport, haul
dopravit lodí	доставить судном	to ship
DOPRAVNÍ NEHODA	авария *(-ии) ž*	car accident
DORÁŽENÍ *na někoho*	приставание *(-ия) s к кому*	pestering
DORUČENÍ	доставка *(-и) ž*, вручение *(-ия) s*	delivery
doručení novin čtenářům	доставка газеты читателям	newspaper delivery
doručení, donáška do domů	доставка на дом	home delivery
DORUČOVÁNÍ	доставка *(-и) ž*, вручение *(-ия) s*	delivery, shipment
poštovní doručování	почтовая доставка	postal delivery
DOSÁHNOUT *dok.*	достичь	to achieve
dosáhnout zisku	достичь прибыли	to achieve a profit
DOSTAT *dok.*	получить	to get, obtain
dostat licenci	получить лицензию	to get a licence
DOTACE	дотация *(-ии) ž*	grant, subsidy
nenávratná dodace	безвозвратная дотация	non-repayable subsidy
poskytnout dotaci	предоставить дотацию	to introduce a grant
zavést dotaci	ввести дотацию	to subsidize
+ odmítat poskytovat dotace	отказывать в дотациях	to refuse subsidies
DOTAČNÍ	дотационный	grant, subsidy
dotační politika (vlády)	дотационная политика (правительства)	policy of government subsidies
+ dotační politika ztrácí účinnost	дотационная политика теряет эффективность	grant policy is losing its effectiveness

DOTAZNÍK	анкета *(-ы) ž*	questionnaire
dotazník se správnými odpověďmi	анкета с правильными ответами	questionnaire with correct responses
DOTÍRÁNÍ *na někoho*	приставание *(-ия) s* *к кому*	pestering
DOTISK	дополнительный тираж *(-а) m*	reprint
DOTOVAT *d/n*	дотировать	to subsidize
dotovat úvěr	дотировать кредит	to subsidize a loan
DOVÁŽENÝ	ввозимый, импортируемый	imported
dovážené suroviny	ввозимое, импортное сырье	imported raw materials
DOVÁŽET *nedok.*	ввозить *(ввожу, ввозишь)*, импортировать	to import
DOVÉZT *dok.*	ввезти *(-зу, -зёшь)*	to import
DOVOLENÁ	отпуск *(-а) m*	holiday, vacation
mateřská dovolená	декретный отпуск	maternity leave
neplacená dovolená	отпуск без сохранения заработной платы	unpaid holiday
placená dovolená	оплачиваемый отпуск	paid holiday
zdravotní dovolená	отпуск по болезни	sick leave
DOVOZ	импорт *(-а) m*, ввоз *(-а) m*, *zast.*	import(s)
celkový dovoz	общий импорт	total imports
DOVOZNÍ	ввозной, импортный	import
dovozní kvóty	ввозные квоты, квоты на ввоз	import quota
DOYEN	дуайен *(-а) m*, старейшина *(-ы) m*	doyen

DOZORCE	надзиратель *(-я) m*, смотритель *(-я) m*	supervisor, inspector, attendant, warder
vězeňský dozorce	тюремщик	prison warder
podplacení dozorců	подкуп тюремщиков	bribery of warders
DOZORČÍ RADA	контрольный совет *(-а) m*	supervisory council
DOŽIVOTNÍ	пожизненный	life
doživotní nájem	пожизненный наем	life-long rent
doživotní penze	пожизненная пенсия	life pension
doživotní vězení	пожизненное заключение	life sentence
odsoudit k doživotnímu vězení	приговорить к пожизненному заключению	to get a life sentence
DRAŽBA	аукцион *(-а) m*, торги *(-ов) mn*	auction
veřejná dražba	публичный аукцион	public sale, auction
+ prodat provozovnu v dražbě	продать мастерскую на аукционе, торгах	to sell a shop in an auction
+ zveřejnit datum konání dražby	опубликовать дату аукциона	to notify a sale by auction
DRAŽITEL	аукционист *(-а) m*	auctioneer
DROGA	наркотическое вещество *(-а) s*, наркотик *(-а) m*	drug, narcotic
přirozená droga	"натуральный" наркотик	natural drug
syntetická droga	синтетический наркотик	synthetic drug
náchylnost k drogám	влечение к наркотикам	drug addiction
DRUH (živočišný)	вид *(-а) m*	species
ohrožený druh	угрожаемый вид	endangered species
soužití druhů	сосуществование видов	species coexistence
vymizení druhů	исчезновение видов	extinction of the species
DRUH (vojsk)	род *(-а) m* (войск),	sort, kind, type, species
(ražby)	вид *(-а) m* (оружия)	type of (calibre)

DRUŽSTVO	кооператив *(-а) s*	cooperative (society)
bytové družstvo	жилищный кооператив	housing cooperative
stavební bytové družstvo	жилищно-строительный кооператив	housing cooperative
DOMOVNICTVÍ	должность *(-и) ž* дворника	porter's job
DOMOVNÍK	дворник *(-а) m*	caretaker
DRZOST	нахальство *(-а) s*	arrogance
DRŽET *nedok.*	хранить	to keep
držet na účtu	хранить на счете	to keep in the account
DRŽITEL (platební karty)	владелец *(-льца) m* (карты)	(card)holder
DŘÍVÍ	лес *(-а) m*, леса *(-ов) mn*	lumber
doprava dřeva	транспорт леса	lumber transportation
plavit dříví	плавить лес	to float rafts
DŮCHOD	пенсия *(-ии) ž*, отставка *(-и) ž*	pension; retirement
invalidní důchod	пенсия по инвалидности	disability pension
sirotčí důchod	пенсия для сирот	orphan's annuity
starobní důchod	пенсия по старости	old-age pension
vdovský důchod	вдовья пенсия	widow's pension
vyplácení důchodu	выплата пенсии	payment of pension
odejít do důchodu	выйти, уйти, перейти на пенсию	to retire
přiznat důchod *někomu*	назначить пенсию *кому*	to grant a pension
DŮCHODCE	пенсионер *(-а) m*	pensioner
DŮCHODKYNĚ	пенсионерка *(-и) ž*	pensioner
DŮCHODOVÝ	пенсионный	retirement
důchodový věk	пенсионный возраст	retirement age
DUCHOVENSTVO	духовенство *(-а) s*	priesthood

představitelé duchovenstva	представители духовенства	priesthood representatives
DUMPING	демпинг *(-а) m*	dumping
inflační dumping	инфляционный демпинг	inflationary dumping
měnový dumping	валютный демпинг	currency dumping
DUMPINGOVÝ	демпинговый	dumping
DŮM SLUŽEB	дом быта	service centre
DŮTKA	порицание *(-ия) s*, выговор *(-а) m*	admonishment, rebuke
veřejná důtka	общественное порицание	public rebuke
důtka s výstrahou	выговор с предупреждением	reprimand
udělit důtku	объявить, сделать выговор	to rebuke sb
DŮVĚRNÍK	поверенный *(-ого) m*	confidant
vybrat jako důvěrníka	выбрать в поверенные	to choose as a confidant
DŮVĚRNICE	поверенная *(-ой) ž*	confidante
DŮVĚRNÝ	конфиденциальный	confidential
důvěrné údaje	конфиденциальные данные	confidential data
DVOJÍ	двойной	double, dual
dvojí občanství	двойное гражданство	dual nationality
dvojí určení (např. pro vojenské a civilní účely)	двойное назначение	dual purpose
dvojí účetní zápis	двойная запись	double record
dvojí zdanění	двойное налогообложение	double taxation
DVOJVLÁDÍ	двоевластие *(-ия) s*	dual form of government, dual power
DVOUKOMOROVÝ	двухпалатный	two-chamber, bicameral
dvoukomorový parlament	двухпалатный парламент	bicameral parliament

DŽIHÁD	джихад *(-а) m*	Djihad
E		
ECU	экю *neskl. s*	ECU (European Currency Unit)
EFEDRIN	эфедрин *(-а) m*	ephedrine
EFEKT	эффект *(-а) m*	effect
euforizující efekt	эйфоризирующий эффект	euphoriant effect
EKOLOG	эколог *(-а) m*	environmentalist, ecologist
EKOLOGICKÝ	экологический	ecological
ekologická krize	экологический кризис	ecological crisis
ekologická rovnováha	экологический баланс	ecological balance
ekologické následky	экологические последствия	ecological consequences
ekologický stres	экологический стресс	ecological stress
+ ekologické aspekty rozvoje turistiky	экологические аспекты развития туризма	ecological aspects of tourism development
EKOLOGIE	экология *(-ии) ž*	ecology
globální ekologie	глобальная экология	global ecology
vědomosti z ekologie	знания по экологии	ecological knowledge
EKONOM	экономист *(-а) m*	economist
EKONOMICKÝ	экономический	economic, economical
ekonomická nezávislost	экономическая самостоятельность	economic independence
ekonomická základna	экономический базис	economic base, basis
ekonomická zóna	экономическая зона	economic zone
EKONOMIKA	экономика *(-и) ž*	economy
stínová ekonomika	теневая экономика	black economy
tržní ekonomika	рыночная экономика	market economy
ekonomika průmyslu	экономика промышленности	industrial economy
otevření ekonomiky	открытие экономики	opening up of the economy

postup k tržní ekonomice	продвижение к рыночной экономике	progress towards a market economy
zranitelnost ekonomiky	ранимость экономики	vulnerability of an economy
EKOSFÉRA	экосфера *(ы) ž*	ecosphere
EKOSYSTÉM	экосистема *(-ы) ž*	ecosystem
biologický ekosystém	биологическая экосистема	biological ecosystem
půdní ekosystém	почвенная экосистема	soil ecosystem
stabilita ekosystémů	стабильность экосистем	ecosystem stability
změna ekosystémů	изменение экосистем	ecosystem change
+ nutná složka všech ekosystémů	обязательный компонент всех экосистем	key element of all ecosystems
EKUMENICKÝ	экуменический	ecumenical
ekumenické hnutí	экуменическое движение	ecumenical movement
EKUMENISMUS	экуменизм *(-а) m*	ecumenism
ELEKTRONICKÝ	электронный	electronic
elektronický slovník	электронный словарь	electronic dictionary
ELEKTRONOVÝ POČÍTACÍ STROJ	ЭВМ (электронная вычислительная машина)	computer
ELITA (privilegovaná část společnosti)	элита *(-ы) ž*, истеблишмент *(-а) m*	elite (persons of the highest class)
EMANCIPACE	эмансипация *(-ии) ž*	emancipation
emancipace žen	эмансипация женщин	emancipation of women
EMBARGO	эмбарго *s neskl.*	embargo
uvalit, vyhlásit embargo	наложить эмбарго на *что*	to put an embargo on st
+ zrušit embargo na dodávky zbraní	снять эмбарго на поставки оружия	to break the embargo on the supply of arms
EMIGRACE	эмиграция *(-ии) ž*	emigration
vnitřní emigrace	внутренняя эмиграция	intellectual emigration

žít v emigraci	жить в эмиграции	to live abroad
EMIGRAČNÍ	эмиграционный	emigration
emigrační vlny	волны эмиграции	emigration waves
EMIGRANT	эмигрант *(-а) m*, невозвращенец*(-нца) m*	emigrant
politický emigrant	политэмигрант	emigre
stát se emigrantem	стать невозвращенцем	to become an emigrant
EMIGRANTSKÝ	эмигрантский	emigre
EMIGROVAT *d/n*	эмигрировать	to emigrate
EMISE (ekonom.)	эмиссия *(-ии) ž*, выпуск *(-а) m*, выброс *(-а) m*	issue, emission
nadměrná úvěrová emise	чрезмерная кредитная эмиссия	surplus credit issue
soukromá emise	частная эмиссия	private issue
emise akcií	выпуск акций	issue of stocks
EMISE	выброс *(-а) m*	emission
emise sirných sloučenin	выброс сернистых соединений	emission of thio-compounds
EMISNÍ	эмиссионный	issuing
emisní banka	эмиссионный банк	issuing bank
EMITENT	эмитент *(-а) m*	issuer
EMITOVANÝ	эмитированный	issued
emitovaný kapitál	эмитированный капитал	issued capital
EMITOVAT *d/n*	эмитировать	to issue
+ právo emitovat cenné papíry	право эмитировать ценные бумаги	right to issue securities
ENCYKLIKA	энциклика *(-и) ž*	encyclical
papežská encyklika	энциклика папы	papal encyclical
ENCYKLOPEDICKÝ	энциклопедический	encyclopedic
encyklopedické znalosti	энциклопедические познания	encyclopedic knowledge

encyklopedický slovník	энциклопедический словарь	encyclopedic dictionary
ENCYKLOPEDIE	энциклопедия *(-ии) ž*	encyclopedia
universální encyklopedie	универсальная энциклопедия	comprehensive encyclopedia
ENERGETICKÝ	энергетический	power (system)
energetická základna	энергетическая база	power system basis
energetické zdroje	энергетические ресурсы	energy resources
energetický potenciál	энергетический потенциал	energy potential
energetický problém	энергетическая проблема	energy issue
energetický systém	энергетическая система	power system
ENERGIE	энергия *(-ии) ž*	energy
obnovitelná energie	воспроизводимая энергия	recyclable energy
úspora energie	энергосбережение	energy saving
vybavenost energií	энерговооруженность	energy supply
+ spotřeba energie na jednoho obyvatele	энергопотребление на душу населения	per capita energy consumption
ENKLÁVA	анклав *(-а) m*	enclave
muslimská enkláva	мусульманский анклав	Moslem enclave
EPICENTRUM	эпицентр *(-а) m*	epicentre
epicentrum výbuchu	эпицентр взрыва	epicentre of an explosion
epicentrum zemětřesení	эпицентр землетрясения	epicentre of an earthquake
EPIGONSTVÍ	эпигонство *(-а) s*	epigony
EPOCHA	эпоха *(-и) ž*, эра *(-ы) ž*	age, era, epoch
historická epocha	историческая эпоха	historical era
+ tato událost zahajuje novou epochu...	это событие открывает новую эру...	the event opens a new era ...
ÉRA	эра *(-ы) ž*	age
kosmická éra	космическая эра	space age
ERB	герб *(-а) m*	coat of arms

ERBOVNÍ	гербовый	bearing arms, heraldic
ERGONOMIKA	эргономика *(-и) ž*, эргономия *(-ии) ž*	ergonomics
EROTICKÝ	эротический	erotic, sexy
erotická masáž	эротический массаж	erotic massage
erotické služby	интим-услуги	erotic services
poskytovat erotické služby	оказывать интим-услуги	to provide erotic services
EROTIKA	эротика *(-и) ž*	erotica
EROTOMAN	эротоман *(-а) m*	sex maniac
EROTOMANKA	эротоманка *(-и) ž*	sex maniac
EROZE	эрозия *(-ии) ž*	erosion
půdní eroze	почвенная эрозия	soil erosion
ESCHATOLOGIE	эсхатология *(-ии) ž*	eschatology
ESKALACE	эскалация *(-ии) ž*	escalation
eskalace konfliktu	эскалация конфликта	escalation of a conflict
+ nebezpečí eskalace vojenských operací	опасность эскалации военных действий	danger of escalation of military operations
ESKONT	учёт *(-а) m*	discount
směnečný eskont	вексельный учет, учет векселей	bill discount
ESKORTA	эскорт *(-а) m*	escort
čestná eskorta	почетный эскорт	escort of honour
vojenská eskorta	военный эскорт	military escort
ESKORTOVAT *d/n*	эскортировать	to escort
ESTABLISHMENT	истеблишмент *(-а) m*	establishment
ETATISMUS	этатизм *(-а) m*	belief in etatism,étatisme endeavour to secure the all-importance of the state

ETIKETA	этикет *(-а) m*	etiquette, protocol
dvorní etiketa	придворный этикет	court etiquette
+ přísně dodržovat pravidla etikety	строго соблюдать требования этикета	to stand up ceremony
ETIKETA (nálepka)	этикетка *(-и) ž*	label
ETIOLOGIE	этиология *(-ии) ž*	etiology
ETNIKUM	этнос *(-а) m*	ethnic, ethnic group
EUFORIE	эйфория *(-ии) ž*	euphoria
narkotická euforie	наркотическая эйфория	narcotic euphoria
EUTHANASIE	эвтаназия *(-ии) ž*, эйтаназия *(-ии) ž*	euthanasia
EVAKUACE	эвакуация *(-ии) ž*	evacuation
EVANGELIUM	евангелие *(-ия) s*	gospel
Matoušovo evangelium	евангелие от Матфея	The gospel according to St. Matthew
EVIDENCE	регистрация *(-ии) ž*, учёт *(-а) m*	accounting, records, registration
celková evidence	всеобщий учет	general accounting
celostátní evidence	всенародный учет	nation-wide registration
detailní evidence	детализированный учет	detailed records
dokladová evidence	документальный учет	bookkeeping
mzdová evidence	учет заработной платы	wages records
osobní evidence	персональный учет	personnel records
peněžní evidence	денежный учет	money accounting
běžná evidence obyvatel	текущий учет населения	civil registration
evidence listin a spisů	регистрация документов и актов	files
evidence nezaměstnaných	служба занятости населения	unemployment records
evidence obyvatelstva	учет населения	civil registration
evidence pracovní docházky	табельный учет	operation records

evidence zboží	учет товаров	stock records
EVIDOVAT *d/n*	вести учёт	to keep records
EVOLUCE	эволюция *(-ии) ž*	evolution
přírodní evoluce	природная эволюция	nature evolution
EVROPSKÁ UNIE	Европейский валютный союз *(-а) m*	European Union
EXALTACE	экзальтация *(-ии) ž*	exaltation
být v exaltaci	быть в экзальтации	to be exalted
EXCES	эксцесс *(-а) m*	excess
bránit excesům	предотвращать эксцессы	to prevent excesses
EXHALACE	газы *(-ов) mn*	air pollution
průmyslové exhalace	промышленные газы	industrial air pollution
EXKLUZIVNÍ	эксклюзивный	exclusive
exkluzivní rozhovor	эксклюзивное интервью	exclusive interview
+ exkluzivní právo publikovat...	экслюзивное право на публикацию ...	exclusive right to publish
EXKURZE	экскурсия *(-ии) ž*	excursion
exkurze po městě	экскурсия по городу	sight-seeing tour round a town
EXPATRIACE	экспатриация *(-ии) ž*	expatriation
EXPERT	эксперт *(-а) m*	expert
komise expertů	комиссия экспертов	commission of experts
EXPERTIZA	экспертиза *(-ы) ž*	expertise
nezávislá expertiza	независимая экспертиза	independent expertise
expertiza dokumentů	экспертиза документов	expertise on documents
EXPLOATACE	эксплуатация *(-ии) ž*	exploitation
exploatace přírodních zdrojů	эксплуатация природных ресурсов	exploitation of natural resources

EXPLOATOVAT *d/n*	эксплуатировать	to exploit
EXPONÁT	экспонат *(-а) m*	exhibit
výstavní exponát	экспонат выставки	exhibit
EXPONENT	активист *(-а) m*, представитель *(-я) m*	exponent
exponent pravice	представитель правых	rightist
EXPORT	экспорт *(-а) m*	export
celkový export	общий экспорт	total export
nepřímý export	косвенный экспорт	indirect export
zpětný export	обратный экспорт	re-exportation
ztrátový export	убыточный экспорт	loss-making export
export obilí	хлебный экспорт	grain export
export zboží	товарный экспорт, экспорт товаров	commodity export
EXPORTNÍ	экспортный	export
exportní banka	экспортный банк	export bank
EXPOZICE	экспозиция *(-ии) ž*	exhibition
muzejní expozice	музейная экспозиция	museum exhibition
EXPROPRIACE	экспроприация *(-ии) ž*	expropriation
EXPROPRIATOR	экспроприатор *(-а) m*	expropriator
EXTÁZE	блаженство *(-а) s*, экстаз *(-а) m*	ecstasy
narkotická extáze	наркотическое блаженство	narcotic ecstasy
EXTERNISTA	экстерн *(-а) m*	external student
EXTREMISMUS	экстремизм *(-а) m*	extremism
EXTREMISTICKÝ	экстремистский, крайний, радикальный	extreme
extremistická,krajní levice, pravice	крайние левые, правые	extreme left, right wing

F

FAKTA	факты *(-ов) mn*	facts, data, news
senzační fakta, zprávy	жареные факты, сенсационные новости	sensational facts, news
FAKTOR	фактор *(-а) m*	factor
ekologický faktor	экологический фактор	ecological factor
limitující faktor	лимитирующий фактор	limiting factor
faktor prostředí	фактор среды	environmental factor
FAKTURA	фактура *(-ы) ž*	invoice
faktura (konečná)	счет-фактура	final invoice
prozatímní faktura	временная фактура	provisional invoice
splatnost faktury	срок оплаты фактуры	term of payment
likvidovat fakturu	ликвидировать фактуру	to settle an invoice
platit fakturu	оплачивать фактуру	to settle an invoice
vystavit fakturu	выписать фактуру	to make out an invoice
FAKTUROVAT *d/n*	фактурировать	to bill, invoice
FALEŠNÝ	фальшивый, поддельный	false
falešný člověk	фальшивый человек	two-faced person
falešný dokument	фальшивый документ	false, counterfeit
FANOUŠEK	фанат *(-а) m*	fan
FARA	приход *(-а) m*	vicarage, presbytery
FARÁŘ	приходский священник *(-а) m*	parish priest, vicar
FARMÁŘ	фермер *(-а) m*	farmer
FARNOST	приход *(-а) m*	parish
FAUNA	фауна *(-ы) ž*	fauna
pozemní fauna	наземная фауна	land animals
vzácné druhy fauny	редкие виды фауны	rare fauna species
FAX	факс *(-а) m*, телефакс *(-а) m*	fax machine, message; fax message

FEDERACE	федерация *(-ии) ž*	federation
rozpad federace	распад федерации	split of the federation
FEDERALISMUS	федерализм *(-а) m*	federalism
FEDERÁLNÍ	федеральный	federal
federální stát	федеральное государство	federal state
federální vláda	федеральное правительство	federal government
FEDERATIVNÍ	федеративный	federative
FILIÁLKA	филиал *(-а) m*	subsidiary
FILM	фильм *(-а) m*	film
premiéra filmu	фильм первого экрана	film premiere
stáhnout film z kin	снять фильм с экрана	to withdraw a film
uvést film do kin	выпустить фильм на экран	to release a film
film se objeví na plátnech v létě	фильм выйдет на экраны летом	the film will be released in summer
FINÁLNÍ	конечный, выходной, выполняющий, завершающий операции	final
finální spotřebitel	конечный потребитель	final consumer
finální výrobek	обработанное, конечное, готовое изделие	final product
FINANCE	финансы *(-ов) mn*	finance
veřejné finance	государственные финансы	public finance
ministerstvo financí	министерство финансов (минфин)	Ministry of Finance
FINANCOVÁNÍ	финансирование *(-ия) s*	financing
deficitní financování	дефицитное финансирование	deficit financing

plánované financování	запланированное финансирование	planned financing
rozpočtové financování	бюджетное финансирование	budgetary financing
účelové financování	целевое финансирование	special-purpose financing
financování z rozpočtu	бюджетное финансирование	financing from the budget
FINANCOVAT *d/n*	финансировать	to finance
financovat vývoz zboží	финансировать экспорт товара	to finance commodity exports
FINANČNÍ	финансовый	financial, finance
finanční inspektor	финансовый инспектор	financial inspector
finanční instituce	финансовое образование	finance institute
finanční politika	финансовая политика	financial policy
finanční právo	финансовое право	financial law
finanční rezervy	финансовый резерв	financial reserves
finanční soustava	финансовая система	financial system
finanční úřad	финансовое ведомство, учреждение	inland revenue service
poskytovat finanční pomoc	оказывать *(-зываю, -зываешь)* финансовую помощь	to give financial support
FIREMNÍ	фирменный	company
firemní prodejna	фирменный магазин	company shop
firemní specialita	фирменное блюдо	speciality
firemní značka	фирменный знак	logo
FIRMA	фирма *(-ы) ž*	firm, company
investiční firma	инвестиционная фирма	investment company
makléřská firma	брокерская фирма	brokerage firm
obchodní firma	торговая фирма	trade company
poradenská firma	консультационная фирма	advisory service
revizní firma	аудиторская фирма	auditing company
soukromá firma	частная фирма	private company
zastupitelská firma	фирма-агент	agency firm
zavedená obchodní firma	преуспевающая торговая фирма	business with a good reputation
postavení firmy na trhu	положение фирмы на рынке	market position

obrátit se na firmu	обратиться к фирме *с чем-л.*	to contact a firm
založit si firmu	основать фирму	to establish a firm
FLOATING	колебание *(-ия) s*	floating
FOND	фонд *(-a) m*	fund
bytový fond	жилой фонд	available housing
měnový fond	валютный фонд	monetary fund
mzdový fond	фонд заработной платы	wage fund, payroll fund
penzijní fond	пенсионный фонд	pension fund
podílový fond	паевой фонд	shares fund
pojistný fond	страховой фонд	insurance fund
privatizační fond	приватизационный фонд	privatization fund
půdní fond	земельный фонд	land fund
reprodukční fond	фонд воспроизводства	reproduction fund
ředitelský fond	директорский фонд	manager's fund, director's fund
zlatý fond	золотой фонд	gold reserves
fond sociálního zabezpečení	фонд социального обеспечения	welfare fund
+ fond sociální podpory obyvatelstvu	фонд социальной поддержки населения	social support fund
FONDY	фонды *(-ов) mn*	funds
oběhové fondy	фонды обращения	circulating funds
výrobní fondy	производственные фонды	production funds
fondy akumulace	фонды накопления	accumulation funds
FORMULÁŘ	бланк *(-a) m*, формуляр *(-я) m*	form
vyplnit formulář	заполнить бланк	to complete a form
FOSFOR	фосфор *(-a) m*	phosphorus
+ migrace fosforu z organismu do prostředí	миграция фосфора из организма в среду	migration of phosphorus from an organism into the environment
FOTOMODELKA	фотомодель *(-и) ž*	model
bývalá fotomodelka časopisu	бывшая фотомодель журнала	former magazine model

FOTOSYNTETIZUJÍCÍ	фотосинтезирующий	photosynthesizing
fotosyntetizující bakterie	фотосинтезирующие бактерии	photosynthesizing bacteria
FOTOSYNTÉZA	фотосинтез *(-а) m*	photosynthesis
způsob fotosyntézy	способ фотосинтеза	mode of photosynthesis
FRAKCE	фракция *(-ии) ž*	fraction, faction
parlamentní frakce, skupina	парламентная фракция	parliamentary group
frakce uvnitř strany	фракция внутри партии	inner-party faction
FREKVENTANT	курсант *(-а) m*	participant
frekventant policejní školy	курсант из школы милиции	police cadet
FREONY	фреоны *(-ов) mn*	freons
+ výrobky obsahující freony	изделия, содержащие фреоны	freon-containing products
FUNKCE	пост *(-а) m,* должность *(-и) ž*	position, capacity, office
čestná funkce	почетная должность	honorary position
odpovědná funkce	ответственная должность, пост	important position
placená funkce	платная должность	paid office
nastoupit do funkce (prezidenta)	вступить в должность (президента)	to take office (presidential)
rezignovat na svou funkci	отказаться от должности, от выполнения обязанностей	to resign from a position
zastávat funkci	занимать должность, пост	to hold a position
zvolit do funkce (prezidenta)	избрать на должность (президента)	to vote into office (of president)
FUNKCIONÁŘ	функционер *(-а) m*	official
FYZICKÝ	физический	natural, physical
fyzická osoba	физическое лицо	natural person

G

GANGSTERISMUS	гангстеризм *(-а) m*	gangsterism
GARANCE	гарантия *(-ии) ž*	guarantee, guaranty, security warranty
bankovní garance	банковская гарантия	bank guarantee
poskytovat bankovní garanci	давать банковскую гарантию	to issue a bank guarantee
GARANČNÍ	гарантийный	guarantee, guaranty, warranty
garanční lhůta	срок гарантии	term of guarantee, guarantee period
garanční listina	гарантийный сертификат	garanty certificate, warranty certificate
GARANT	гарант *(-а) m*, поручитель *(-я) m*	sponsor
GARANTOVAT *d/n*	гарантировать	to guarantee
garantovat důvěrnost informací	гарантировать конфиденциальность информаций	to guarantee confidentiality of information
GASTARBAJTR	гастарбайтер *(-а) m*	Gastarbeiter
GENOCIDA	геноцид *(-а) m*	genocide
GENOFOND	генофонд *(-а) m*	gene pool
genofond obyvatelstva	генофонд населения	population gene pool
GHETTO	гетто *s neskl.*	ghetto
GILDA	гильдия *(-ии) ž*	guild
mezinárodní gilda	международная гильдия	international guild
“GRANDŽER” (tzv. “noví punkové”)	гранджеры *(-ов) mn*	grundger
GRANT	грант *(-а) m*	grant

přidělení grantu	присуждение гранта	allocation of a grant
+ ucházet se o přidělení grantu	добиваться присуждения гранта	to apply for a grant
GUVERNÉR	управляющий *(-его) m*	governor
guvernér banky	управляющий банком	bank president

H

HALUCINACE	галлюцинации *(-ий) mn*	hallucination
čichové halucinace	обонятельные галлюцинации	olfactory hallucination
narkotické halucinace	наркотические галлюцинации	narcotic hallucination
HAMBURGER	гамбургер *(-а) m*	hamburger
HAPPENING	хеппенинг *(-а) m*	happening
HAŠIŠ	гашиш *(-а) m*	hashish
HAŠIŠOVÝ	гашишный	hashish
hašišová intoxikace	гашишная интоксикация	hashish intoxication
HAVÁRIE	авария *(-ии) ž*	breakdown
radiační havárie	радиационная авария	radiation breakdown
HEDGE	хеджирование *(-ия) s*, хедж *(-а) m*	hedge, hedging, hedging operations
HERBICID	гербициды *(-ов) mn*	herbicide
toxické herbicidy	токсичные гербициды	toxic herbicides
užití herbicidů	применение гербицидов	herbicide application
HEROIN	героин *(-а) m*	heroin
HI-FI	хай-фи *neskl. s*	hi-fi
HIPPIE	хиппи *neskl.*	hippie
HITPARÁDA	хит-парад *(-а) m*	hit parade

HLAS	голос *(-а) m*	voice, vote
poradní hlas	совещательный голос	consultative,advisory voice
rozhodující hlas	решающий голос	casting vote
hlas pro, proti	голос за, против	vote in favour, against
dát hlas *komu*	отдать голос *за кого*	to vote for sb
+ zvolen všemi hlasy	избран единогласно	unanimous vote
+ zvolen většinou hlasů	избран большинством голосов	to be voted by a majority

HLASOVÁNÍ	голосование *(-ия) s*	vote, voting, poll, polling
doplňující hlasování	дополнительное голосование	another round of voting
jmenovité hlasování	поименное голосование	roll-call vote
jednomyslné hlasování	единодушное голосование	unanimous vote
mimořádné hlasování	внеочередное голосование	extraordinary vote
opakované hlasování	повторное голосование	repeated vote
tajné hlasování	тайное голосование	secret vote
veřejné hlasování	открытое голосование	open vote
všelidové hlasování	общенародное голосование	popular vote
hlasování en bloc	голосование списком	vote en bloc
hlasování jednotlivě, individuální hlasování	количественное голосование, индивидуальное голосование	individual vote
dát hlasovat	провести голосование	to take a vote on st
dát *o něčem* hlasovat	поставить *что-л.* на голосование	to put st to the vote
hlasovat o návrhu	голосовать предложение	to vote for a motion
hlasovat pro, proti	голосовать за, против	to vote in favour (against)
odložit hlasování	отложить, отсрочить голосование	to defer a vote
uzavřít hlasování	подвести итоги голосования	to declare a vote final
zdržet se hlasování	воздержаться от голосования	abstentions
změnit své hlasování	изменить свое голосование	to change a vote
+ vyhlásit hlasování za neplatné	объявить голосование недействительным	to declare a vote invalid

HLASOVAT *d/n*	голосовать	to vote
hlasovat pro kandidáta	голосовать за кандидата	to vote for a canditate
HLÁŠENÍ	сводка *(-и) ž*, отчёт *(-а) m*	summary, report
statistické hlášení	статистическая сводка	statistical report
HLÁŠENÍ (voj.)	донесение *(-ия) кого кому*	report, message
HLAVA	глава *(-ы) ž*	head
hlava státu	глава государства	head of the state
HLAVNÍ	базисный	basic, main, chief
hlavní měna	базисная валюта	basic currency
HLEDÁNÍ	поиск *(-а) m*	search, quest
tvůrčí hledání	творческие поиски	creative search
dát se do hledání	приняться за поиск	to start a search
HLEDISKO	аспект *(-а) m*	aspect
hygienická hlediska	гигиенические аспекты	sanitary aspect
HLÍDÁNÍ (ostraha)	патрулирование *(-ия) s*, защита *(-ы) ž*	patrol
hlídání vojenských objektů	защита военных объектов	military patrol
HLÍDAT *nedok.* (podnik)	караулить	to guard, watch over
HLOUPOST	галиматья *(-тьи) ž*	stupidity
HNUTÍ	движение *(-ия) s*	movement
politická hnutí	политические движения	political movement
hnutí greenpeace	движение гринпис	greenpeace movement
HOBBY	хобби *neskl. s*	hobby
HODNOST	должность *(-и) ž*, звание *(-ия) s*, ранг *(-а) m*	rank, title

diplomatická hodnost	дипломатический ранг	diplomatic position
úřední hodnost	административная должность	administrative position
vojenská hodnost	воинское звание	military rank
vysoká hodnost	высокий ранг	high rank
udělit hodnost	присвоить звание *кому*, присвоить *кому* ранг *кого*	to confer a rank, title
+ udělit posmrtně hodnost plukovníka	присвоить звание полковника посмертно	to be promoted posthumously to the rank of colonel
HODNOTA	ценность *(-и)* *ž*, стоимость *(-и)* *ž*	value, price
emisní hodnota	эмиссионная стоимость	issuing value
fiktivní hodnota	неосязаемая ценность	fictional value
hrubá hodnota	валовая стоимость	gross value
kursovní hodnota	курсовая стоимость	foreign exchange value
majetková hodnota	имущественная ценность	asset (value)
měnová hodnota	валютная ценность	currency value
movitá hodnota	движимая ценность	real estate value
pořizovací hodnota	заготовительная стоимость	purchase price
přibližná hodnota	примерная стоимость	estimated value
relativní hodnota	относительная стоимость	relative value
směnná hodnota	меновая ценность	exchange value
smluvní hodnota	договорная стоимость	contracted value
věcná hodnota	вещественная ценность	practical value
zbožní hodnota	товарная ценность	value of goods
funkční hodnota peněz	функциональная стоимость денег	functional value of money
míra hodnoty	мера стоимости	measure of value
dosáhnout hodnoty	достигнуть *(-гну, -гнешь)* стоимости	to achieve a value
+ urychlený pokles hodnoty burzovních akcií	ускоренное падение стоимости биржевых акций	rapid decline in the value of shares
HODNOTIT *nedok.*	оценивать	to estimate, evaluate, judge

HODNOTOVÝ	ценностный	value
hodnotová orientace	ценностные ориентации	value orientation
HODNOTY	ценности *(-ей) mn*	values
duchovní hodnoty	духовные ценности	intellectual values
materiální hodnoty	материальные ценности	material values
nezaplacené materiálové hodnoty	неоплаченные материальные ценности	unpaid material values
obecně lidské hodnoty	общечеловечные ценности	universal human values
sociální hodnoty	социальные ценности	social values
HOLDING	холдинг *(-а) m*	holding
HOLDINGOVÝ	холдинговый	holding
holdingová společnost	холдинговая компания	holding company
HOLOGRAM	голограмма *(-ы) ž*	hologram
HOLOKAUST	холокост *(-а) m*	holocaust
HOMOSEXUÁL	гомосексуалист *(-а) m*	gay, homosexual
HONORÁŘ (za využití autorských práv)	ройялти, роялти *neskl.*	royalty
HORLIVOST	старание *(-ия) s*	zeal
nemístná horlivost	неуместное старание	improper zeal
HORNÍ	верхний	upper
horní lůžko (ve vlaku)	верхняя полка	upper couchette
horní sněmovna	верхняя палата	House of Lords, Upper House
HOSPODÁRNOST	экономия *(-ии) ž*	economy, thrift
přísná hospodárnost	жесткая экономия	strict economy
HOSPODAŘIT *nedok.*	хозяйствовать	to economize, be a good manager
hospodařit s valutami	хозяйствовать с валютой	to economize currency

Czech	Russian	English
HOSPODÁŘSKÝ	хозяйственный	economic
hospodářská smlouva	хозяйственный договор	economic contract
hospodářské právo	хозяйственное право	economic right
HOSPODÁŘSKÝ	экономический	economic
hospodářská krize	экономический кризис	economic crisis, depression, slump
hospodářská rada	экономический совет	economic council
HOSPODÁŘSTVÍ	хозяйство *(-а) s*	economy
drobné hospodářství	мелкое хозяйство	small farming
lesní hospodářství	лесное хозяйство	forestry
naturální hospodářství	натуральное хозяйство	natural economy
pomocné (záhumenkové) hospodářství	подсобное хозяйство	auxiliary, subsidiary economy
rozpočtové hospodářství	бюджетное хозяйство	budgetary economy
směnné hospodářství	меновое хозяйство	exchange economy
světové hospodářství	мировое хозяйство	world economy
úvěrové hospodářství	кредитное хозяйство	credit economy
protivník tržního hospodářství	антирыночник	market economy opponent
HOTEL	отель *(-я) m*, гостиница *(-ы) ž*	hotel
hotel (ubytování) s penzí	гостиница с пансионом	hotel (full board)
HOTOVOST	наличность *(-и) ž*	cash, ready money, effective money
pokladní hotovost	кассовая наличность	balance in cash, stock in cash, cash in hand
HRANICE	граница *(-ы) ž*, черта *(-ы) ž*	border, frontier
hranice chudoby	черта бедности	poverty line
garantovat neměnnost hranic	гарантировать неизменность границ	to guarantee inviolability of borders
HROB	могила *(-ы) ž*	grave
péče o hroby	забота о могилах	care of graves
HŘBITOV	кладбище *(-а) s*	graveyard

památný hřbitov	мемориальное кладбище	memorial graveyard
poskvrnit židovský hřbitov	осквернить еврейское кладбище	to desecrate a Jewish graveyard
HŘIVNA	гривна *(-ы) ž*	talent
HUMUS	гумус *(-а) m*	humus
HUMUSOVÝ	гумусовый	humus
humusové látky	гумусовые вещества	humus substances
HUSTOTA	плотность *(-и) ž*	density
hustota obyvatelstva	плотность населения	population density
HYDROSFÉRA	гидросфера *(-ы) ž*	hydrosphere
HYPOTEČNÍ	ипотечный	mortgage
hypoteční banka	ипотечный банк	Building bank (GB) Savings and Loan Association (US)
hypoteční dluhopis	ипотечный вексель	mortgage bond
hypoteční půjčka	ипотечный кредит, ссуда	real estate loan
HYPOTÉKA	ипотека *(-и) ž*	mortgage
CH		
CHAOS	хаос *(-а) m*	chaos
+ odvrácení počínajícího chaosu	предотвращение начинающегося хаоса	avoidance of, averting the coming chaos
CHARCÉ D'AFFAIRES	поверенный в делах	chargé d'affaires
CHARISMA	харизма *(-ы) ž*	charisma
CHARISMATICKÝ	харизматический	charismatic
charismatická osobnost	харизматическая личность	charismatic personality
charismatický vůdce	харизматический лидер	charismatic leader

CHARTER	чартер *(-а) m*	charter
CHARTROVÝ	чартерный	charter
chartrový let	чартерный рейс	charter flight
CHLOROFYL	хлорофилл *(-а) m*	chlorophyll
+ obsah chlorofylu v rostlině	содержание хлорофилла в растении	chlorophyll content in a plant
CHOROBNÝ NÁVYK	пристрастие *(-ия) s*	addiction
chorobný návyk na morfium	болезненное пристрастие к морфину	morphine addiction
CHRÁM	храм *(-а) m*	church, cathedral
CHRÁNĚNÁ KRAJINNÁ OBLAST	заповедник *(-а) m*	protected landscape area
chráněné úseky	заповедные участки	protected belts
CHRÁNĚNÍ	защита *(-ы) ž*, заповедование *(-ия) s*	protection, control
chránění přírodních památek	охрана, защита памятников природы	protection of natural resources
CHROMOZÓM	хромосома *(-ы) ž*	chromosome
CHYTRISTIKA	ухищрение *(-ия) s*	crafty tricks

I

IDENTIFIKACE	опознание *(-ия) s*	identification
IDENTIFIKAČNÍ KARTA	опознавательный ярлык *(-а) m*	identification card
IMPORTOVAT *nedok.*	импортировать	to import
importovat suroviny	импортировать сырье	to import raw materials
IMUNITA	иммунитет *(-а) m*, неприкосновенность *(-и) ž*	immunity

diplomatická imunita	дипломатический иммунитет, дипломатическая неприкосновенность, экстерриториальность	diplomatic immunity
INAUGURACE	инаугурация *(-ии) ž*	inauguration
inaugurace nového prezidenta	инаугурация нового президента	inauguration of a new president
INCIDENT	инцидент *(-a) m*	incident
+ incident je ukončen, uzavřen	инцидент закрыт	incident is over
INDOSAMENT	индоссамент *(-a) m*	endorsement
blanketní indosament	бланковый индоссамент	blank endorsement
jmenný indosament	именной индоссамент	special endorsement
mít indosament	иметь индоссамент	to bear an endorsement
zřídit (si) indosament	поставить индоссамент	to place an endorsement
INDOSANT	индоссант *(-a) m*	endorser
INDOSÁT	индоссат *(-a) m*	endorsee
INFLACE	инфляция *(-ии) ž*	inflation
administrativní inflace	административная инфляция	administrative inflation
indukovaná inflace	индуцированная инфляция	induced inflation
klesající inflace	снижающаяся, падающая инфляция	declining inflation
plíživá inflace	ползучая инфляция	creeping inflation
prudká inflace	галопирующая инфляция	galloping inflation
předpokládaná inflace	предполагаемая инфляция	anticipated inflation
sociální inflace	социальная инфляция	social inflation
úvěrová inflace	кредитная инфляция	credit inflation
míra inflace	мера, степень инфляции	inflation rate
pokles inflace	понижение, снижение инфляции	inflation decline

vývoj inflace	развитие инфляции	inflation development
utlumit, snížit inflaci	обуздать инфляцию	to reduce inflation
INFLAČNÍ	инфляционный	inflation, inflationary
inflační tlak	инфляционное давление	inflation pressure
INFORMAČNÍ STŘEDISKO	справочное бюро *(-а) s*, справочный пункт *(-а) m*, справочный стол *(-а) m*	information centre, enquiry desk
INGENEERING	инжениринг *(-а) m*	engineering
INICIÁTOR	инициатор *(-а) m*	initiator, originator
INKASISTA	инкассатор *(-а) m*	collector
INKASNÍ	инкассовый	collection
inkasní podmínky	условия инкассо	terms of collection
inkasní příkaz	инкассовое распоряжение	letter of collection
inkasní úkon	инкассовая операция	payment for collection
INKASO	инкассо *neskl. s*, инкассирование*(-ия) s*	collection (of payments)
promptní inkaso	инкассо с немедленной оплатой	collection with immediate payment
INKASOVAT *nedok.*	инкассировать	to collect, encash
inkasovat platby	инкассировать платежи	to collect payments
INOVACE	новации *(-ий) mn*	innovation
inovace (doplňující návrhy) prezidenta	президентские новации	
+ návrh inovací musí projít parlamentem	новации должны пройти через парламент	innovations have to go through parliament
INSOLVENTNÍ	неплатежеспособный	insolvent
insolventní spotřebitel	неплатежеспособный потребитель	insolvent consumer
INSPEKTOR	инспектор *(-а) m*	inspector, surveyor

daňový inspektor	налоговый инспектор	tax collector
INSTALACE	развёртывание *(-ия) s*	deployment
+ instalace raket středního doletu	развертывание ракет среднего радиуса	deployment of medium-range missiles
+ instalace systémů protiraketové obrany	развертывание систем противоракетной обороны	deployment of anti-ballistic missile systems
INSTALOVÁNÍ	установка *(-и) ž*	installation
+ instalování nejnovějších bezpečnostních zařízení	установка новейших охранных систем	installation of the latest safety equipments
INTEGRACE	интеграция *(-ии) ž*	integration
evropská integrace	европейская интеграция	european integration
INTELLIGENCE SERVICE	интеллидженс сервис *(-а) m*	intelligence service
INTERNACIONALI-ZACE	интернационализация *(-ии) ž*	internationalization
INTERVIEW	интервью *neskl. s*	interview
exkluzívní interview	эксклюзивное интервью	exclusive interview
říci v interviewu	сказать в интервью	to say in an interview
+ poskytnout interview "Nezávislým novinám" (rozhlasu)	дать интервью "Независимой газете" (радиостанции)	to give an interview to "Independent news"
INTOXIKACE	интоксикация *(-ии) ž*	intoxication
chronická intoxikace	хроническая интоксикация	chronic intoxication
INVAZE	вторжение *(-ия) s*, нападение *(-ия) s*	invasion
+ došlo k invazi	*кто-л.* напал *на кого*, вторгся *куда*	there was an invasion
INVENTARIZOVAT *nedok.*	переучитывать	to take stock of st

INVENTURA	переучёт *(-а) m*, инвентарный учёт *(-а) m*	inventory stocktaking
INVERZE	инверсия *(-ии) ž*	inversion
INVESTICE	инвестиция *(-ии) ž*	investments
dlouhodobá investice	долгосрочная инвестиция	long-term investments
finanční investice	финансовые инвестиции	financial investments
přímé investice	прямые инвестиции	direct investments
oblast investic	сфера приложения капитала	sphere of investments
INVESTOR	инвестор *(-а) m*	investor
potenciální investor	потенциальный инвестор	potential investor
INVESTOVAT *d/n*	инвестировать	to invest
investovat do nemovitostí	инвестировать в недвижимость	to put money into real estate property
INZERÁT	анонс *(-а) m*, объявление *(-ия) s*	advertisement
INZERCE	анонс *(-а) m*, реклама *(-ы) ž*	publicity
INZERTNÍ KANCELÁŘ	бюро *(-а) s* для анонсов	advertising agency
ISLÁM	ислам *(-а) m*, мусульманство *(-а) s*	Islam
islámský svět	исламский мир	Moslem world
modernizace islámu	модернизация ислама	modernization of Islam

J

JADERNÝ	ядерный	nuclear
jaderná bezpečnost	ядерная безопасность	nuclear safety
jaderná energetika	ядерная энергетика	nuclear power
jaderná převaha	ядерное превосходство	nuclear superiority

jaderná rovnováha	ядерное равновесие	nuclear balance
jaderná střelnice	полигон для проведения ядерных взрывов	nuclear testing range
jaderná velmoc	ядерная держава	nuclear weapons power
jaderná zařízení	ядерные установки	nuclear installations
jaderné zbraně	ядерное оружие	nuclear weapons
jaderný výbuch	ядерный взрыв	nuclear explosion
snížení jaderného potenciálu	сокращение ядерных потенциалов	decline of nuclear potential
JAZYK	яз<u>ы</u>к *(-а) m*	language
jednací jazyk	рабочий язык	official language
programovací jazyk	язык программирования	programming language
jazyk gest	язык жестов	body language
přechod do jiného jazyka	переключение на другой язык	change to another language
+ dohodnout se na jednacím jazyku	принять язык в качестве общего	to agree upon the official language
JEDINEC	<u>о</u>собь *(-и) ž*	individual, specimen
metabolismus jedince	метаболизм особи	metabolism of an individual
zánik jedinců	гибель особей	extinction of specimens
JEDINEČNÝ	ч<u>а</u>стный	unique
jedinečný fakt	частный факт	unique fact
JEDNÁNÍ	д<u>е</u>йствие *(-ия) s*, повед<u>е</u>ние *(-ия) s*, зам<u>а</u>шка *(-и) ž*, *zprav.mn.*, перегов<u>о</u>ры *(-ов) mn.*, пост<u>у</u>пки *(-ов) mn.*, разбир<u>а</u>тельство *(-а) s*	action, behaviour, manners, negotiations, talks, proceedings, debate, discussion
ústní jednání	устные переговоры	talks
řádné kolo jednání	очередной раунд переговоров	regular round of talks
+ jednání na úrovni ministrů zahraničí	переговоры на уровне министров иностранных дел	negotiations at the level of ministers of foreign affairs

JEDNAT *nedok.*	обращаться с *кем*	to act, negotiate
jednat s lidmi	обращаться с людьми	to treat people
JEDNOMYSLNOST	единогласие *(-ия) s* , единогласность *(-и) ž*	unanimity
zásada jednomyslnosti	принцип единогласия	principle of unanimity
JEDNORÁZOVÝ	разовый, единовременный, однократного действия	once-off, single, lump-sum
jednorázový obchod	разовая сделка	once-off trade
jednorázový příspěvek, dávka	единовременное пособие	lump-sum benefit
JEDNOTKA *(*vojenská*)*	часть *(-и) ž (*воинская*)*	unit
bojová jednotka	боевая часть	army unit
+ podpořit jednotku letecky	поддержать боевую часть с воздуха	to support a unit with the air force, provide air support for a unit
JEPTIŠKA	монахиня *(-и) ž*	nun
JESTŘÁB (státní nebo politický činitel se silovými metodami činnosti)	ястреб *(-а) m*	hawk
JINÉ PŘESVĚDČENÍ	инакомыслие *(-ия) s*	different conviction
+ boj s lidmi jiného přesvědčení	борьба с инакомыслием	fight against people of a different conviction
JISTIT *nedok.*	защищать	to secure
jistit půjčku	защищать ссуду, заем	to secure a loan
JMĚNÍ (státní)	казна *(-ы) ž*	property, wealth
JMÉNO	имя *(-ени) s*, название (-ия) s	name
jméno obchodní	торговое название	name of a firm
jméno a příjmení	имя и фамилия	full name, first name and surname
JMENOVAT *d/n*	назначить	to appoint

jmenovat zástupcem firmy	назначить представителем фирмы	to appoint sb as a company's representative
JUDAISMUS	иуда<u>и</u>зм *(-а) m*	judaism
JUDIKATURA	юдикат<u>у</u>ра *(-ы) ž,* правос<u>у</u>дие *(-ия) s*	judiciary
JURISDIKCE	юрисд<u>и</u>кция *(-ии) ž*	jurisdiction
místní jurisdikce	местная юрисдикция	local jurisdiction
vynětí z občanské jurisdikce	изъятие из гражданской юрисдикции	exemption from civil jurisdiction
+ být pod územní a administrativní jurisdikcí země	находиться под территориальной и административной юрисдикцией страны	to be under the territorial and administrative jurisdiction of a country
+ území za hranicí působnosti národní jurisdikce	район за пределами действия национальной юрисдикции	area beyond the limits of national jurisdiction
JURISPRUDENCE	юриспруд<u>е</u>нция *(-ии) ž*	jurisprudence
odvolat se na jurisprudenci	сослаться на юриспруденцию	to refer to jurisprudence
JUSTICE	юст<u>и</u>ция *(-ии) ž*	justice
vojenská justice	военная юстиция	military justice
JUSTIČNÍ	суд<u>е</u>бный	court, legal, judicial
justiční omyl	судебная ошибка	miscarriage of justice

K

KABELOVÝ	к<u>а</u>бельный	cable
kabelová televize	кабельное телевидение	cable TV
KÁCENÍ	р<u>у</u>бка *(-и) ž*	woodcutting
úplné vykácení	сплошная рубка	deforestation
KACÍŘSTVÍ	<u>е</u>ресь *(-и) ž*	heresy
KÁDR	к<u>а</u>др *(-а) m*	cadre

nomenklaturní kádr	номенклатурный кадр	nomenclature cadre
KALKULAČKA	калькулятор *(-а) m*	calculator
KALKULOVAT *nedok.*	калькулировать, рассчитывать	to calculate
KAMPAŇ	кампания *(-ии) ž*	campaign
podpisová kampaň	кампания по сбору подписей	drive for signatures
protialkoholní kampaň	антиалкогольная кампания	anti-alcohol campaign
předvolební kampaň	предвыборная кампания	election campaign
štvavá kampaň	травля, клеветническая кампания	virulent campaign
volební kampaň	избирательная кампания	election campaign
rozvinout kampaň	развернуть кампанию	to launch a campaign
vést kampaň	вести кампанию	to conduct a campaign
+ porušování předvolební kampaně	нарушения в ходе предвыборной кампании	violation of the election campaign
KANCELÁŘ	бюро *neskl.*, офис *(-а) m*	office
informační kancelář	справочное бюро	enquiry office
kanceláře firmy	офисы фирмы	company's offices
KANDIDÁT	кандидат *(-а) m*	candidate
kandidát na poslance	кандидат в депутаты	candidate for deputy
kandidát na prezidentský úřad	кандидат на пост президента, кандидат в президенты *(hovor.)*	presidential candidate
kandidovat (za poslance)	баллотироваться (в депутаты)	to stand as a candidate (for deputy)
KANDIDÁTKA	список *(-ска) m* кандидатов	list of candidates
jednotná kandidátka	единый, общий список кандидатов	general ticket
hlasování o jednotné kandidátce	голосование списком	voting for a list

KANDIDATURA	кандидатура *(-ы) ž*	candidacy
vzdát se kandidatury	снять свою кандидатуру	to withdraw one's candidacy
KANDIDOVAT *d/n*	выставить, выставлять, выдвинуть, выдвигать (свою) кандидатуру	to stand as a candidate
KAPACITA	ёмкость *(-и) ž*	capacity
kapacita trhu	емкость рынка	market capacity
KAPITÁL	капитал *(-а) m*	capital
zahraniční kapitál	иностранный капитал	foreign capital
základní kapitál	уставный капитал	authorized capital
příliv kapitálu	приток капитала	influx of capital
připravovaný vstup kapitálu	подготовляемое поступление капитала	upcoming arrival of capital
KAPITALIZOVAT SE *d/n*	вложить капитал	to get capitalized
kapitalizovat se v zahraničí	вложить капитал за границей	to get capitalized abroad
KARDINÁL	кардинал *(-а) m*	cardinal
KARGO	карго *(-а) m*	cargo
KARIÉRA	карьера *(-ы) ž*	career
+ rychlý vzestup kariéry	стремительное развитие карьеры	skyrocketing career
KARTA	карта *(-ы) ž*	card
úvěrová karta	кредитная карта	credit card
držitel karty	держатель, владелец карты	cardholder
odcizení karty	хищение карты	misappropriation of a card
ztráta karty	потеря карты	card loss
+ platební karta je nepřenosná	платежную карту нельзя передавать другому лицу	credit card is nontransferable
+ požádat o vydání karty	потребовать выдачи карты	to ask for the issue of a card

KATALYZÁTOR	катализатор *(-а) m*	catalyst
auta bez katalyzátoru	машины без катализатора	cars without catalysts
KATASTROFA	катастрофа *(-ы) ž*	disaster, catastrophe
ekologická katastrofa	экологическая катастрофа	ecological disaster
KATOLICISMUS	католицизм *(-а) m*	catholicism
KATOLICKÝ	католический	(Roman) Catholic
katolická mše	католическая месса	catholic mass
KATOLÍK	католик *(-а) m*	(Roman) Catholic
KATOLIZACE	окатоличивание *(-ия) s*	catholicization
KAUCE	залог *(-а) m*	bail, security, surety
peněžní kauce	денежный залог	bail, security, surety
na kauci	под залог	on bail
složit kauci	внести залог	to give security
KAUZA	дело *(-а) s*	case, affair
vyřešit kauzu	решить, рассмотреть дело	to settle a case
KÁZÁNÍ	проповедь *(-и) ž*	sermon
jít, být na kázání	слушать проповедь	to listen to a sermon
KAZATEL	проповедник *(-а) m*	preacher
KLÁŠTER	монастырь *(-я) m*	monastery
KLERIKÁLNÍ	клерикальный	clerical
klerikální strana	клерикальная партия	clerical party
KLESNOUT *dok.*	упасть, снизиться	to decline, fall
+ cena zboží klesla	цена товара снизилась, упала	the price of the goods has fallen
KLEVETA	клевета *(-ы) ž,* навет *(-а) m*	gossip

KLÍČ	ключ *(-а) m*	key, clue
klíč volební	модус	modus of vote
KLIENT	клиент *(-а) m*	client
KLIKA	клика *(-и) ž*	clique, faction
vládnoucí klika	правящая клика	ruling clique
zločinecká klika	преступная клика	criminal clique
KLIMA	климат *(-а) m*	climate
místní klima	местный климат	local climate
KLIMATICKÝ	климатический	climatic
klimatické zákonitosti	климатические закономерности	climatic rules
KMENOVÝ	уставный, уставной	stock
kmenový kapitál	уставный капитал	stock capital
KMOTR (šéf tajné organizace)	крёстный отец	godfather
KNESSET	кнессет *(-а) m*	Knesset (Israeli Parliament)
KNĚŽSTVO	духовенство *(-а) s*	priesthood
KNOW-HOW	ноу-хау, ноухау *neskl.*	know-how
KOALICE	коалиция *(-ии) ž*	coalition
vládní koalice	правительственная коалиция	government coalition
zástupci koalice	представители коалиции	coalition leaders
KOALIČNÍ	коалиционный	coalition
koaliční partner	коалиционный партнер	coalition partner
KÓD	код *(-а) m*	code
dálnopisný kód	телетайпный код	telex code
genetický kód	генетический код	genetic code
KODEIN	кодеин *(-а) m*	codeine

kodein v tabletkách	кодеин в таблетках	codeine in tablet-form
KOEFICIENT	коэффициент *(-a) m*	coefficient
KOJENECKÝ ÚSTAV	дом малютки	nursery (unit)
KOKAIN	кокаин *(-a) m*	cocaine
šňupat kokain	нюхать кокаин	to sniff cocaine
zneužívat kokain	злоупотреблять кокаином	to abuse cocaine
KOLEK	гербовая марка *(-u) ž*	government stamp
KOLKOVANÝ	гербовый	stamped
kolkovaný papír	гербовая бумага	stamped paper
KOLKOVACÍ	гербовый	stamp
kolkovací poplatek	гербовый сбор	stamp duty
KOLO	раунд *(-a) m*	round
druhé kolo voleb	второй раунд выборов	second election round
kolo jednání, rozhovorů	раунд переговоров	round of talks
KOLOBĚH	круговорот *(-a) m*	circulation
koloběhy biogenních prvků	круговороты биогенных элементов	circulation of biogenous elements
KOLONIE (pracovní)	колония (-ии) ž	colony
nápravně pracovní kolonie, tábor	исправительно-трудовая колония	detention centre
KOMERCIONALIZACE	коммерциализация *(-ии) ž*	commercialization
komercionalizace vzdělání	коммерциализация образования	commercialization of education
KOMERČNÍ	коммерческий	commercial
komerční turista (cestování za účelem spekulativního obchodu)	челнок *(-a) m hovor.*	tourist for the purpose of business
komerční turistika	челночный бизнес	tourism for the purpose of business

KOMISE	комиссия *(-ии) ž*	commission, board, committee
arbitrážní komise	арбитражная комиссия	arbitration commission
daňová komise	налоговая комиссия	tax commission
mezirezortní komise	межведомственная комиссия	joint commission
mzdová komise	комиссия по заработной плате	wage commission
pozemková komise	земельная комиссия	land commission
resortní komise	ведомственная комиссия	departmental commission
revizní komise	ревизионная комиссия	auditing board
sčítací komise	счетная комиссия	counting board
komise pro pracovní spory	комиссия по трудовым спорам	board for the settlement of labour disputes
KOMISNÍ PRODEJ	комиссия *(-ии) ž*	sale on a commission basis
přijímat do komisního prodeje	принимать на комиссию	to accept goods on commission
KOMORA	палата *(-ы) ž*	chamber, house
komora parlamentu	палата парламента	Chamber, House of Parliament
KOMPENZACE	компенсация *(-ии) ž*	compensation, indemnity
finanční kompenzace	денежная компенсация	financial compensation
kompenzace za dovolenou	компенсация за отпуск	compensation for holidays
KOMPENZOVAT *nedok.*	компенсировать	to compensate, make up for
KOMPETENCE	компетенция *(-ии) ž*	authority, competence
být mimo kompetenci	быть вне компетенции	to be beyond sb's authority
spadat do kompetence	быть в компетенции	to lie within sb's authority
zasahovat *do něčí* kompetence	вмешиваться *в чью* компетенцию	to encroach on sb's authority
KOMPLEX	комплекс *(-а) m*	complex
komplex méněcennosti	комплекс неполноценности	inferiority complex
KOMPROMIS	компромисс *(-а) m*	compromise
KOMPROMISNÍ	компромиссный	compromise

kompromisní řešení	компромиссное решение	compromise solution
KOMPROMITOVÁNÍ	компрометация *(-ии) ž*	compromising (situation)
KOMPROMITOVAT *nedok.*	компрометировать	to compromise
KOMUNIKACE	коммуникация *(-ии) ž*	communication
jazyková komunikace	языковая коммуникация	language communication
masová komunikace	массовая коммуникация	mass communication
prostředky komunikace	средства коммуникации	means of communication
KOMUNIKATIVNÍ	коммуникативный	communicative
komunikativní funkce jazyka	коммуникативная функция языка	communicative function of language
KOMUNIKÉ	коммюнике *neskl. s*	communiqué
KOMUNITA	сообщество *(-а) s*	community
stálá zločinecká komunita	устойчивое преступное сообщество	criminal community
KONCENTRACE	концентрации *(-ий) mn*	concentration
maximálně přípustné koncentrace	предельно допустимые концентрации	threshold concentrations
koncentrace škodlivých látek	концентрации вредных веществ	toxic agents concentration
překročení koncentrace	превышение концентраций	exceeding of the concentration limit
KONFERENCE	конференция *(-ии) ž,* совещание *(-ия) s*	conference
mírová konference	конференция в защиту мира, мирная конференция	peace conference
odzbrojovací konference	конференция по разоружению	disarmament conference
tisková konference	пресс-конференция	press conference

konference na nejvyšší úrovni	конференция на высшем уровне	summit conference
uspořádat konferenci	провести конференцию, организовать конференцию	to hold a conference
KONFISKACE	конфискация *(-ии) ž*	seizure, forfeit
+ jmění propadlo konfiskaci	имущество было конфисковано	property was confiscated
KONFLIKT	конфликт *(-а) m*	conflict, clash, dispute
ozbrojený konflikt	вооруженный конфликт	armed conflict
mezinárodní konflikt	международный конфликт	international conflict
propuknutí konfliktu	возникновение конфликта	outbreak of a conflict
rozdmychávání konfliktu	раздувание конфликта	fomentation of a conflict
sklouzávání země ke konfliktu	сползание страны к конфликту	country's moving towards a conflict
vyřešit (zvládnout) konflikt	урегулировать конфликт	to resolve a dispute
vyvolat (rozpoutat) ozbrojený konflikt	развязать вооруженный конфликт	to trigger an armed conflict
KONFRONTACE	конфронтация *(-ии) ž*	confrontation
vojenská konfrontace	военная конфронтация	military confrontation
konfrontace názorů	конфронтация взглядов	confrontation of opinions
KONKURENCE	конкуренция *(-ии) ž*	competition
KONKURENCESCHOPNOST	конкурентоспособность *(-и) ž*	competitive ability/capacity
+ konkurenceschopnost domácích výrobků na zahraničních trzích	конкурентоспособность отечественных продуктов на внешних, заграничных рынках	competitive capacity of domestic products in foreign markets
KONKURENČNÍ	конкурентный	competitive
konkurenční boj	конкурентная борьба	competitive struggle

konkurenční podnik	конкурентное предприятие	competitive enterprise
KONKURENT	конкурент *(-а) m*	competitor
KONKUROVAT *d/n*	конкурировать	to compete
konkurovat produkci	конкурировать продукции	to compete in production
KONKURZ	конкурс *(-а) m*	tender, competition of tenders
konkurz na majetek	конкурс на имущество	tender for property
KONKURZNÍ	конкурсный	bankruptcy
konkurzní řízení	конкурсная процедура	bankruptcy proceedings
KONSENZUS	консенсус *(-уса) m*	consensus
celonárodní konsenzus	общенародный, всенародный консенсус	nation-wide consensus
KONSORCIUM	консорциум *(-а) m*	consortium, syndicate
mezinárodní poradní konsorcium	международный консорциум советников	international advisory consortium
konsorcium bank	консорциум банков	consortium of banks
KONTINGENT	контингент *(-а) m*	contingent
vojenský kontingent	контингент войск	military contingent
KONTINUITA	непрерывность *(-и) ž*, преемственность *(-и) ž*	continuity, succession
kontinuita státní moci	преемственность государственной власти	state succession
KONTO	счёт *(-а) m*	account
bankovní konto	банковский, расчетный счет	bank account
majitel konta	владелец счета	account holder
+ mít konto v zahraniční bance	иметь счет в иностранном банке	to have an account in a foreign bank
+ převést peníze na konto	перевести деньги на счет	to transfer money to an account

KONTRAKT	контракт *(-a) m*	contract
KONTROLA	контроль *(-я) m*	check, control
+ kontrola kvality	контроль качества	quality monitoring
KONTROLNÍ	контрольный	control
kontrolní mechanismus společnosti vůči státu	механизм контроля за государством со стороны общества	mechanism of a society's control over the state
KONVERTIBILITA	конвертируемость *(-и) ž*, обратимость *(-и) ž*	convertibility
konvertibilita měny	конвертируемость валюты	convertibility of currency
KONVERZE (zbrojní)	конверсия *(-ии) ž*	conversion (of military production)
protestovat proti konverzi	протестовать против конверсии	to protest against conversion
KONZERVATIVEC *(*člen konzervativní strany*)*	консерватор *(-a) m*	Conservative
KONZUL	консул *(-a) m*	consul
generální konzul České republiky	генеральный консул Чешской Республики	consul-general of the Czech Republic
KONZULÁT	консульство *(-a) s*	consulate
KONZULTACE	консультация *(-ии) ž*	consultation
KONZULTANT	консультант *(-a) m*	consultant, adviser
daňový konzultant	консультант по налогам	tax adviser
KONZUMNÍ	потребительский	consumer
konzumní společnost	потребительское общество	consumer society
konzumní vztah *k něčemu*	потребительское отношение *к чему*	consumer's attitude to st
konzumní zboží	потребительские товары	consumer goods

KOORDINOVAT *nedok.*	координировать, согласовывать, увязывать	to coordinate
KOPIE	копия *(-ии) ž*	copy, duplicate
KOPÍROVACÍ TECHNIKA	копировальная техника	photocopying machines
KOPÍROVÁNÍ	копирование *(-ия) s*	photocopy
nelegální kopírování	нелегальное копирование	illegal photocopy
KOPÍROVAT *nedok.*	снимать копию с *чего*, копировать	to make a copy
KORPORACE	корпорация *(-ии) ž*	corporation
KORUPCE	коррупция *(-ии) ž*, взяточничество *(-а) s*, подкуп *(-а) m*	corruption, bribery
rozmáhající se korupce	увеличивающаяся коррупция	spreading corruption
bojovat s korupcí	бороться с коррупцией	to combat corruption
KORUMPOVATI *nedok.*	подкупать, развращать подкупом, коррупцией	to corrupt (by giving bribes)
KOSTEL	церковь *(церкви) ž*	church
KOSTELNÍ	церковный	church
kostelní zvon	церковный колокол	church bell
KOŠ	корзина *(-ы) ž*	basket
měnový koš	валютная корзина	basket of currencies
spotřební koš	потребительская корзина	market basket
KOUPĚ	купля *(-и) ž*	purchase
projevit zájem o koupi	проявить интерес к купле	to be interested in the purchase
KOUPĚSCHOPNOST	покупательная способность *(-и) ž*	purchasing power

koupěschopnost obyvatelstva	покупательная способность населения	purchasing power of the population
uspokojovat koupěschopnost	удовлетворять покупательную способность	to satisfy the purchasing power
KOUPĚSCHOPNÝ	платёжеспос<u>о</u>бный	solvent
koupěschopný zákazník	платежеспособный покупатель	solvent buyer
KOUPIT *dok.*	куп<u>и</u>ть	to buy, purchase
koupit na smlouvu	купить по договору	to buy under a contract
koupit na splátky	купить в рассрочку	to buy by installments
koupit pod cenou	купить ниже стоимости	to buy below prices
koupit se slevou	купить со скидкой	to buy at a discount
koupit v dražbě	купить с аукциона	to buy at auction
KRÁDEŽ	воровств<u>о</u> *(-<u>а</u>) s*	robbery
drobná krádež	мелкое воровство	burglary
KRAJINA	м<u>е</u>стность *(-и) ž*, ландш<u>а</u>фт *(-а) m*	countryside, landscape
změna krajiny	изменение ландшафта, местности	change in the landscape
KRACH	крах *(-а) m*, банкр<u>о</u>тство *(-а) s*	bankruptcy
KRB	кам<u>и</u>н *(-а) m*	fireplace
stavět krb	класть камин	to build a fireplace
KRIMINALITA	прест<u>у</u>пность *(-и) ž*	criminality, crime
dětská kriminalita	детская преступность	juvenile deliquency
hospodářská kriminalita	хозяйственная преступность	economic crime
nárůst kriminality	рост преступности	a rise in crime
KRIMINÁLNÍ	кримин<u>а</u>льный	criminal
kriminální čin	криминальное преступление	criminal act
kriminální policie	уголовный розыск, угрозыск	criminal investigation department

KRISTUS	Христос *(-ста) m*, Иисус Христос	Jesus Christ
KRIZE	кризис *(-а) m*	crisis
finanční krize	финансовый кризис	financial crisis
prohlubovat krizi	углублять кризис	to aggravate a crisis
zostřovat krizi	обострять кризис	to exacerbate a crisis
KRMIVO	корм *(-а) m*	feed, meal
plnohodnotné granulované krmivo	полноценный гранулированный корм	full granulated meal
KRUHOVÝ	круговой	circular, round
KRUPIÉR	крупье *neskl. m,ž*	croupier
KRVEPROLITÍ	кровопролитие *(-ия) s*	bloodshed
KŘEČE	судороги *(-0) mn*	spasms
KŘESLO (v parlamentu)	пост *(-а) m*	seat (parliamentary)
+ strana má většinu křesel v parlamentu	партия располагает большинством постов в парламенте	the party has a majority in Parliament
KŘEST	крещение *(-ия) s*	baptism
KŘESŤANSTVÍ	христианство *(-а) s*	Christianity
křesťanské náboženství	христианская религия	Christian religion
přijetí křesťanství	принятие христианства	Christianization
KŘTÍT *nedok.*	крестить	to baptize
křtít děti	крестить детей	to baptize babies
“KŠEFT”	гешефт *(-а) m*, сделка *(-и) ž*	fiddle
“KŠEFTAŘ”	гешефтмахер *(-а) m*	trafficker
kšeftař s alkoholem	бутлегер	alcohol trafficker
“KŠEFTSMAN”	гешефтмахер *(-а) m*	trafficker

KULKA	пуля *(-и) ž*	bullet
KULOÁRNÍ	кулуарный	backstage, behind-the-scenes
kuloární, kuloárová politika	кулуарная, закулисная политика	backstage manoeuvring
KULOÁRY	кулуары *(-ов) mn*	backstage, lobby
KUMULOVAT *nedok.*	аккумулировать	to accumulate
kumulovat prostředky	аккумулировать средства	to accumulate funds
KUPLÍŘ	сводник *(-а) m*	procurer
KUPLÍŘSTVÍ	сводничество *(-а) s*	procurement
KUPNÍ	покупательный	purchase, purchasing
reálná kupní síla	реальная покупательная способность	real purchasing power
KUPON	купон *(-а) m*	coupon, voucher
KUPONOKARBOVANEC *(*dočasná ukrajinská měna*)*	купонокарбованец *(-нца) m* (деньги, имеющие временное хождение на территории Украины*)*	"Couponocarbovanyets" (temporary Ucrainian currency)
KUPONOVÝ	купоновый	coupon
kuponová knížka	купоновая книжка	coupon book
kuponová privatizace	купоновая приватизация	coupon privatization
kuponová privatizace (v Rusku)	ваучеризация	"voucher" privatization
KÚRA	курс *(-а) m*	cure, course
odtučňovací kúra	курс похудения	slimming cure
absolvovat kúru	пройти курс	to take a cure for
KURS *(*měny*)*	курс *(-а) m*	exchange rate
bankovní kurs	банковский курс	bank rate

devizový kurs	валютный курс (твердый валютный курс)	currency rate
pohyblivý kurs	плавающий курс	fluctuating rate
směnný kurs (koruny)	обменный курс	exchange rate
určování peněžního kursu	котировка	quotation
kurs je ...	курс составляет ...	exchange rate is ...to the pound sterling
kurs klesl	курс упал	exchange rate has declined
kurs stoupl o ...	курс повысился на ...	exchange rate has risen by ...
určovat, stanovovat kurs	устанавливать курс	to fix the exchange rate
KURS (orientace)	курс *(-а) m*	orientation
orientace na Blízký Východ	ближневосточный курс	the Middle East orientation
orientace na...	выработка курса на...	orientation on ...
KURSOVNÍ	курсовой	exchange rate
kursovní lístek	курсовой бюллетень	exchange rate list
KVÍZ	викторина *(-ы) ž*	quiz
KVÓRUM	кворум *(-ума) m*	quorum
KVÓTA	квота *(-ы) ž*	quota
daňová kvóta	налоговая квота	tax quota
dovozní kvóta	импортная квота	import quota
kvóta na vývoz *čeho*	квота на экспорт *чего*	export quota for st
KYSELINA	кислота *(-ы) ž*	acid
mastná kyselina	жирная кислота	fatty acid
L		
LABORANT	лаборант *(-а) m*	lab assistant
LANDSMANŠAFT	ландсманшафт *(-а) m*	landsmanshaft
LATENTNÍ	латентный	latent
latentní, skrytá zločinnost	латентная преступность	latent crime

LÁTKA	веществ<u>о</u> *(-<u>а</u>) s*	matter, substance
anorganická látka	неорганическое вещество	inorganic substance
dusíkaté látky	азотистые вещества	nitrates
pevné, tuhé látky	твердые вещества	solid substances
LEASING	л<u>и</u>зинг *(-а) m*	leasing
LEASINGOVÝ	л<u>и</u>зинговый	leasing
LÉČENÍ	леч<u>е</u>ние *(-ия) s,* излеч<u>е</u>ние *(-ия) s*	treatment, therapy
dobrovolné léčení	добровольное лечение	optional treatment
nedobrovolné léčení	принудительное лечение	forced treatment
LEGALIZOVAT *nedok.*	легализов<u>а</u>ть	to legalize, authenticate
legalizovat kopii stanov	легализовать копию устава	to authenticate a copy of statutes
LEGISLATIVNĚ	законод<u>а</u>тельным путём, в законод<u>а</u>тельном пор<u>я</u>дке	in a legislative way
LEGITIMACE	легитим<u>а</u>ция *(-ии) ž*	identity card, permit
LES	лес *(-а) m*	forest, wood
kácení lesů	вырубка лесов	woodcutting
obnova lesů	лесовосстановление	afforestation
prořezávání lesů	прореживание лесов	forest clearance
zachování lesů	сохранение лесов	forest preservation
vlastnictví lesa	собственность на лес	forest property
vymycování, mýcení lesů	вырубка леса	deforestation
výsadba lesa	лесопосадка	forest plantation
využívání lesů	лесоиспользование	forest management
hospodářsky nezkultivované lesy	хозяйственно неосвоенные леса	non-managed forests
LESBIČKA	лесби<u>я</u>нка *(-и) ž*	lesbian

LET	полёт *(-а) m,* авиаперелёт *(-а) m,* авиапролёт *(-а) m,* рейс *(-а) m,* авиарейс *(-а) m*	flight
čártrové lety	чартерные рейсы	charter flights
mezinárodní let	международный авиапролет, международный авиарейс, международная линия	international flight
obchodní lety	бизнес-полеты	business flights
LETADLO (dopravní velkokapacitní)	лайнер *(-а) m*	aircraft, airplane, airliner
LETECKÁ SPOLEČNOST	авиакомпания *(-ии) ž*	airline
soukromá letecká společnost	частная авиакомпания	private airline
LETECTVO	авиация *(-ии) ž ,* воздушный флот *(-а) m*	aviation
civilní letectvo	гражданская авиация	civil aircraft
vojenské letectvo	военная авиация	air force
LETENKA	авиабилет *(-а) m*	air ticket
LETOPOČET	эра *(-ы) ž*	calender, era
našeho letopočtu	нашей, новой эры	AD (anno Domini)
před naším letopočtem	до нашей эры	BC (before Christ)
LEVICE	левые, левое крыло *(-а) s*	left wing (parties)
krajní levice	крайние левые, ультралевые	extreme left wing
LEŽÁK (neprodejné zboží)	неликвид *(-а) m*	dead stock
LIBERALIZACE	либерализация *(-ии) ž*	liberalization
liberalizace cen	либерализация цен	price liberalization

LICENCE	лицензия *(-ии) ž*	licence
pracovat na základě licence	работать по лицензии	to work under licence
LIDSKÝ	человеческий	human
lidský faktor	человеческий фактор	human factor
LIDSTVO	человечество *(-a) s*	mankind
LIKNAVOST	медлительность *(-и) ž*	sluggishness
liknavost úřadů	медлительность властей	sluggishness of the authorities
"LÍMEČKY" (termín k označení různých kategorií lidí nájemné práce)	воротнички *(-ов) mn*	collars
LIMIT	лимит *(-a) m*	limit
cenový limit	ценовой лимит	price limit
sociální limit	социальный лимит	social limit
+ řídit limity přírodních bohatství	управлять лимитами природных богатств	to control limits of natural resources
LIST (obchodní)	накладная *(-ой) ž*	delivery note
dodací list	накладная на отпуск материалов	delivery order
expediční list	рассылочная накладная	shipping list
přejímací list	приемная накладная	tally out, delivery receipt, receiving voucher
LIST (osvědčení)	свидетельство *(-a) s*	certificate
depozitní list	вкладное свидетельство	certificate of deposit
dodací list	свидетельство о сдаче товара	delivery note
oddací list	брачное свидетельство, свидетельство о браке	marriage certificate
rodný list	свидетельство о рождении	birth certificate
úmrtní list	свидетельство о смерти	death certificate

LISTINA	бумага *(-и) ž,* документ *(-а) m,* акт *(-а) m,* грамота *(-ы) ž,* список *(-а) m,* свидетельство *(-а) s*	document, list
černá listina	черный список	black list
darovací listina	дарственная грамота	deed of gift
kandidátní listina	список кандидатов	list of candidates
pověřovací listina	верительная грамота	credentials
zástavní listina	залоговое свидетельство	mortgage deed
+ dostat se na černou listinu	попасть*(попаду, -ёшь, -ут)* в черный список	to get blacklisted for
+ došlo k výměně listin	состоялся обмен грамотами	credentials were exchanged
+ předat pověřovací listinu *komu*	вручить верительную грамоту *кому*	to present credentials to sb
LISTING	листинг *(-а) m*	listing
LOBBY	лобби *s neskl.*	lobby
zemědělské lobby	аграрное лобби	agricultural lobby
LOĎ *(letadlová)*	авианосец *(-сца) m*	aircraft carrier
mateřská letadlová loď	авиаматка	aircraft carrier
LOĎ (osobní)	лайнер *(-а) m*	ship, vessel, boat
LOKALITA	регион *(-а) m*	location, locality
vymezení lokalit	определение региона	demarcation of locality
LOUPEŽ	грабёж *(-а) m,* ограбление *(-ия) s*	robbery, theft
ozbrojená loupež	вооруженное ограбление	armed robbery
LOV	охота *(-ы) m,* лов *(-а) m,* промысел *(-сла)m*	hunt(ing), shooting, fishing
přísné termíny lovu	жесткие сроки лова	strict hunting terms
zákaz lovu	запрет лова	ban on hunting
ukončit lov velryb	прекратить промысел китов	to terminate hunting whales

+ organizovaný lov určitých druhů zvířat	целенаправленная охота на определенные виды животных	organized hunting of selected animal species
LUKRATIVNÍ	лукративный	lucrative, remunerative
lukrativní zahraniční cesta	лукративная зарубежная поездка	lucrative trip abroad
M		
MAFIÁN	мафиози *neskl. m,ž*	mafioso
MAFIÁNSKÝ	мафиозный	mafia
mafiánská skupina	мафиозная группа	mafia band, gang
MAFIE	мафия *(-ии) ž,* коза ностра	mafia, organized crime
zahraniční mafie	зарубежная мафия	foreign mafia
přisluhovač mafie	подручный мафии	mafia stooge
+ mafie obchodující s drogami	наркомафия	drug traffic mafia
MAGISTERSKÉ STUDIUM	магистратура *(-ы) ž*	study for a master's degree
MAGISTR	магистр *(-а) m*	Master of Arts, Master of Sciences
MAGISTRÁT	магистрат *(-а) m*	municipality
MAGNETOFON + SLUCHÁTKA	плейер *(-а) m*	tape desk and headphones
MACHINACE	ухищрение *(-ия) s*	sharp practice
MAJETEK	имущество *(-а) s,* собственность *(-и) ž*	property
národní majetek	национальное имущество	national property
nemovitý majetek	недвижимое имущество	real estate property
soukromý majetek	личная собственность	private property

svěřený majetek	доверенная собственность	trust property
rozkrádání národního majetku	расхищение народного имущества	misappropriation of the national property
správa národního majetku	управление национальным имуществом	national property management
být majetkem *koho*	находиться в собственности *кого*	to be sb's property
krást, přivlastňovat si cizí majetek	красть, прикарманить, присваивать себе чужое имущество	to misappropriate sb's property
MAJORITNÍ	мажоритарный	majority
majoritní systém	мажоритарная система	majority system
MAKLÉŘ	маклер *(-а) т*, спикер *(-а) т*	broker
burzovní makléř	биржевой маклер	stockbroker
MANAŽER	менеджер *(-а) т*	manager
MANDANT	мандант *(-а) т*, подзащитный *(-ого) т*	client
MANDÁT	мандат *(-а) т*	full powers, mandate
dát mandát ministrovi	дать мандат министру	to issue credentials for a minister
MANÉVRY	учения *(-ий) тп*	field exercise
společné manévry	совместные военные учения	joint field exercise
MANIFESTACE	манифестация *(-ии) ž*, демонстрация *(-ии) ž*	demonstration, rally
spontánní manifestace	спонтанная манифестация	spontaneous demonstration
manifestace na podporu *něčeho*	манифестация в поддержку *чего*	demonstration in support of st

MANIFESTOVAT *d/n*	манифестировать, демонстрировать, участвовать в демонстрации	to demonstrate
MARIHUANA	марихуана *(-ы) ž*	marijuana, pot
kouřit marihuanu	курить марихуану	to smoke marijuana
MARŽE	маржа *(-и) ž*	margin
úroková marže	процентная маржа	margin of interest
(rozdíl mezi úroky z úvěrů a úroky z vkladů)	(разница между процентами по ссудам и процентами по вкладам)	(difference between the rate at which money is borrowed and lent)
+ tlak na zachování vysokých marží	давление на сохранение высокой маржи	pressure on maintaining high margins
MASÁŽ	массаж *(-а) m*	massage
erotická masáž	эротический массаж	erotic massage
klasická masáž	массаж классический	traditional massage
léčebná masáž	массаж лечебный	curative massage
provádět masáž	проводить массаж	to give a massage
MASÉR	массажист *(-а) m*	masseur
MASÉRKA	массажистка *(-и) ž*	masseur
MASKA	маска *(-и) ž*	mask
ochranná plynová maska	противогазовая маска	gas mask
nasadit si masku	надеть на себя маску	to put on a mask
+ člověk maskovaný punčochou	человек с чулком на голове	man in a stocking mask
MATERIÁL	материал *(-а) m*	materials, documents
kompromitující materiál	компрометирующий материал, компромат	compromising documents
MATEŘSTVÍ	материнство *(-а) s*	maternity
ochrana mateřství	охрана материнства	maternity protection
MATKA	мать *(матери) ž*	mother
adoptivní matka	приемная мать	adoptive mother

náhradní matka	человек, заменяющий мать	foster mother
svobodná matka	одинокая мать, мать-одиночка	single mother
matka s mnoha dětmi	многодетная мать	mother of many children
péče o matku a dítě	забота о матери и ребенке	maternal and pediatric care
MATRIKA	метрическая книга *(-и) ž,* акты *(-ов) mn* гражданского состояния	register
matrika narozených	метрическая книга о рождении,	register of births
MAZÁCTVÍ (šikana)	дедовщина *(-ы) ž*	victimization, harassment
MECENÁŠ	меценат *(-а) m*	sponsor, patron
MĚNA	валюта *(-ы) ž*	currency
nepřevoditelná měna	замкнутая, неконвертируемая валюта	inconvertible currency
paralelní měna	параллельная валюта	parallel currency
volně směnitelná měna	свободно конвертируемая валюта	fully convertible currency
vlastní měna	собственная валюта	national currency
tvrdá měna	твердая валюта	hard currency
devalvovat měnu	девальвировать валюту	to devalue currency
MENŠINA	меньшинство *(-а) s*	minority
národnostní menšina	национальное меньшинство	national minority
+ hájit práva menšin	защищать права меньшинств	to protect the rights of minorities
+ prosazovat práva menšin	бороться за права меньшинств	to enforce the rights of minorities
MĚSTSKÉ ZASTUPITELSTVÍ	муниципалитет *(-а) m*	municipality
METROPOLE	столица *(-ы) ž*	capital

MEZIVLÁDÍ	междувластье *(-ья) s*	interregnum
MIGRACE	миграция *(-ии) ž*	migration
MIGRAČNÍ	миграционный	migratory
migrační příliv	миграционный приток	migratory movement
MIGRANT	мигрант *(-а) m*	migrant
migrant z donucení	вынужденный мигрант	migrant under duress
MIKROFLÓRA	микрофлора *(-ы) ž*	microflora
půdní mikroflóra	почвенная микрофлора	soil microflora
MIKROORGANISMY	микроорганизмы *(-ов) mn*	microorganisms
půdní mikroorganismy	почвенные микроорганизмы	soil microorganisms
MILOST	помилование *(-ия) s*	mercy, charity, pardon
právo na milost	право помилования	right of pardon
žádost o milost	ходатайство о помиловании	plea for mercy
žádat o milost	просить помилования, о помиловании	to appeal for mercy
MIMOŘÁDNÝ	чрезвычайный	extraordinary, exceptional
mimořádné plné moci	чрезвычайные полномочия	extraordinary powers
mimořádný stav	чрезвычайное положение	state of emergency
vyhlásit mimořádný stav	объявить чрезвычайное положение	to declare a state of emergency
MIMOZEMSKÝ	внеземной, инопланетный	extraterrestrial
mimozemská civilizace	внеземная цивилизация	extraterrestrial civilization
MINA	мина *(-ы) ž*	mine
vybuchnout na mině	подорваться на мине	to explode on a mine
MÍNĚNÍ	мнение *(-ия) s*	opinion, view

+ provést výzkum veřejného mínění	провести опрос общественного мнения	to conduct an opinion poll
MINIMUM	минимум *(-a) m*	minimum
životní minimum	прожиточный минимум	subsistence level
stanovit životní minimum	установить прожиточный минимум	to set the subsistence level
MINISTERSTVO	министерство *(-a) s*	ministry
ministerstvo financí	министерство финансов (минфин)	Ministry of Finance
ministerstvo pro hospodářskou soutěž	министерство по экономическому соревнованию	Ministry of Economic Competition
ministerstvo pro správu národního majetku a jeho privatizaci	министерство управления народным хозяйством и его приватизацией	Ministry of National Property Management and Privatization
ministerstvo zahraničního obchodu	министерство внешней торговли	Ministry of Foreign Trade
MÍRA	норма *(-ы) ž*	rate
míra akumulace	норма накопления	rate of accumulation
míra spotřeby	норма потребления	standard of consumption
míra zisku	норма прибыли	profit margin
MÍROVÉ PRAPORY OSN	миротворческие батальоны ООН	UN Peace-keeping Force
MÍROVÝ	мирный, миротворческий	peace, peaceful, peace-making
mírové iniciativy	мирные инициативы	peace initiatives
mírový sbor	миротворческий контингент	peace-keeping contingent
zničit mírový proces	прекратить процесс становления мира	to destroy the peace process
MÍSTNOST	помещение *(-ия) s*	room
obydlená místnost	занимаемое помещение	occupied room

obytná místnost	жилое помещение	room for residential purposes
+ pronajmout místnost podnájemníkovi	сдать помещение жильцу	to let a room
+ užívat místnost na základě smlouvy	занимать помещение по договору	to use a room by contract
MÍSTO NEHODY	место *(-a) s* аварии	scene of accident
ujet z místa nehody	уехать с места аварии, покинуть место аварии	to leave the scene of an accident, hit-and-run (of a car)
MÍSTO URČENÍ	место *(-a) s* назначения	destination
MÍSTO VÝSKYTU	местообитание *(-ия) s*	location
místo výskytu rostliny	местообитание растения	location of a plant
MISTROVSKÉ DÍLO	шедевр *(-a) m*	masterpiece
MÍT *nedok.*	иметь	to have, own possess
mít zkušenosti z práce	иметь опыт работы	to have work experience
mít námitky proti smlouvě	иметь претензии по договору	to have objections to st
mít běžný účet	иметь текущий счет	to have a current account
MLUVČÍ	спикер *(-ера) m*	speaker, spokesman
prezidentský mluvčí	пресс-секретарь президента	President's spokesman
tiskový mluvčí	пресс-секретарь	press spokesman
mluvčí poslanecké sněmovny	спикер палаты представителей	Parliamentary Speaker
+ podle sdělení mluvčího ministerstva	по сообщению представителя министерства	according to a ministry spokesman
MLUVENÍ ("kecání")	говорильня *(-и) ž*	prattle
MNICH	монах *(-a) m*	monk
MOBILIZACE	мобилизация *(-ии) ž*	mobilization

MOC	власть *(-и) ž*	power, authority, rule
výkonná moc	исполнительная власть	executive power
zákonodárná moc	законодательная власть	legislative power
být u moci	стоять у власти	to hold power
+ moc a právo sdělovacích prostředků	“четвертая власть”	mass media power
+ moc a právo soudních orgánů	“третья власть”	judicial power
+ představitel moci ve státě	представитель власти в государстве	representative of power in the state
+ prezident zbavený moci	отстраненный от власти президент	president deprived of power
MOCNOST	держава *(-ы) ž*	power
vedoucí světová mocnost	ведущая мировая держава	leading world power
MODERNIZACE	модернизация *(-ии) ž*	modernization
modernizace výroby	модернизация производства	modernization of production
modernizace zařízení	модернизация оборудования	modernization of equipment
MODLITBA	молитва *(-ы) ž*	prayer
odříkávat modlitbu	читать молитву	to say one’s prayer
MOHAMEDÁNSTVÍ	мусульманство *(-а) s*	Mohammedanism, Moslemism
MONETARISMUS	монетаризм *(-а) m*	monetarism
MONETARISTICKÝ	монетаристский	monetarist
monetaristický systém	монетаристская система	monetarist system
MONITOROVÁNÍ	мониторинг *(-а) m*	monitoring
monitorování cen	ценовой мониторинг	price monitoring
MONOETNICKÝ	моноэтнический	monoethnic
monoetnický stát	моноэтническое государство	monoethnic state

MONOGAMIE	единобрачие *(-ия) s*	monogamy
MONOPOL	монополия *(-ии) ž*	monopoly
mezinárodní monopol	международная монополия	international monopoly
státní monopol	государственная монополия	state monopoly
výhradní monopol *nač*	исключительная, безраздельная монополия *на что-л.*	absolute monopoly in st
MONOPOLNÍ	монопольный	monopoly, monopolistic
monopolní postavení (na trhu)	монопольное положение (на рынке)	commercial monopoly (on the marker)
MORATORIUM	мораторий *(-ия) m*	moratorium
uvalit moratorium na jaderné zbraně	объявить мораторий на ядерное оружие	to impose a moratorium on nuclear weapons
MORFIUM	морфин *(-а) m*	morphine
práškové morfium	морфин в порошке	morphine powder
suché morfium	сухой морфин	dry morphine
MOŘE	море *(-я) s*	sea
umělé moře	искусственное море	artificial sea
MOTIVACE	мотивировка *(-и) ž*	motivation, incentive
přesvědčivá motivace	убедительная мотивировка	convincing motivation
MOTIVOVAT *d/n*	мотивировать	to motivate
MUČENÍ	пытки *(-ток) mn*	torture, torment
MUČIT *nedok.*	применять пытки к *кому-нибудь*	to torture, torment, pester
MULTIMILIONÁŘ	мультимиллионер *(-а) m*	multimillionaire
MUNICIPALITA	муниципалитет *(-а) m*	municipality
MUNICIPALIZACE	муниципализация *(-ии) ž*	municipalization

municipalizace půdy	муниципализация земли	municipalization of land
municipalizace veřejných staveb	муниципализация строений общественного пользования	municipalization of public buildings
MUNICIPÁLNÍ	муниципальный	municipal
municipální daň	муниципальный налог	municipal tax
municipální doprava	муниципальный транспорт	municipal traffic
municipální policie	муниципальная милиция	municipal police
municipální volby	муниципальные выборы	municipal election
MUTACE	мутация *(-ии) ž*	mutation
MUTANT	мутант *(-а) m*	mutant
MUZIKÁL	мюзикл *(-а) m*	musical
MZDA	плата *(-ы) ž*	wage, pay
minimální mzda	минимальная заработная плата	minimum wage
peněžní mzda	заработная плата	cash wage
průměrná mzda	среднемесячная заработная плата	average wage
snižování mzdy	снижение заработной платы	wage cut
zmrazování mzdy	замораживание заработной платы	wage freeze
+ garantovaná roční minimální mzda	гарантированный годовой минимум заработной платы	guaranteed minimum annual wage
MZDOVÝ	окладной	wage
mzdová soustava	система зарплаты	wage scheme
mzdová stupnice	шкала разрядов заработной платы	wage scale

N

NABÍDKA	предложение *(-ия) s*	offer, quotation
dodatečná nabídka	дополнительное предложение	additional offer
nezávazná nabídka	предложение без обязательства	open offer
písemná nabídka	письменное предложение	closed bid
závazná nabídka	твердое предложение	binding offer
zvlášť výhodná nabídka	особо выгодное предложение	advantageous offer
nabídka koupě	предложение купли	offer to purchase
odmítnutí nabídky	отклонение предложения	rejection of an offer
+ dva měsíce po nabídce	через два месяца после предложения	2 months after quotation
+ nabídka převyšuje poptávku	предложение превышает спрос	sellers over
+ převis nabídky nad poptávkou	превышение предложения над спросом	sellers over
NABÍZET *nedok.*	предлагать	to offer
nabízet portfolio	предлагать портфель	to offer a portfolio
+ nabízet podíl ke koupi	предлагать *кому-н.* купить долю	to offer shares for sale
NÁBOŽENSKÝ	религиозный	religious
náboženská dogmata	религиозные догматы	religious dogma
kalendář náboženských svátků	религиозно-праздничный календарь	calender of religious holidays
NÁBOŽENSTVÍ	религия *(-ии) ž*	religion
NACIONALISTA	националист *(-а) m*	nationalist
extremisticky naladění nacionalisté	экстремистски настроенные националисты	extreme nationalists
NADHODNOTA	прибавочная стоимость *(-и) ž*	surplus value

kapitalizovaná nadhodnota	капитализированная прибавочная стоимость	capitalized surplus values
vytvářet nadhodnotu	создавать прибавочную стоимость	to create surplus value
NADPOLOVIČNÍ VĚTŠINA	простое большинство *(-a) s*	absolute majority
NÁDRŽ (vodní)	водоём *(-a) m*, бассейн *(-a) m*	water supply tank, reservoir
umělá nádrž	искусственный водоем, водохранилище	artificial lake
NADŘÍZENÍ	начальство *(-a) s*	authorities
být *komu* podřízen	служить под начальством *кого*	to be under sb
NADVLÁDA	господство *(-a) s*	hegemony, supremacy
světová nadvláda	мировое господство	world supremacy
NAHRADIT *dok.*	возместить	to compensate
nahradit škodu	возместить ущерб	to compensate for the damage
NÁHRAŽKA	эрзац *(-a) m*, суррогат *(-a) m*	substitute
NÁJEM	аренда *(-ы) ž*	lease, rent
dlouhodobý nájem	долгосрочная аренда	long lease
nájem místnosti	аренда помещения	rent of a room
NÁJEMCE	арендатор *(-a) m*	leaseholder, tenant
NÁJEMNÉ	наёмная плата *(-ы) ž*, квартплата *(-ы) ž*	rent, rental
úleva na nájemném	льгота по квартплате	reduced rent
NÁJEMNÍ	наёмный	hire, rent, ...of hire, ...of rent, ...of lease
nájemní smlouva	договор о найме	contract of a lease

NAJÍMATEL	наниматель *(-я) m*	hirer, leaseholder, renter
najímatel bytu	наниматель квартиры	tenant
NAJMOUT *dok.* (si)	нанять, арендовать, зафрахтовать	to rent, hire
najmout si dělníky	нанять рабочих	to hire workers
najmout si loď	зафрахтовать судно	to charter a ship
najmout si zařízení	арендовать оборудование	to rent fittings
NÁKLADY	расходы *(-ов) mn,* затраты *(-0) mn на что*	costs, expenses
vysoké přepravní náklady	высокие транспортные расходы	high freight costs
snižování nákladů *na co*	сокращение расходов *на что-л.*	cut in costs for st
hradit náklady	возмещать затраты	to cover expences
NÁKUPNÍ TURISTIKA	шоп-тур *(-а) m*	tourism for the purpose of shopping
NÁLEŽITOST (postupu)	порядок *(-дка) m*	appropriateness
náležitost formy závěti	порядок формы завещания	appropriateness of the form of a will
NÁLEŽITOSTI	реквизиты *(-0) mn,* признаки *(-ов) mn*	requisites
NAMÁTKOVÝ	выборочный	random
namátková kontrola	проверка по выбору	random check
NAPLÁNOVAT *dok.*	запланировать	to plan
naplánovat poskytnutí úvěru	запланировать выделение кредита	to plan the granting of credit
NAPOMOCI *dok.*	содействовать, способствовать	to help, promote
napomoci při provádění	содействовать в проведении	to promote the implementation
NÁPOR	шквал *(-а) m*	attack, onrush
nápor volební kampaně	шквал выборной кампании	eruption of an electoral campaign

NÁPRAVA	исправление *(-ия) s*, улучшение *(-ия) s*, возмещение *(-ия) s*	improvement, remedy, betterment
zjednat nápravu	привести *что-н.* в порядок, принять меры	to put st right
NÁPRAVNÉ ZAŘÍZENÍ	исправительная колония *(-ии) ž*	detention centre
+ nápravné zařízení pro ženy	женская исправительная колония	women's detention centre
+ odpykávat si trest v nápravném zařízení	отбывать срок в исправительной колонии	to do one's sentence in a detention centre
NAPSAT *dok.*	написать	to write down, complete
napsat žádanku na materiál	написать заявку на материал	to complete an order-form for materials
NARCISISMUS	нарциссизм *(-а) m*	narcissism
NARKOMAN	наркоман *(-а) m*	drug addict
evidovaný narkoman	выявленный наркоман	registered drug addict
NARKOMANIE	наркомания*(-ии) ž*	drug addiction
NARKOTIKUM	наркотик *(-а) m*, наркотическое вещество *(-а) s*, экстази *s neskl.*	narcotic
zabavené narkotikum	конфискованный наркотик	seized narcotic
byznys s narkotiky	наркобизнес	narcoeconomy
působení narkotika	действие наркотика	narcotic effect
dodávat narkotika	поставлять наркотики	to traffic in narcotics
užívat narkotika	принимать наркотики	to abuse narcotics
NARKOTISMUS	наркотизм *(-а) m*, токсикомания *(-ии) ž*	narcotism
opatření pro boj s narkotismem	меры борьбы с наркотизмом	anti-narcotic policy

NÁRODNÍ	национальный	national
národní důchod	национальный доход	national income
národní bohatství	национальное богатство	national wealth
národní hrdost	национальная гордость	national pride
národní menšina	национальное меньшинство	national minority
národní shromáždění	национальное собрание	national assembly
národní smíření	национальное примирение	national reconciliation
NÁRODNOST	национальность *(-и) ž*	nationality
+ je ruské národnosti	он русский по национальности	he is Russian by nationality
NÁRODNOSTNÍ	национальный	national
národnostní otázka	национальный вопрос	national question
NÁROK	притязание *(-ия) s,* право *(-а) s,* претензия *(-ии) ž*	claim, right
oprávněný restituční nárok *na něco*	законное право на реституцию *чего*	legitimate restitution claim to st
restituční nároky	реституционные притязания	restitution claims
územní nároky	территориальные притязания	territorial claims
posouzení nároku	рассмотрение претензии	assessment of a claim
řešení nároků	решение притязаний	settlement of a claim
uplatňovat nároky	выступать с притязанием, притязать *на что-то*	to claim compensation, lodge claims for compensation
vzdát se nároků	отказаться от прав	to renounce claims
+ mít územní nároky vůči sousedním zemím	иметь территориальные претензии к соседним странам	to have territorial claims against neighbouring countries
NÁROK (majetkový)	требование *(-ия) s*	demand
majetkový nárok	имущественное требование	demand for property
regresní nárok	регрессное требование	retrogressive demand

dělat, činit si nároky	предъявлять требования	to put forward demands
klást zvýšené nároky *na co*	предъявлять повышенные требования *к чему*	to be very demanding
NARUŠIT *dok.*	нарушить, сорвать	to breach, disturb, upset
narušit plnění kontraktu	нарушить выполнение контракта	to breach a contract
NAŘÍZENÍ	распоряжение *(-ия) s*	order, demand, decree
finanční a administrativní nařízení	финансово-административное распоряжение	financial and administrative order
testamentární nařízení	завещательное распоряжение	testamentary order
vládní nařízení	правительственное распоряжение	government order
plnit nařízení	выполнять распоряжения	to obey orders
podřizovat se nařízením	повиноваться распоряжениям	to obey orders
NAŘIZOVAT *nedok.*	распоряжаться	to order, command, instruct, decree
NÁSTUPNICTVÍ	преемство *(-а) s*, наследование *(-ия) s*	line of succession
NATURALIZACE	натурализация *(-ии) ž*	naturalization
NAVÁZAT *dok.*	установить	to establish
navázat obchodní vztahy	установить торговые отношения	to establish, make business contacts
NA VĚDOMÍ	для сведения	for your information
NÁVRATNOST	окупаемость *(-и) ž*	return, payback, payoff
+ rychlá návratnost kapitálových investic	скорая окупаемость капиталовложений	fast return of capital investment
NÁVRH	предложение *(-ия) s*	proposal, motion
doplňující návrh	дополнительное предложение	complementary proposal

přesně zformulovaný návrh	четко сформулированное предложение	concisely worded proposal
návrh na odzbrojení	предложение о разоружении	disarmament proposal
návrh zákona	законопроект	bill
přijetí návrhu	принятие предложения	adoption of a motion
anulovat návrh	аннулировать предложение	to cancel an offer
podpořit návrh	высказаться за предложение	to second a motion
+ kongres odmítl prezidentův návrh na reformu...	конгресс отверг предложение президента по реформе...	Congress rejected the President's proposal
+ sněmovna odmítla návrh zákona	палата отклонила законопроект	Parliament rejected the bill
NÁVRH (nabídka v písemné podobě)	тендер *(-а) m,* заявка *(-и) ž,* оферта *(-ы) ž*	offer, tender
NÁVŠTĚVA	визит *(-а) m*	visit
pracovní návštěva	рабочий визит	working visit
přátelská návštěva	дружеский визит	friendly visit
během návštěvy	в ходе визита	during a visit
ukončení pracovní návštěvy	завершение рабочего визита	end of a working visit
být na pracovní návštěvě *někde*	находиться с рабочим визитом *где-нибудь*	to be on a working visit to
přijet na pracovní návštěvu	прибыть с рабочим визитом	to arrive on, for a working visit
NAVŠTÍVENKA	визитка *(-и) ž*	visiting card
NAVÝŠIT *dok.*	нарастить	to increase
navýšit základní jmění	нарастить уставный фонд	to increase basic capital, funds
NEBEZPEČÍ	опасность *(-и) ž,* угроза *(-ы) ž*	danger
bezprostřední nebezpečí	непосредственная опасность	direct danger
válečné nebezpečí	военная опасность	danger of war

čelit nebezpečí, hrozbě války	противостоять военной угрозе, парировать военную угрозу	to face a threat of war
NEBYTOVÉ PROSTORY	нежилые помещения	premises
NEDOPLATEK	недоимка *(-и) ž*	arrears *mn*
+ vymáhat nedoplatky od dlužníků	взыскивать недоимки с должников	to collect arrears
NEDOSTATEK (zpráv, informací)	отсутствие *(-ия) s* (сведений,информации)	lack, shortage
trpět nedostatkem zpráv	страдать от недостатка информации	to suffer from a lack of news
NEDOSTATEK (zboží)	дефицит *(-а) m,* нехватка *(-и) ž*	shortage
nedostatek zboží	товарный дефицит	shortage of goods
NEDOTKNUTELNOST	неприкосновенность *(-и) ž*	immunity, inviolability
poslanecká nedotknutelnost (imunita)	депутатская неприкосновенность, неприкосновенность депутата	parliamentary immunity
nedotknutelnost korespondence	неприкосновенность корреспонденции	inviolability of correspondence
nedotknutelnost obydlí	неприкосновенность жилища	immunity of domicile
nedotknutelnost osobnosti	неприкосновенность личности	personal inviolability
nedotknutelnost hranic	неприкосновенность границ	inviolability of frontiers
pokus o narušení nedotknutelnosti	посягательство на неприкосновенность	attempt to infringe inviolability
garantovat nedotknutelnost	гарантировать неприкосновенность	to guarantee immunity
mít právo na nedotknutelnost	иметь право на неприкосновенность	to be entitled to immunity
pozbýt právo na nedotknutelnost	лишиться права на неприкосновенность	to be deprived of immunity

užívat právo na nedotknutelnost	пользоваться правом на неприкосновенность	to enjoy immunity
NEKALÁ SOUTĚŽ	нечестное соревнование *(-ия) s*, недобросовестная конкуренция *(-ии) ž*	unfair competition
NEMOCENSKÁ	пособие *(-ия) s* по болезни	sickness benefit
NEMOCNOST	заболеваемость *(-и) ž*	sickness rate
nemocnost novorozenců	заболеваемость новорожденных	sickness rate of newborn babies
NEMOVITOST	недвижимое имущество *(-а) s*, недвижимость *(-и) ž*	real estate
NEOFAŠISMUS	неофашизм *(-а) m*	neo-Fascism
NEPLATIČ	неплательщик *(-а) m*	defaulter
neplatič dluhů	неплательщик долгов	debt defaulter
neplatič nájemného	неплательщик квартплаты	rent defaulter
vydírání neplatičů	шантаж неплательщиков	blackmail of defaulters
+ na neplatiče není metr	для неплательщиков нет наказания, на неплательщиков нет палки	that cuts no ice with defaulters
NEPLATNOST	недействительность *(-и) ž*	invalidity, nullity
neplatnost smlouvy	недействительность договора	invalidity of a treaty
+ soudně se domáhat neplatnosti smlouvy	в судебном порядке добиваться недействительности договора, признания договора недействительным	to press for the nullity of a treaty legally

NEPOSLUŠNOST	неповиновение *(-ия) s*	disobedience
občanská neposlušnost	гражданское неповиновение	civil disobedience
akce občanské neposlušnosti	акция гражданского неповиновения	civil disobedience campaign
NEPRODUKTIVNÍ	непроизводительный	non-productive
neproduktivní práce	непроизводительный труд	non-productive work
NEPRŮHLEDNOST	непрозрачность *(-и) ž*	opaqueness, obscurity
neprůhlednost bankovního trhu	непрозрачность банковского рынка	opaqueness of the banking market
NEPŘÍČETNOST	невменяемость *(-и) ž*	insanity
NEPŘIPOJENÍ SE	неприсоединение *(-ия) s*	nonalignment
politika nepřipojení se	политика неприсоединения	policy of nonalignment
NEPŘÍTEL	враг *(-а) m*	enemy
ubránit před nepřítelem	защитить от врага	to defend against an enemy
NEPŮVODNÍ	некоренной	non-native, unoriginal
nepůvodní obyvatelstvo	некоренное население	non-native population
NESCHOPENKA	бюллетень *(-я) m*	sick note, certificate
být na neschopence	быть на бюллетене	to be on the sick list
ukončit neschopenku, pracovní neschopnost	закрыть бюллетень	to cease to be on sick-leave
NESMIŘITELNÝ	непримиримый	implacable
nesmiřitelná opozice	непримиримая оппозиция	implacable opposition
nesmiřitelné rozpory	непримиримые противоречия	implacable contradictions
NESMLOUVAVÝ	неукоснительный	uncompromising
NESOUHLAS	несогласие *(-ия) s*	disagreement
veřejný nesouhlas	общественное, открытое несогласие	open disagreement

NESPAVOST	бессонница *(-ы) ž*	insomnia
trpět úpornou nespavostí	страдать упорной бессонницей	to suffer from chronic insomnia
NESPOKOJENOST (s určitým stavem, situací)	неудовлетворенность *(-и) ž,* дискомфорт *(-а) m*	dissatisfaction
sociální nespokojenost	социальный дискомфорт	social discontent
NÉST *nedok.*	нести	to carry, bear, sustain
nést ztráty	нести убытки	to sustain losses
NEÚPROSNÝ	неумолимый	implacable, inexorable
NEUTRALITA	нейтралитет *(-а) m*	neutrality
usilovat o neutralitu	стремиться к нейтралитету	to strive for neutrality
zachovávat neutralitu	соблюдать нейтралитет	to stand neutral
dělat neutrální politiku	проводить политику нейтралитета	to pursue a policy of neutrality
NEVEŘEJNÝ	закрытый	closed, private
neveřejné zasedání	закрытое заседание	closed session
NEVĚSTINEC	публичный дом *(-а) m*	house of ill repute, brothel
NEVMĚŠOVÁNÍ (SE)	невмешательство *(-а) s*	non-interference
politika nevměšování	политика невмешательства	policy of non-interference
NEVMĚŠOVAT SE *nedok.*	не вмешиваться	not to interfere
+ nevměšovat se do vnitřních záležitostí státu	не вмешиваться во внутренние дела государства	not to interfere in the internal affairs of a country
NEVÝROBNÍ	непроизводительный, непроизводственный	non-production
nevýrobní náklady	непроизводственные расходы	non-production costs
nevýrobní sféra	непроизводственная сфера	non-production sector

investice nevýrobní povahy	непроизводственные капиталовложения	non-production investments
NEVYVÁŽENOST (ekonomiky)	разбалансированность *(-и) ž* (экономики)	imbalance (of economy)
NEZAMĚSTNANOST	безработица *(-ы) ž*	unemployment
+ dotovat okres s nejvyšší nezaměstnaností	предоставлять дотацию району с наивысшей безработицей	to subsidize the region with the highest unemployment rate
+ nepřipustit řítící se nezaměstnanost	не допустить обвальной безработицы	to prevent unemployment from spreading
+ okres s nejvyšší nezaměstnaností	район с наивысшей безработицей	region with the highest unemployment rate
NEZÁVISLOST	независимость *(-и) ž*	independence
národní nezávislost	национальная независимость	national independence
úplná nezávislost	полная независимость	full independence
porušení nezávislosti	нарушение независимости	violation of independence
vyhlášení nezávislosti	объявление независимости	proclamation of independence
bojovat za nezávislost	бороться за независимость	to struggle for independence
dosáhnout nezávislost	добиться независимости	to attain independence
znovu získat nezávislost	вновь обрести независимость	to recover sb's independence
+ organizovat kampaň za nezávislost země	проводить кампанию за независимость страны	to campaign for the independence of a country
NEZLETILÁ	малолетка *(-и) ž*	underage
NEZLETILOST	несовершеннолетие *(-ия) s*	minority
NEZPŮSOBILOST (právní)	недееспособность *(-и) ž*, неправоспособность *(-и) ž*	(legal) incapacity

psychická nezpůsobilost zůstavitele	психическая недееспособность наследователя	mental incapability of a testator, devisor
NEZVĚSTNÝ	без вести пропавший	missing
nezvěstné dítě	пропавший, потерянный ребенок	missing child
NIČENÍ	уничтожение *(-ия) s*	destruction
prostředky hromadného ničení	средства массового уничтожения	means of mass destruction
NOMENKLATURNÍ	номенклатурный	nomenclature,nomenklatura
nomenklaturní kádry	номенклатурные кадры	nomenclature cadre(s)
NONSENS	нонсенс *(-а) m*	nonsense
NORMA	стандарт *(-а) m*, норма *(-ы) ž*	standard, rule, regulation
bezpečnostní normy	нормы безопасности	safety regulations
mravní normy	нравственные нормы	ethics
platné normy mezinárodního práva	действующие нормы международного права	valid rules of international law
právní normy	правовые нормы	legal rules
smluvní normy	договорные нормы	conventional rules
zvýšená norma	завышенная норма	increased rate of output
nad normu	сверх нормы	above quota
norma chování	норма поведения	rule of conduct
odpovídat civilizačním normám	отвечать стандартам современной цивилизации	to be in accordance with the rules of civilization
odstranit přežilé normy	разрушить отжившие нормы	to get rid of out-of-date rules
snížit normu	снизить норму	to reduce the rate of output
splnit normu	выполнить норму	to meet the target
+ neměl by být dvojí metr (neměla by existovat dvojí norma) při ochraně lidských práv	не должно быть двойных мерок в защите прав человека	there should not be a double standard in the safeguarding of human rights
NOTA (dipl.)	нота *(-ы) ž*	note

oficiální nota	официальная нота	official note
protestní nota	нота протеста	note of protest
verbální nota	вербальная нота	note verbale
odpovědět na notu	ответить на ноту	to respond to a note
podepsat notu	подписать ноту	to sign a note
předat notu	вручить ноту	to hand (in) a note
NOTÁŘ	нотариус *(-уса) m*	notary, solicitor
NOTÁŘSKÝ	нотариальный	notarial
notářská praxe	нотариальная практика	notary's office, the work of a notary
notářský opis	нотариальная копия	notarial copy
notářský zápis	нотариальный протокол	notarial record
NOVÝ	новый	new, fresh, novel
nové průmyslové země	новые индустриальные страны	new industrial countries
+ boj nového se starým	борьба нового со старым	conflict between the new and the old
+ začít nový život	начинать новую жизнь	to turn over a new leaf
NOVÝ ZÁKON	Новый завет *(-а) m*	the New Testament
NULTÝ	пробный, нулевой	zero

O

OBAL	оболочка *(-и) ž*	cover, envelope
plynný obal	воздушная оболочка	gaseous envelope
tekutý obal	жидкая оболочка	water cover
obal Země	оболочка Земли	Earth's envelope
OBČAN	гражданин *(-а, граждане, -0) m*	citizen
bezúhonný občan	безупречный гражданин	blameless citizen
OBČANSKÝ	гражданский, частный	civil, civic
občanská neposlušnost	гражданское неповиновение	civil disobedience
občanská odvaha	гражданское мужество	civic courage

občanská panychida	гражданская панихида	civic memorial ceremony
občanská povinnost	гражданский долг	civic duty
občanská válka	гражданская война	civil war
občanské právo	частное, гражданское право	civil right
občanský matriční úřad	регистрация актов гражданского состояния	civil registration
občanský průkaz	удостоверение личности, паспорт	identity card
občanský sňatek	гражданский брак	civil marriage (in a registry office)
občanský zákoník	гражданский кодекс	civil code
OBČANSKÉ HNUTÍ	Гражданское движение *(-ия) s*	civic movement
OBČANSKOPRÁVNÍ	гражданско-правовой	civil-rights
OBČANSTVÍ (státní)	гражданство *(-a) s*	citizenship
člověk s dvojím občanstvím	биполид, бипатрид, лицо с двойным гражданством	person having double citizenship
osvědčení o státním občanství	удостоверение гражданства	naturalization certificate
stav bez státního občanství	безгражданство	statelessness
získat občanství	получить гражданство	to acquire citizenship
OBDRŽET *dok.*	получить	to get, receive
obdržet licenci	получить лицензию	to get a licence
OBĚH	оборот *(-a) m*	circulation, turnover
rychlý oběh kapitálu	быстрый оборот капитала	rapid capital turnover
dát peníze do oběhu	пускать деньги в оборот	to put money into circulation
uvádět do oběhu	вводить в оборот	to put money into circulation
OBĚŽNÍK	циркуляр *(-a) m*, анкета *(-ы) ž*	circular

OBĚŽNÝ	оборотный	circulating, floating
oběžný kapitál	оборотный капитал	floating capital
OBHÁJCE	защитник *(-а) m*	protector, defender
obhájce ve věcech trestních	защитник по уголовным делам	solicitor, barrister
OBHAJOBA	защита *(-ы) ž*	defence
soudní obhajoba	судебная защита	defence (in a court of law)
OBCHOD	торговля *(-и) ž*	trade, commerce, market, business
aukční obchod	аукционная торговля	auction sale
bezcelní obchod	беспошлинная торговля	free trade
burzovní obchod	биржевая торговля	exchange business
maloobchod	розничная торговля, розница	retail trade
směnečný obchod	вексельная торговля	brokerage
stánkový obchod	палаточная торговля	sale on stalls
státní obchod	государственная торговля	state trade
světový obchod	мировая торговля	world trade
úvěrový obchod	торговля в кредит	credit trade
velkoobchod	оптовая торговля, опт	wholesale trade
vnitřní obchod	внутренняя торговля	domestic trade
volný obchod	вольная торговля	free market
zahraniční obchod	внешняя торговля	foreign trade
zbožní obchod	товарная торговля	commodity market
ztrátový obchod	убыточная торговля	loss-making trade
decentralizace zahraničního obchodu	децентрализация внешней торговли	decentralization of foreign trade
obchod s narkotiky	торговля наркотиками	drug traffic
obchod s pašovaným zbožím	контрабандная торговля	illicit trade
klást překážky obchodu	класть *(кладу, кладешь)* препятствия торговле	to obstruct trade
+ přímý obchod (s akciemi) mezi členy burzy	прямая торговля (акциями) между членами биржи	direct stock market
OBCHOD	сделка *(-и) ž*, операция *(-ии) ž*, коммерция *(-ии) ž*	deal, transaction

jednorázový obchod	разовая сделка	single transaction
kompenzační obchod	бартерная сделка	barter deal
reciproční obchod	бартерная операция	barter deal
výměnný obchod	бартерная сделка	barter deal
OBCHODNÍ	торговый	commercial, trade
obchodní cestující	коммивояжёр	travelling agent
obchodní kapitál	торговый капитал	trading capital
obchodní komora	торговая палата	chamber of commerce
obchodní místo	торговая точка	market place
obchodní sleva	торговая скидка	market discount
obchodní zástupce	коммивояжёр, торговый представитель	sales agent
obchodní zastupitelství	торговое представительство, торгпредство	trade agency, trade mission
OBCHODNÍK	торговец *(-вца) m,* коммерсант *(-а) m*	dealer, merchant
obchodník s realitami	риэлтер	estate agent (GB) real estate agent (US)
OBCHODOVÁNÍ	коммерция *(-ии) ž*	trade, business
sklon k obchodování	склонность к коммерции	to be businesslike
OBCHODOVAT *nedok.*	торговать	to trade in, do business with
obchodovat ztrátově	торговать убыточно	to trade at a loss
OBJEDNÁVKA	заказ *(-а) m*, заявка *(-и) ž*	order
předběžná objednávka	предварительный заказ	preliminary order
závazná objednávka	гарантийная заявка	binding order
objednávka na získání *něčeho*	заявка на приобретение *чего*	order for st
adresovat objednávku na:...	направлять заявку по адресу:...	to send an order to: ...
zhotovit *něco* na objednávku	сделать *что* на заказ	to manufacture st to order

OBJEDNÁVKOVÝ	по предварительному заказу	to order
objednávkový prodej	продажа по предварительному заказу	sale to order
OBKLÍČENÍ	окружение *(-ия) s*, осада *(-ы) ž*, кольцо *(-а) s*	encirclement
OBKLÍČIT *dok.*	взять в кольцо	to surround
obklíčit město	взять город в кольцо	to surround a town
OBLAST	зона *(-ы) ž*	region, area
obytná oblast	жилая зона	residential area
průmyslová oblast	промышленная зона	industrial zone
+ oblast trpící suchem	засушливая зона	arid region
OBLIGACE	облигация *(-ии) ž*	debenture, bond
dílčí obligace	парциальная облигация	partial bond
konverzní obligace	облигация конверсионного займа	convertible bond
slosovatelná obligace	тиражная выигрышная облигация	lottery bond
zúročitelná obligace	процентная облигация	interest bearing bond
držitel obligací	облигационер,владелец, держатель облигации	bond-holder
obligace na jméno	именная облигация	bond in the name of ...
OBMÝŠLENÝ (v pojišťovnictví)	выгодоприобретатель *(-я) m*, бенефициарий *(-ия) m*	beneficiary
OBNOVA	воспроизводство *(-а)s*, восстановление *(-ия) s*	renewal, restoration
obnova zdrojů ryb	воспроизводство рыбных запасов	restoration of fish resources
OBNOVIT *dok.*	восстановить, возобновить	to reconstruct, rebuild, renew
obnovit platnost patentu	восстановить действие патента	to renew the validity of a patent

obnovit za stejných podmínek	возобновить на прежних условиях	to restore, renew under the same conditions
OBOJŽIVELNÉ TERÉNNÍ VOZIDLO	вездеход-амфибия	amphibious landing craft
OBRANA	оборона *(-ы) ž*	defence
rozpočet na obranu	бюджет обороны	military defence budget
rozpočtové výdaje na obranu	бюджетные расходы на оборону	budget expenses for defence
OBRANNÝ	оборонный	defensive
obranná dostatečnost	оборонная достаточность	defence sufficiency
OBRANYSCHOPNOST	обороноспособность *(-и) ž*	defence potential
rozvracet obranyschopnost země	подрывать обороно-способность страны	to undermine the defence potential of a country
OBRAT	оборот *(-а) m*	turnover
burzovní obrat	биржевой оборот	stock turnover
celkový obrat	валовой, общий оборот	total turnover
obchodní obrat	торговый оборот	trade turnover
daň z obratu	налог с оборота	turnover tax
dosáhnout obratu	достигнуть *(-гну, -гнешь)* оборота	to achieve a turnover
zvýšit obrat	увеличить оборот	to increase turnover
OBRAT VLEVO	полевение *(-ия) s*	shift to the left
příčiny obratu nalevo	причины полевения	reasons for a shift to the left
OBRÁTIT SE *dok.*	обратиться	to approach sb, address sb
obrátit se se žádostí	обратиться с просьбой	to appeal to sb
OBRAZOVKA	экран *(-а) m*	screen
obrazovka displeye, monitoru, televizoru	экран дисплея, монитора, телевизора	display, monitor,TV screen
OBŘÍZKA	обрезание *(-ия) s*	circumcision

OBSAZENÍ *(území, země)*	захват *(-а) m,* оккупация *(-ии) ž* *(*территории, страны*)*	occupation
obsazení cizích území	захват чужих территорий	occupation of foreign territories
OBSÍLKA	повестка *(-и) ž*	summons, writ
OBSLOUŽIT *dok.*	обслужить	to serve
obsloužit zákazníky	обслужить заказчиков	to serve clients
OBSLUHA	сервис *(-а) m*	service
OBTĚŽOVÁNÍ *někoho*	приставание *(-ия) s* *к кому*	molesting, pestering
OBVINĚNÍ	обвинение *(-ия) s*	accusation
křivé obvinění	ложное обвинение	false accusation
obvinění ze zločinu	импичмент, обвинение в совершении преступления	criminal charge
vznést obvinění *proti někomu*	предъявить обвинение *кому*	to charge sb with st
OBVINĚNÝ	обвиняемый *(-ого) m*	accused
OBVINIT *dok.* (křivě)	оговорить, несправедливо обвинить	to accuse of st
OBVODNÍ	окружной, районный	area, district
obvodní úřad	районное управление	district council
OBYDLÍ	жильё *(-я) s,* жилплощадь *(-и) ž*	dwelling
příležitostné obydlí	случайная жилплощадь	occasional dwelling
nemít stálé bydliště	проживать на случайной жилплощади	not to have a permanent residential address
OBYTNÝ	жилой	residential
obytná plocha	жилая площадь, жилплощадь	living space

norma obytné plochy	жилищная норма	living space standard
velikost obytné plochy	размер жилплощади	living space size
+ určit velikost obytné plochy na 1 člověka	установить размер жилплощади на 1 человека	to determine per capita living space size
OBYVATEL RUSKA	россиянин *(-а, россияне,-0) m*	Russian
+ zvýšení životní úrovně obyvatel Ruska	повышение жизненного уровня россиян	improvement of the living standard of Russia's inhabitants
OBYVATELSTVO	население *(-ия) s*	population
nepůvodní obyvatelstvo	некоренное население	non-native population
původní obyvatelstvo	коренное население	native population
romské obyvatelstvo	цыганское население	Romany population
rusky mluvící obyvatelstvo	русскоязычное население	Russian-speaking population
hustota obyvatelstva	плотность населения	population density
příliv obyvatelstva	приток населения	population influx
+ politika vytlačování, vysídlování nepůvodního obyvatelstva ze země	политика вытеснения из страны некоренного населения	policy of forcing out the non-native population
OBŽALOBA	обвинение *(-ия) s*	charge, accusation
OBŽALOVANÝ	ответчик *(-а) m,* обвиняемый *(-ого) m,* подсудимый *(-ого) m*	accused, defendant
lavice obžalovaných	скамья подсудимых	dock
seznam obžalovaných	список подсудимых	register of defendants
OBŽALOVAT *dok. koho z čeho*	обвинить *кого в чем*	to charge sb with st
OCENIT *dok.*	оценить	to value, estimate,
ocenit nově	переоценить	to appreciate,revalue
OČÍSLOVAT *dok.*	пронумеровать	to number, paginate
OČISTA	зачистка *(-и) ž*	cleansing

ODBĚRATEL	покупатель *(-я) m* , потребитель *(-я) m*, получатель *(-я) m*	buyer, purchaser, customer
dlouhodobý odběratel	давний покупатель	long-term customer
stálý odběratel	постоянный потребитель	regular customer
ODBOR	отдел *(-а) m* , сектор *(-а) m*	department, section
odbor netrestné činnosti	отдел неуголовной деятельности	section of non-criminal activities
ODBORNÍK	специалист *(-а) m*, профессионал *(-а) m*	expert
marketingový odborník	специалист по маркетингу	marketing expert
odborník na jadernou energii	профессиональный ядерщик	nuclear energy expert
odborník na reklamu	специалист по рекламе	advertising expert
ODBORNÝ PORADCE	консультант *(-а) m*	expert adviser
+ odborný poradce pro otázky daní	консультант по налогам	tax adviser
ODBYTIŠTĚ	рынок *(-нка) m* сбыта	market, outlet
odbytiště výrobků	рынок сбыта изделий	outlet for commodities
zajišťovat nová odbytiště	обеспечивать новые рынки сбыта	to search for new markets
ODCIZENÍ	отчуждение *(-ия) s*	alienation, estrangement
vzájemné odcizení	взаимное отчуждение	mutual alienation
+ odcizení ve vztazích mezi stranami	отчуждение в отношениях *с какой-либо* страной	estrangement in relationships among parties
ODDĚLENÍ	бюро *neskl. s*	department
oddělení ztrát a nálezů	бюро, стол находок	lost property office
ODDÍL	отряд *(-а) m*	detachment, unit
speciální policejní oddíly	отряды милиции особого назначения (ОМОН)	special police squads

ODESLAT *dok.*	отгрузить, отправить, отослать	to send
odeslat nabídku	отправить оферту	to send an offer
ODEVZDAT *dok.*	сдать	to hand in, hand over
odevzdat dokumenty	сдать документы	to hand in documents
ODHAD	оценка *(-и) ž*	estimate, valuation
znalecký odhad	экспертная оценка	expert valuation
odhad zboží	квалификация товара	estimate of goods
ODHADCE	оценщик *(-а) m*	estimator, valuer
ODCHODNÉ	выходное пособие *(-ия) s*	charge paid on leaving a job
ODHADNOUT *dok.*	оценить	to estimate, evaluate, value
odhadnout výši zisku	оценить величину прибыли	to estimate the profit margin
ODKAZ	завет *(-а) m*	legacy, bequeath, heritage
ODKÁZAT *dok.*	завещать	to leave, bequeath
odkázat majetek	завещать имущество	to leave property
ODKLAD	отсрочка *(-и) ž*	postponement, deferment
lhůta odkladu	срок отсрочки	date, period of deferment
odklad platby	отсрочка платежа, банковская отсрочка	delay in payment
odklad trestu	отсрочка наказания	deferment of punishment
odklad vykonání rozsudku	отсрочка исполнения приговора	deferment of execution of the sentence
žádost o odklad	просьба об отсрочке	request for a deferment
dávat odklad *komu*	давать отсрочку *кому*	to grant a deferment
dosáhnout měsíčního odkladu	добиться месячной отсрочки	to be granted a month's grace
dostat odklad	получить отсрочку	to obtain a deferment
nabízet odklad	предоставлять отсрочку	to offer a deferment
ODKOUPIT *dok.*	купить	to purchase from
odkoupit akcie od banky	купить акции у банка	to purchase stocks from a bank

ODLIV (odchod)	отток *(-а) m*	outflow
odliv odborníků	отток специалистов	brain drain
ODLOŽIT *dok.*	отсрочить	to postpone, defer
odložit vykonání popravy	отсрочить казнь осужденного	to grant a stay of the execution
odložit výkup cenných papírů	отсрочить выкуп ценных бумаг	to postpone the redemption of securities
ODNĚTÍ	лишение *(-ия) s,* отнятие *(-ия) s*	deprivation
odnětí svobody	лишение свободы	deprivation of liberty
odnětí řidičského průkazu	отнятие водительских прав	to take away, revoke a driving licence
ODOLNOST	резистентность *(-и) ž*	resistance
odolnost prostředí	резистентность окружающей среды	resistance of the environment
ODPAD	отходы *(-ов) mn*	waste
nebezpečný průmyslový odpad	опасные промышленные отходы	dangerous industrial waste
radioaktivní odpad	радиоактивные отходы	radioactive waste
škodlivé odpady	вредные отходы	dangerous waste
odpadky z domácnosti	бытовые отходы	household waste
zpracování odpadu	переработка отходов	waste recycling
ODPIS	отчисление *(-ия) s,* списание *(-ия) s*	write-off, depreciation
amortizační odpisy	амортизационные отчисления	depreciations
odpis dluhu	списание долга	writing-off a debt
ODPLATA	возмездие *(-ия) s*	reward, retaliation, retribution
ODPOČET	отчисление *(-ия) s*	deduction, allocation, royalty
odpočet z výdělků	вычеты из доходов	income deduction
ODPOČÍTAT *dok.*	отчислить	to deduct, allocate, assign
odpočítat daň ze mzdy	отчислить налог от зарплаты	to assign income tax

ODPOR	сопротивление *(-ия) s*	resistance
plánovitý odpor	запланированное сопротивление	planned resistance
hnutí odporu	движение сопротивления	resistance movement
stavět se na odpor	оказывать сопротивление *кому, чему*	to offer resistance to sb
ODPOSLOUCHÁVACÍ ZAŘÍZENÍ	подслушивающая аппаратура *(-ы) ž*	eavesdropping apparatus, bugging devices
instalace odposlouchávacího zařízení	установление подслушивающей аппаратуры	fitting of bugs
ODPOSLOUCHÁVÁNÍ	баггинг *(-а) m,* подслушивание *(-ия) s*	eavesdropping, bugging
ODPOVĚDNOST	ответственность *(-и) ž*	responsibility, liability
důležitá odpovědnost	серьезная ответственность	grave responsibility
občanská odpovědnost	гражданская ответственность	civil responsibility
omezená odpovědnost	ограниченная ответственность	limited liability
plná odpovědnost	полная ответственность	full responsibility
zvýšená odpovědnost	повышенная ответственность	enhanced responsibility
brát na sebe odpovědnost	брать на себя ответственность	to assume responsibility
nést odpovědnost za svoje chování	нести ответственность за свои поступки	to bear responsibility for one's conduct
nezříkat se odpovědnosti *zač*	не отказываться от ответственности *за что*	not to avoid responsibility for st
převzít odpovědnost	взять ответственность в свои руки, взять на себя ответственность	to take over responsibility
vyhýbat se odpovědnosti	уклоняться от ответственности	to excuse oneself from responsibility
ODPOVĚDNÝ	подотчётный *кому*	responsible, liable
odpovědný zástupce	полномочный представитель	envoy plenipotentiary

ODPOVÍDAT *nedok.*	соответствовать	to answer, reply
odpovídat požadavkům	соответствовать требованиям	to meet requirements
ODPŮRCE	противник *(-а) m*	adversary, opponent, antagonist
skrytý odpůrce	скрытый противник	covert opponent
zásadní odpůrce	принципиальный противник	principal opponent
získat odpůrce na svou stranu	привлечь противника на свою сторону	to win opponents over to one's side
ODROČENÍ	отсрочка *(-и) ž*, перенесение *(-ия) s*	postponement, adjournment
ODROČIT *dok.*	отсрочить	to postpone, adjourn, suspend
odročit projednávání na neurčito	отсрочить рассмотрение, обсуждение на неопределенный срок	to adjourn a discussion sine diem
ODSOUDIT *dok.*	осудить *(-жу,-дишь)*	to condemn, sentence
ODSOUZENÝ	осуждённый *(-ого) m*	convicted man, woman
ODSTÁTNIT *dok.*	разгосударствить	to denationalize
odstátnit podnik	разгосударствить предприятие	to denationalize an enterprise
ODSTOUPIT *dok.*	отступить	to resign, withdraw
odstoupit od smlouvy	отступить от договора	to withdraw from an agreement
ODSTŘEL	отстрел *(-а) m*	shooting, hunting
odstřel lvů	отстрел львов	hunting of lions
ODSUN	вывод *(-а) m*, выселение *(-ия) s*, эвакуация *(-ии) ž*, отзыв *(-а) m*	removal, withdrawal
odsun vojsk	вывод войск	withdrawal of troops
odsoudit odsun *koho*	осудить выселение *кого*	to denounce withdrawal

urychlit odsun, stažení vojsk	ускорить вывод войск	to speed up withdrawal of troops
+ prodloužit termín odsunu vojsk z okupovaných území	затянуть срок вывода войск с оккупированных территорий	to postpone the date of a withdrawal of troops from the occupied territories
+ odsun na smluvním základě	вывод на договорной основе	withdrawal of troops under an agreement
+ odsun vojsk nemůže být realizován najednou	вывод войск не может осуществляться в одночасье	withdrawal of troops cannot be realized at one stroke
ODŠKODNÉ	возмещение *(-ия) s* убытков, возмещение *(-ия) s* за потери	indemnity, compensation
částečné odškodné	частичное возмещение убытков	partial indemnity
úrazové odškodné	возмещение за увечье	accident indemnity
zaplatit odškodné	возместить убытки, ущерб	to indemnify (for)
ODTOK	утечка *(-и) ž*	outlet
odtok vody (ztrátový)	утечка воды	water outlet
ODTRŽENOST	разобщённость *(-и) ž*	disunity
odtrženost demokratických sil	разобщенность демократических сил	disunity of democratic forces
ODÚMRŤ	выморочное имущество *(-а) s*	escheatage, reversion
ODVÉST *dok.*	отчислить	to take
odvést daně	отчислить налоги	to pay taxes
ODVETA	реванш *(-а) m*	retaliation
odvetné utkání	матч-реванш	return match
ODVĚTVÍ	отрасль *(-и) ž*	branch
lukrativní odvětví	доходная отрасль	remunerative branch
ODVOD *(*branců do armády, odvodní ročník*)*	призыв *(-а) m*	call-up
rozkaz k jarním odvodům	приказ о весеннем призыве в армию	spring call-up

ODVODY *mn*	отчисления *(-ий) mn*	delivery
zálohové odvody	авансовые отчисления	advance payments
odvody do rozpočtu	отчисления в бюджет	allocations to the budget
odvody ze státních příjmů a daní	отчисления от государственных доходов и налогов	tax payments
odvody ze zisku	отчисления от прибыли	handing over of a share of the profits
ODVOLÁNÍ *proti něčemu*	кассация *(-ии) ž*, апелляционная жалоба *(-ы) ž*	appeal against st
podat odvolání proti rozhodnutí	обжаловать решение	to appeal against a decision
podat odvolání k Nejvyššímu soudu	обратиться с апелляцией в Верховный суд	to appeal to the highest court
ODVOLÁNÍ *někoho*	отзыв *(-а) m*	removal (from office)
dočasné odvolání poslance	досрочный отзыв депутата	temporary recall of a deputy
odvolání diplomatických zástupců	отзыв дипломатических представителей	recall of diplomats
ODVOLÁVAT *nedok.*	отзывать, выводить из состава	to remove from, relieve of office
odvolat členy rady	вывести из состава членов совета	to remove a council
odvolávat poslance	отзывать посла	to remove a deputy
odvolávat se k soudu	апеллировать в суд	to appeal against sb
ODVRÁCENÍ	предотвращение *(-ия) s*	diversion, distraction
ODVRÁTIT *dok.*	предотвратить	to avert
odvrátit jadernou katastrofu	предотвратить ядерную катастрофу	to avert nuclear disaster
ODZBROJENÍ	разоружение *(-ия) s*	disarmament
+ kontrola plnění dohod o odzbrojení	контроль за выполнением договоров по разоружению	control of, over the observance of, verification of compliance with disarmament agreements

OFENZÍVA	наступление *(-ия) s*	offensive
pokračovat v ofenzívě	продолжать наступление	to continue a offensive
OHLAS	отзыв *(-а) m*	response
negativní ohlas	отрицательный отзыв	negative response
ohlas na práci	отзыв о работе	opinion of work, reference
mít dobrý ohlas v tisku	получить благоприятные отзывы в печати	to have a good press
OHLUPOVÁNÍ	матракаж *(-а) m*	stupefaction
OHNISKO (sporů)	горячая точка *(-и) ž*	focus, core, crux,hot spot
OCHLOKRACIE	охлократия *(-ии) ž*	ochlocracy
OCHRANA	защита *(-ы) ž*, охрана *(-ы) ž*, эгида *(-ы) ž*	protection
hnutí za ochranu přírody	движение по охране природы	nature protection movement
komise pro ochranu přírody	природоохранительная комиссия	nature protection board
Mezinárodní společnost na ochranu přírody	Международное общество охраны природы	International nature protection society
ochrana rostlin	защита, охрана растений	plant protection
ochrana vody	охрана вод	water protection
prostředky na ochranu rostlin	средства защиты растений	pesticides
být pod ochranou	находиться под эгидой	to be under protection
+ ochrana vodních lokalit před znečištěním škodlivými látkami	защита водных бассейнов от загрязнения вредными веществами	protection of water resources against toxic substances
OCHRÁNCE PŘÍRODY	природоохранитель *(-я) m*	environmentalist
OCHRANNÁ ZNÁMKA	товарный знак *(-а) m*	trade mark
OKOLNOST	обстоятельство*(-а) s*	circumstance

polehčující okolnost	смягчающее вину обстоятельство	mitigating circumstance
přitěžující okolnost	отягчающее вину обстоятельство	aggravating circumstance
OKUPACE	оккупация *(-ии) ž*	occupation
ozbrojená okupace	вооруженная оккупация	armed occupation
vojenská okupace	военная оккупация	military occupation
okupace země	оккупация страны	occupation of a country
za okupace	во время оккупации	during the occupation
OKUPOVANÝ	оккупированный	occupied
okupované území	оккупированная территория	occupied area
OKUPOVAT *nedok.*	оккупировать	to occupy
OLOUPENÍ	ограбление *(-ия) s кого*	robbery
OMBUDSMAN	омбудсмен *(-а) m*	ombudsman
OMEZIT *dok.*	ограничить	to limit, restrict, curtail
omezit dobu platnosti	ограничить срок действия	to limit validity
OMLUVA	извинение *(-ия) s*	apology, excuse
veřejná omluva	публичное извинение	open apology
omluva za zločiny	извинение за преступления	apology for crimes
ONTOGENEZE	онтогенез *(-а) m*	ontogenesis
ontogeneze druhu	онтогенез вида	ontogenesis of a species
OPASEK	пояс *(-а) m*	belt
utahovat (si) opasky	затягивать пояса	to tighten belts
OPATROVNICTVÍ	попечительство *(-а) s*	guardianship, trusteeship
mezinárodní opatrovnictví	международное попечительство	international trusteeship
ustanovení opatrovnictví	учреждение попечительства	appointment of guardianship

OPATŘENÍ	мероприятия *(-ий) mn*, меры *(-0) mn*	measures *mn*
daňová opatření	налоговые меры	tax measures
dílčí opatření	частичные меры	partial measures
účinná opatření	эффективные меры	effective measures
přijímat další opatření	принимать дальнейшие меры	to take further measures
OPATŘIT SI *dok.*	приобрести	to raise, get
opatřit si nemovitost	приобрести недвижимость	to raise a real estate
OPERACE	операция *(-ии) ž*, сделка *(-и) ž*	operation, transaction
bezhotovostní operace	безналичная сделка	clearing operations
depozitní operace	депозитные операции	deposit operations
devizová operace	валютная сделка	currency transactions
emisní operace	эмиссионные операции	issuing transactions
investiční operace	инвестиционные операции	investment transactions
leasingové operace	лизинговые операции	leasing transactions
policejní operace	полицейская операция	police operations
vkladové a zápůjční operace	депозитно-ссудные операции	deposit and loan operations
zúčtovací a pokladní operace	расчетно-кассовые операции	cash operations
OPIÁTY	опиаты *(-ов) mn*	opiates
OPIS	копия *(-ии) ž*, дубликат *(-а) m*	copy, duplicate
ověřit opis	заверить копию	to certify a copy
OPIUM	опиум *(-а) m*, опий *(-я) m*	opium
OPOJENÍ	опьянение *(-ия) s*	intoxication, inebriation
narkotické opojení	наркотическое опьянение	drug intoxication
OPOZICE	оппозиция *(-ии) ž*	opposition
parlamentní opozice	парламентная оппозиция	parliamentary opposition

vládní opozice	оппозиция правительства	government opposition
vnitrostranická opozice	внутрипартийная оппозиция	intraparty opposition
násilné potlačování opozice	насильственное подавление оппозиции	brutal suppression of opposition
představitel opozice	представитель оппозиции	opposition leader
být v opozici	находиться в оппозиции	to be in opposition
dělat opozici	быть в оппозиции	to be in opposition
potlačit opozici	подавить оппозицию	to suppress opposition
přejít na stanovisko opozice	перейти на точку зрения оппозиции	to join the opposition
OPRAVA	ремонт *(-a) m*	repair, overhaul
drobná oprava	мелкий ремонт	small repair
generální oprava	капитальный ремонт	complete overhaul
ORAZÍTKOVAT *dok.*	поставить печать	to stamp
orazítkovat smlouvu	поставить печать на договор	to stamp a contract
ORGÁN	орган *(-a) m*	organ, authority, body
dvoukomorový orgán	двухпалатный орган	two-chamber body
nejvyšší orgány (státní moci)	высшие органы (государственной власти)	highest bodies (state authorities)
tiskový orgán	орган печати	press department
volené orgány	выборные органы	elective authorities
zastupitelské orgány	представительные органы	legislative body
orgány státní bezpečnosti	органы государственной безопасности	security service
orgán státní moci	орган государственной власти	executive body
orgány státní správy	органы государственного управления	public administration service
ORGANISMUS	организм *(-a) m*	organism

jednobuněčný organismus	одноклеточный организм	single-celled organism
pevný organismus	крепкий организм	strong organism
státní organismus	государственный организм	state machinery
zdravý organismus	здоровый организм	healthy organism
ORGANIZOVAT *nedok.*	организовать	to organize
organizovat mítink	организовать митинг	to organize a meeting
ORGIE	оргии *(-ий) mn*	orgy
ORTODOXNÍ	ортодоксальный	orthodox
OSOBA	персона *(-ы) ž*, лицо *(-a) s*	person
persona grata	персона грата	persona grata
persona non grata	персона нон грата	persona non grata
V.I.P. (velmi důležitá osoba)	важная персона	very important person (V.I.P.)
výdělečně činná osoba	лицо, ведущее самостоятельное дело	gainfully employed person
+ osoba zabývající se stínovou ekonomikou	теневик	"shadow economist"
OSOBNÍ	частный	personal
osobní korespondence	частная переписка	personal correspondence
osobní život	частная жизнь	private life
OSTŘELOVÁNÍ	огонь *(огня) m*	bombardment
ostřelování snajprem	снайперский огонь	sniping
OSVĚDČENÍ	сертификат *(-a) m*	certificate
osvědčení kvality	сертификат качества	quality certificate
osvědčení o původu	сертификат происхождения	certificate of origin
OSVĚDČENÍ (doklad)	свидетельство *(-a) s*	certificate
autorské osvědčení	авторское свидетельство	certificate of authorship
dovozní osvědčení	ввозное свидетельство	import certificate
lékařské osvědčení	медицинское свидетельство	certificate of health

veterinární osvědčení	ветеринарное свидетельство	veterinary certificate
vývozní osvědčení	вывозное свидетельство	export certificate
zdravotní osvědčení	санитарное свидетельство	medical certificate
osvědčení o absolvování studia	свидетельство об окончании учебного заведения	certificate of education
osvědčení o jakosti	свидетельство о качестве	quality certificate
osvědčení o pojistné smlouvě	страховое свидетельство	certificate of insurance
osvědčení o původu zboží	свидетельство о происхождении товара	certificate of origin
osvědčení o státním občanství	свидетельство о гражданстве	proof of nationality
OTÁZKA	вопрос *(-а) m*	question, issue
ožehavá otázka	жгучий, наболевший вопрос	controversial question
projednávat otázku	обсуждать вопрос	to debate an issue
OTEPLOVÁNÍ	потепление *(-ия) s*	warming
globální oteplování planety	глобальное потепление планеты	global warming of the planet
OTEVŘÍT *dok.*	открыть	to open
otevřít účet	открыть счет	to open an account
OTRAVA	отравление *(-ия) s*	poisoning, intoxication
otrava alkoholem	алкогольное отравление	alcohol intoxication
otrava opiáty	отравление опиатами	drug intoxication
otrava plynem	отравление газом	gas intoxication
otrava bojovými chemickými látkami	отравление боевыми химическими веществами	military chemicals poisoning
otrava ryb	отравление рыб	poisoning of fish
OUTSIDER	аутсайдер *(-а) m*	outsider
OVĚŘENÍ (u notáře)	нотариальное заверение *(-ия) s*	certification, legalization

OVĚŘIT *dok.*	заверить	to certify, legalize
ověřit notářsky	заверить нотариально	to be certified by a notary public
ověřit podpis majitele	заверить подпись владельца	to certify the owner's signature
OVIDOVAT *dok.*	завизировать	to authenticate, initial
ovidovat žádost	завизировать заявление	to initial a request
OVZDUŠÍ	воздух *(-а) m*, атмосфера *(-ы) ž*	atmosphere
kvalita ovzduší	качество воздуха	air quality
znečištění ovzduší	загрязнение воздуха	air pollution
OXID UHELNATÝ	оксид *(-а) m* углерода	carbon monoxide
OXID UHLIČITÝ	углекислый газ *(-а) m*, диоксид *(-а)m* углерода	carbon dioxide
OZÁŘENÍ	облучение *(-ия) s*	irradiation
dávka ozáření organismu	доза облучения организма	irradiation dose of an organism
radioaktivní ozáření obyvatel	радиоактивное облучение населения	radioactive irradiation of the population
OZAŘOVAT *nedok.*	подвергать облучению	to irradiate
OZBROJENÝ	вооружённый	armed
ozbrojené síly OSN	вооруженные силы ООН	UN armed forces
OZDRAVENÍ	оздоровление *(-ия) s*	improvement
ozdravení atmosféry	оздоровление атмосферы	atmosphere improvement
OZDRAVIT *dok.*	оздоровить	to clean up, improve, strengthen
ozdravit ekonomiku	оздоровить экономику	to strengthen economy
OZELENĚNÍ	озеленение *(-ия) s*	introduction of (more) green spots, spaces
ozelenění měst	озеленение городов	introduction of green spots into cities

OZNÁMIT *dok.*	сообщить	to announce
oznámit změnu adresy	сообщить об изменении адреса	to announce a change of address
OZONOSFÉRA	озоносфера *(-ы) ž*	ozonosphere
OZONOVÝ	озоновый	ozonic
ozonová díra	озоновая дыра	ozone hole
ozonová vrstva	озоновый слой	ozone layer
OŽIVENÍ	бум *(-а) m*	boom, revitalization, revival
oživení na burze	биржевой бум	stock market boom
P		
PADĚLÁNÍ	подделка *(-и) ž,* подлог *(-а) m*	forgery, counterfeit
padělání peněz	подделка денег	forgery of money
náchylný na padělání	склонный к подделке денег	susceptible to forgery
PADĚLANÝ	поддельный, фальшивый	counterfeit
padělaná bankovka	поддельная, фальшивая банкнота	counterfeit banknote
padělané peníze	поддельные деньги	forged money
PADĚLATEL	подделыватель *(-я) m,* фальсификатор *(-а) m*	forger, counterfeiter
padělatel peněz	фальшивомонетчик	counterfeiter
PADĚLEK	подделка *(-и) ž*	forgery, fake
zdařilý padělek	удачная подделка	faithful fake
odhalit padělky	раскрыть подделки	to expose fakes
PACHATEL	преступник *(-а) m*	culprit, wrongdoer
totožnost pachatele	идентичность личности преступника	identity of the culprit
zjistit totožnost pachatele	установить личность преступника	to establish the identity of the culprit

PALIVO	топливо *(-a) s*	fuel
pevné palivo	твердое топливо	solid fuel
tekuté palivo	жидкое топливо	liquid fuel
toxické palivo	токсическое топливо	toxic fuel
likvidace paliva	ликвидация топлива	disposal of fuel
uložit palivo (v rezervním skladě)	разместить топливо (в запасном складе)	to store fuel (in a store house)
vyjmout palivo (z raket)	извлечь топливо (из ракет)	to discharge fuel (from missiles)
"PANKÁČI"	панки *(-ов) mn*	punks
PANYCHIDA	панихида *(-ы) ž*	memorial ceremony
panychida, smuteční slavnost na počest zemřelého	гражданская панихида	memorial ceremony
PAPEŽ	папа *(-ы) m*	pope
římský papež	римский папа	the Pope of Rome
svatý otec	римский первосвященник	the Holy Father
PARAFOVÁNÍ	парафирование *(-ия) s*	signing, initialing
parafování dlouhodobé úmluvy	парафирование долгосрочного соглашения	signing of a long-term agreement
PARAFOVAT *d/n*	парафировать	to initial, sign
parafovat dohodu	парафировать соглашение	to sign an agreement
PARAGRAF	параграф *(-a) m*	article, section
paragraf o veřejném pohoršování	параграф о нарушении общественного порядка	section on public nuisance
uplatnit některé paragrafy	применить некоторые параграфы	to apply some sections
+ podle ustanovení paragrafu 476 odst.2 občanského zákoníku	согласно параграфу 476 пункта 2 гражданского кодекса	according to section 476, subsection 2 of the civil code
PARAZIT	паразит *(-a) m*	parasite

PARITA	паритет *(-а) m*	parity, equality
paritní zastoupení (v parlamentě)	паритетное представление (в парламенте)	parity (of votes)
zásada parity	принцип паритета	principle of parity
PARK	парк *(-а) m*	park
národní park	национальный парк	national park
PARKOVÁNÍ	парковка *(-и) ž*	parking
parkovací zóna	зона парковок автомобилей	parking area
PARLAMENT	парламент *(-а)*	parliament
dvoukomorový parlament	двухпалатный парламент	bicameral parliament
republikový parlament	республиканский парламент	republic parliament
rozpuštění parlamentu	роспуск парламента	dissolution of parliament
svolání parlamentu	созыв парламента	convocation of parliament
zasedání parlamentu	заседание парламента	parliamentary session
být členem parlamentu	быть, стать членом парламента	to be a member of parliament
rozpustit parlament	распустить парламент	to dissolve parliament
svolat parlament	созвать парламент	to convoke parliament
zahájit zasedání parlamentu	открыть сессию парламента	to open parliament
zachovat (si) místo v parlamentu	сохранить место в парламенте	to secure one's position in parliament
+ parlament zvolený v demokratických volbách	парламент, избранный в демократических выборах	parliament elected by a democratic vote
PARLAMENTÁŘ	парламентёр *(-а) m*	emissary, parlementaire
PARLAMENTNÍ	парламентский	parliamentary
parlamentní frakce	парламентская фракция	parliamentary faction
PARTA	компания *(-ии) ž*	gang, group
parta mladistvých	компания несовершеннолетних	gang of youngsters

PARTNERSTVÍ	партнёрство *(-а) s*	partnership
celoevropské partnerství	общеевропейское партнерство	Europe partnership
strategické partnerství	стратегическое партнерство	strategic partnership
partnerství pro mír	партнерство ради мира, партнерство во имя мира	partnership for peace
+ zavést strategické partnerství s NATO	наладить стратегическое партнерство с НАТО	to establish, iniciate strategic partnership with NATO
PAS (cestovní doklad)	паспорт *(-а) m*, загранпаспорт *(-а) m*	passport
falešný pas	подложный, фальшивный паспорт	false passport
prošlý pas	просроченный паспорт	expired passport
služební pas	служебный паспорт	official passport
zbrojní pas	удостоверение на право ношения оружия	gun licence
neplatnost pasu	недействительность паспорта	invalidity of a passport
odevzdání pasu k udělení víza	подача паспорта на визу	submitting of a passport for a visa
dát vízum do pasu	поставить визу в паспорт	to grant a visa
prodloužit lhůtu platnosti pasu	продлить срок действия паспорта	validity extended
předložit pas	предъявить паспорт	to produce a passport
ukončit lhůtu platnosti pasu	прекратить срок действия паспорта	to revoke a passport
vydat pas	выдать паспорт	to issue a passport
zadržet pas	задержать паспорт	to retain a passport
PÁS (porost)	насаждение *(-ия) s*, полоса *(-ы) ž*	belt, strip
ochranné lesní pásy	полезащитные лесные насаждения	protected forest belts
PÁS (zeměpisný)	зона *(-ы) ž*	zone
mírný pás	умеренная зона	temperate zone

zeměpisný pás	географическая зона	geographical zone
PASÁK („manažer" prostitutky)	сутенёр *(-а) m*	pimp
PÁSMO	зона *(-ы) ž*	zone, area
ochranná pásma	заповедные зоны	protected zones
zeměpisné pásmo	географическая зона	geographical zone
PÁSMO (měnové)	коридор *(-а) m* (валютный)	corridor
PAŠERÁK	контрабандист *(-а) m*	smuggler
PAŠOVÁNÍ	контрабанда *(-ы) ž*	smuggling
PATENTOVAT *d/n*	патентовать	to patent
PÁTRACÍ SLUŽBA	уголовный розыск *(-а) m*	search party
PÁTRÁNÍ	розыск *(-а) m*	search, hunt, inquiry
PATRIARCHA	патриарх *(-а) m*	patriarch
PATRONACE	патронаж *(-а) m*	patronate, sponsorship, auspices
+ být pod patronací vládních představitelů	быть под патронажем правительственных представителей	to be under the auspices of government representatives
PEČOVATELSKÁ SLUŽBA	бюро *s neskl.* социальной помощи	community care service
PENÁLE	пеня *(-и) ž*, неустойка *(-и) ž*	penalty
PENALIZOVAT *d/n*	начислить пеню	to penalize
PENĚZOKAZ	фальшивомонетчик *(-а) m*	counterfeiter

PENĚŽNÍ	денежный	financial, monetary
množství, objem peněz	денежная масса	amount of money
PENÍZE	деньги *(денег) mn*	money
místní peníze	квазиденьги	quasi money
špinavé peníze	грязные деньги	dirty, illegal money
navrácení peněz se ziskem	возврат денег с прибылью	recovery of money at a profit
navrácení peněz s procenty	возврат денег с процентами	recovery of money with interest
peníze v dlužních úpisech (o hodnotě, hodnotou...)	деньги в купюрах (достоинством в...)	money in denominations of ...
prát špinavé peníze	отмывать грязные деньги	to launder dirty money
přiznávat původ peněz	декларировать происхождение денег	to declare the origin of money
směnit peníze za nemovitost	обменять деньги на недвижимость	to put money into real estate
vyúčtovat peníze	рассчитаться	to settle accounts
PEN KLUB	пен-клуб *(-а) m*	pen club
PENZE	пансион *(-а) m*	board and lodging
plná penze	полный пансион	full board
PENZE (výslužba)	отставка *(-и) ž*	pension
žádost o penzi	просьба об отставке	application for a pension
být v penzi	находиться в отставке	to be in retirement
odejít do penze	выйти, уйти в отставку	to retire
+ oznámit svůj odchod do penze	заявить о своем уходе в отставку	to announce one's retirement
PERSONÁL	персонал *(-а) m*	staff
administrativní personál	административный персонал, счетно-конторский персонал	administrative staff
expediční personál	персонал по отгрузке	dispatch staff
externí personál	внештатный персонал	external, part-time staff
inženýrsko-technický personál	инженерно-технический персонал	technical staff, people
kvalifikovaný personál	квалифицированный персонал	highly-qualified staff

pomocný personál	вспомогательный персонал, подсобный персонал	auxiliary staff, labourers
přejímací personál	персонал по приемке	inspection staff
správní a hospodářský personál	административно-хозяйственный персонал	administrative staff
správní a řídicí personál	административно-управленческий персонал	office and management staff
strážný personál, závodní stráž	персонал по охране предприятия	watchmen, security staff
systemizovaný personál	штатный персонал	regular staff
výrobní personál	промышленно-производственный персонал	production staff
PERSPEKTIVA	перспектива *(-ы) ž*	perspective
dlouhodobá perspektiva	долгосрочная перспектива	long-term perspective
krátkodobá perspektiva	краткосрочная перспектива	short-term perspective
nadějná perspektiva	благоприятная перспектива, обнадеживающая перспектива	hopeful perspective
neutěšená perspektiva	неутешительная перспектива	depressing perspective
perspektiva rozvoje	перспектива развития	perspective of development
nastínit jasnou perspektivu	дать ясную перспективу	to outline a clear-cut perspective
ukázat nové perspektivy	открыть новые перспективы	to show new perspectives
zhoršovat perspektivy	ухудшать перспективы	to impair perspectives
PESTICIDY	пестициды *(-ов) mn*	pesticides
pesticidy třetí generace	пестициды третьего поколения	pesticides of the third generation
+ odolnost některých druhů proti pesticidům	устойчивость некоторых видов к пестицидам	resistance of some species to pesticides

PETICE	петиция *(-ии) ž*	petition
podepsat se pod petici	подписаться под петицией	to sign a petition
PEVNINA	суша *(-и) ž*	continent, mainland
žít na pevnině	жить на суше	to live on the continent
PIN	ПИН-код *(-а) m* (персональный идентификационный номер)	PIN (personal identification number)
PIRÁTSKÝ	пиратский	pirate
pirátské kopírování kazet	пиратское копирование кассет	pirate cassette copying
PIRÁTSTVÍ	пиратство *(-а) s*	piracy
PISTOLE	пистолет *(-а) m*	gun
plynová pistole	газовый пистолет	gas gun
PLACENÍ	платёж *(-а) m*, расчёт *(-а) m*	payment
akceptní placení	расчет по акцепту	payment by acceptance
bezhotovostní placení	безналичный платеж	clearing
hotovostní placení	наличный расчет	cash payment
inkasní placení	инкассовый расчет, расчет в порядке инкассо	collection payment
mezinárodní platební styk	международные расчеты	international payments, clearing
roční placení	годовой расчет	annual payment
vzájemné placení	взаимные расчеты	mutual payment
placení na úvěr	расчет в кредит	credit payment
placení výdajů	расчет издержек	payment of expenditures
PLÁNOVÁNÍ	планирование *(-ия) s*	planning
centrální plánování	центральное планирование	central planning
přívrženci centrálního plánování	сторонники, приверженцы центрального планирования	advocates of central planning

PLAT	заработная плата, зарплата*(-ы)* *ž*, оклад *(-а)* *m*	salary, wage(s), pay
měsíční plat	месячный оклад	monthly salary, pay
průměrný plat, mzda	средняя зарплата	average salary
výše platu	размер зарплаты	rate of pay
regulovat platy	регулировать заработки	to regulate wages
stanovit plat	назначить зарплату	to fix a salary
vyplatit *někomu*	выдать *кому*	to pay out arrears of wages
zadržovaný plat	задолженность по зарплате	
zvýšit plat	повысить оклад	to increase in salary
žít z platu	жить на оклад	to live on one's salary
PLATBA	платёж *(-а)* *m*	payment
clíringové platby	клиринговые платежи, платежи по клирингам	clearing payment
nepřímá platba	косвенный платеж	indirect payment
platby obyvatelstva	платежи населения	payments of population
PLATEBNÍ	платёжный	payment
platební deficit	платежный дефицит	payment deficit
platební listina	платежная ведомость	pay-roll
platební karta	платежная карта	payment card
platební neschopnost	неплатежеспособность	insolvency
platební příkaz	платежное поручение	payment order
platební styk	платежный оборот	payment transactions
+ podnik je v platební neschopnosti	предприятие неплатежеспособно	enterprise is insolvent
PLÁTCE	плательщик *(-а)* *m*	payer
plátce daně	налогоплательщик	tax payer
PLATIDLO	денежные знаки *(-ов)*, дензнаки *(-ов)* *mn*	currency, means of payment
platidla, měna státu	дензнаки государства	state currency
PLATIT *nedok.*	платить *(-чу, -тишь)*	to pay (for)
platit hotově	платить наличными	to pay in cash
platit složenkou, poštovní poukázkou	платить денежным переводом, переводить деньги по почте	to pay by money order

platit šekem	платить чеком	to pay by cheque
PLATIT *nedok.* (být v platnosti)	действовать	to be in force, be valid
PLÁTNO	экран *(-а) m*	screen
široké plátno	широкий экран	wide screen
PLATNOST	действие *(-ия) s,* сила *(-ы) ž*	force, validity
+ vstoupit v platnost dnem (rokem)	войти в силу *(какого)* дня, *(какого)* года	to come into force
PLAVBA	круиз *(-а) m*	voyage, shipping
plavba po moři	морские круизы	sea shipping
PLEBISCIT	плебисцит *(-а) m*	plebiscite
rozhodnout plebiscitem	провести плебисцит	to decide by plebiscite
PLEJBOJ	плейбой *(-я) m,* плэйбой *(-я) m*	playboy
PLNÁ MOC	доверенность *(-и) ž,* полномочие *(-ия) s*	proxy, power of attorney
neomezená plná moc	карт-бланш, неограниченные полномочия	unlimited power of attorney
mimořádné plné moci	чрезвычайные полномочия	emergency powers
prodloužení plné moci	продление полномочий	extention of a proxy
dát *někomu* plnou moc	предоставить полномочия, дать *кому-н.* доверенность	to give authority to sb
jednat na základě plné moci	действовать на основании полученных полномочий	to act on authority
mít plnou moc	иметь полномочия	to have authority
podepsat *někomu* plnou moc	дать, предоставить *кому* полномочия, уполномочить *кого на что*	to sign a proxy
poskytnout plnou moc	предоставить полномочия	to give authority

překračovat plnou moc	выходить за пределы полномочия	to exceed authority
+ plná moc k podepsání smlouvy	полномочие на подписание договора	power to sign an agreement
PLOCHA	площадь *(-и) ž*, пространство *(-а) s*	area
zalesněné plochy	лесные пространства	forest area
plochy lesních kultur	площади лесокультур	forestry plantations
zamořit plochu	заразить площадь	to contaminate an area
PLURALISMUS	плюрализм *(-а) m*	pluralism
pluralismus názorů	плюрализм мнений, взглядов	pluralism of opinions
PLURALISTICKÝ	плюралистический	pluralistic
PLYN	газ *(-а) m*	gas
bojový otravný plyn	боевой отравляющий газ	warfare gas
slzný sprej	баллончик со слезоточивым газом	tear gas spray
slzotvorný plyn	слезоточивый газ	tear gas
výfukové plyny	выхлопные газы	exhaust gas
zamořit plynem	отравить газом	to contaminate with gas
POBOČKA	филиал *(-а) m*	branch
pobočka komerční banky	филиал коммерческого банка	commercial bank branch
POBŘEŽNÍ HLÍDKA	служба *(-ы) ž* береговой охраны	coastguard
POBYT	проживание *(-ия) s*	stay
přechodný pobyt	временное проживание	temporary stay
přihláška k pobytu	прописка	(police) registration form
přihlásit se k pobytu	прописаться (в милиции)	to register with the police
+ přihláška k pobytu, omezená urč. podmínkami	"лимитная" прописка	limited registration form
POCTY	почести *(-ей) mn*	honours
poslední pocta	последние почести	last respects

pohřbít s vojenskými poctami	похоронить с воинскими почестями	to bury with military honours
+ vzdát poslední poctu zemřelému prezidentovi	воздать последние почести скончавшемуся президенту	to pay one's last respects to the late president
POČET	численность *(-и) ž*	amount, number
snížení počtu	сокращение численности	decrease in the number of ...
POČETNOST	численность *(-и) ž*	number, numerousness, frequency
regulace početnosti	регулирование численности	regulation of frequency
POČÍTAČ	компьютер *(-а) m*	computer
+ přepsat knihu na počítači	набрать книгу на копьютере	to transfer a book onto computer
PODAT *dok.*	подать	to pass, hand, get, lodge
podat odvolání	подать апелляцию	to lodge an appeal
podat reklamaci	подать претензию	to make a claim
PODEPSAT *dok.*	подписать	to sign, put one's signature
podepsat příkaz	подписать распоряжение	to sign an order
PODEPSAT SE *dok.*	подписаться	to sign one's name
podepsat se na smlouvě	подписаться под договором	to undersign an agreement
PODEZŘELÝ *(z čeho)*	заподозренный *(в чем)*, подозреваемый *(в чем)*	suspected (of st)
+ podezřelý ze zrady	заподозренный в предательстве	suspected of treason
PODÍL	доля *(-и) ž*, пай *(пая) m*, часть *(-и) ž*	share
bankovní podíl	банковский пай	banker's share
družstevní podíl	кооперативный пай	cooperative share
spoluvlastnický podíl	доля имущества	joint owner share
vlastnický podíl	пай владельца	proportionate ownership

(ve spol. s r.o.)	(в обществе с ограниченной ответственностью)	in LTD
zakladatelský podíl (vstupné, zápisné)	учредительский пай	founders' share
odprodej podílů (v podniku)	продажа пая	sale of shares
vykoupit podíl	выкупить долю	to redeem a share
vyplatit podíl na nemovitosti	выплатить долю недвижимости	to distribute one's part of a real estate
+ převést spoluvlastnický podíl na jinou osobu	перевести свою долю на другое лицо	to transfer sb's share to sb
PODÍLET SE *nedok.*	уч<u>а</u>ствовать *в чем*	to share in, participate in
podílet se na zisku	участвовать в прибыли	to share in profits
PODÍLNICKÝ	паев<u>о</u>й	share
PODÍLNÍK	п<u>а</u>йщик *(-а) m*	partner, shareholder
přijmout za podílníka	принять в пай *кого*	to be admitted as a shareholder
PODÍLOVÝ	паев<u>о</u>й	share
podílový fond	паевой фонд	share fund
PODLOUDNÍK	контрабанд<u>и</u>ст *(-а) m*	smuggler
PODMÍNĚNÝ	усл<u>о</u>вный	conditional
podmíněné odsouzení	условное осуждение	suspended sentence
podmíněné osvobození	усл<u>о</u>вное освобождение	conditional discharge
podmíněný reflex	условный рефлекс	conditioned reflex
podmíněný rozsudek	условный приговор	suspended sentence
PODMÍNKA	усл<u>о</u>вие *(-ия) s*	condition
smluvní podmínka	условие контракта	term of a contract
+ pracovat ve skleníkových podmínkách	раб<u>о</u>тать в тепличных условиях	to work under, in ideal conditions
PODMÍNKY	усл<u>о</u>вия *(-ий) mn*	conditions
existenční podmínky	условия существования	living conditions
extrémní podmínky	экстремальные условия	extreme conditions

podnební a zeměpisné podmínky	климатогеографические условия	weather and geographical conditions
zvýhodněné podmínky	льготные условия	favoured conditions
podmínky bydlení	жилищные условия	living conditions
přizpůsobovat se podmínkám	приспосабливаться к условиям	to adapt to conditions
PODNEBÍ	климат *(-а) т*	climate
mírné podnebí	умеренный климат	mild climate
PODNĚCOVÁNÍ	инспирация *(-ии) ž*, инспирирование *(-ия) s*, подстрекательство *(-а) s*	agitation, incitement, stimulation
otevřené podněcování	открытое подстрекательство	open agitation
podněcování k vraždě	подстрекательство к убийству	incitement to murder
podněcování spiknutí	инспирирование заговора	incitement to conspiracy
přímé podněcování zvenku	прямое подстрекательство извне	direct incitement from abroad
PODNĚCOVAT *nedok.*	подстрекать	to stimulate
PODNĚCOVATEL	подстрекатель *(-я) т*	agitator
+ provokační záměry extremistů a podněcovatelů	провокационные намерения экстремистов и подстрекателей	provocative intentions of extremists and agitators
PODNĚT	импульс *(-а) т*, стимул *(-а) т*, повод *(-а) т*	impulse, impetus, momentum
dát podnět *k čemu*	дать повод *к чему*, проявить инициативу *в чем*	to initiate st, give an impulse, impetus, momentum
PODNIK	предприятие *(-ия) s*	enterprise
společný podnik	совместное предприятие	joint venture

podnik se zahraničním kapitálem, se zahraniční účastí	предприятие с иностранным капиталом	enterprise with foreign investment
vedení podniku	управление предприятия	enterprise management
zisk podniku	прибыль предприятия	profit of an enterprise
ziskovost podniku	прибыльность предприятия	profitability of an enterprise
založit, otevřít podnik	основать, открыть предприятие	to start up a new enterprise
PODNIKÁNÍ	предпринимательство *(-а) s*	business
soukromé podnikání	частное предпринимательство	private business
volné podnikání	свободное предпринимательство	free business
zavedení podnikání	начало предпринимательства	setting up of a business
PODNIKAT *nedok.*	предпринимать, делать бизнес, заниматься бизнесом, предпринимательством	to be in business, undertake, launch
PODNIKATEL	предприниматель *(-я) m*, делец *(-льца) m*	businessman, entrepreneur, industrialist, employer
drobný podnikatel	мелкий предприниматель	small manufacturer
soukromý podnikatel	частный предприниматель	private entrepreneur
střední podnikatel	средний предприниматель	medium employer
velkopodnikatel	крупный предприниматель	big employer
PODPLATIT *dok.*	подкупить *(-плю,-пишь)*	to bribe, corrupt
PODPORA	вспомоществование *(-ия) s*, пособие *(-ия) s*	benefit, support, dole, welfare, allowance, grant
finanční podpora	денежное пособие	welfare
jednorázová podpora	единовременное пособие	one-off support

státní podpora	государственное пособие	subsidy
celková částka podpory	сумма пособия	total sum of a benefit
podpora mnohočlenným rodinám	семейное пособие	family allowance
podpora v invaliditě	пособие по инвалидности	disability benefits
podpora v nezaměstnanosti	пособие по безработице	unemployment benefit
být na podpoře	жить на пособие по безработице	to be on the dole
dostávat podporu	получать пособие	to draw unemployment benefit
stanovit podporu	назначить пособие	to determine benefit
vyplácet podporu	выплачивать пособие	to pay out benefit
+ podpora na děti v rodinách s nízkými příjmy	пособие на детей малообеспеченным семьям	family income benefit
PODPOŘIT *dok.*	поддержать	to support
PODRAŽIT *dok.*	подорожать	to increase prices
PODVOD	обман *(-а) m*, мошенничество *(-а) s*	fraud, deception
daňový podvod	налоговое мошенничество	tax fraud
PODVODNÍK	аферист *(-а) m*	crook, con-man, criminal, swindler, racketeer
vydat podvodníka	выдать афериста	to hand over, turn in a crook
POHLCOVÁNÍ	поглощение *(-ия) s*	absorption
pohlcování škodlivých látek	поглощение вредных веществ	absorption of toxic substances
POHLEDÁVKA	требование *(-ия) s*, долг *(-а) m*	claim
dlužní pohledávka	долговое требование	outstanding debt
drobné pohledávky	мелкие долги	small claims
nedobytná pohledávka	безнадежный долг	irrecoverable claim

Czech	Russian	English
vzájemná pohledávka	взаимное требование	counterclaim
promlčení pohledávky	истечение срока давности долгового требования	statute-barred debt
POHNUTKA	побуждение *(-ия) s*	motive
POHOTOVOST	готовность *(-и) ž*	readiness
bojová pohotovost	боевая готовность, боеготовность	operational readiness
vyhlásit pohotovost	объявить боевую готовность	to declare operational readiness
POJISTIT *dok.*	застраховать	to assure, insure
pojistit u pojišťovny	застраховать в страховой компании	to insure with an insurance company
POJISTIT SE *dok. před čím*	застраховаться *от чего*	to insure oneself against st
POJISTKA	страховка *(-и) ž*, полис *(-а) m*	policy
životní pojistka	полис страхования жизни	life assurance
majitel pojistky	держатель страхового полиса	policy holder
platit pojistku	платить страховку	to pay insurance
uzavírat pojistku	заключать страховку	to take out an insurance policy
POJISTNÉ	страховой взнос *(-а) m*	insurance premium
POJISTNÝ	страховой, сртаховочный	insurance
pojistný list	страховой полис	policy
pojistné plnění	выплата страховки	insurance benefit
pojistné splátky	страховые платежи	insurance payment
+ pojistná částka pro případ úmrtí	страхование на случай смерти	whole-life policy
POJIŠTĚNEC	страхователь *(-я) m*	insured party

POJIŠTĚNÍ	страхование *(-ия) s*, страховка *(-и) ž, hovor.*	insurance
dobrovolné pojištění	добровольное страхование	voluntary insurance
důchodové pojištění	страхование доходов	social insurance
havarijní pojištění	страхование от аварии	motor insurance
nemocenské pojištění	страхование на случай утраты трудоспособности	health insurance
osobní pojištění	личное страхование	personal insurance
povinné pojištění	обязательное страхование	compulsory insurance
sdružené pojištění	смешанное страхование, страхование по комбинированному договору	group insurance
úrazové pojištění	страхование от несчастных случаев	accident insurance
životní pojištění	страхование жизни	life assurance
cena pojištění vlastního bytu	стоимость страхования собственной квартиры	cost of insurance of one's own house
pojištění pro případ smrti	страхование на случай смерти	whole-life policy
sdružené pojištění domácnosti	страхование домашнего имущества граждан	comprehensive, household policy
soukromoprávní pojištění úvěru	частноправовое страхование кредита	credit insurance
platit si pojištění	платить страховку	to pay insurance
POJIŠŤOVNA	страховое учреждение *(-ия) s*, страховая компания *(-ии) ž*	insurance company
POKÁNÍ	покаяние *(-ия) s*	repentance
činit pokání	приносить покаяние, каяться	to repent
POKATOLIČŤOVÁNÍ	окатоличивание *(-ия) s*	catholicization
POKLADNÍ	кассовый	cash
pokladní deník	кассовый журнал, кассовая книга	cashbook

pokladní příkaz	кассовый ордер	cash order
pokladní výkaz	кассовый отчет	cash statement
POKLADNÍ BLOK	чек *(-а) m*	receipt
pokladní blok (k zaplacení zboží)	товарный чек	receipt
POKLADNÍK	кассир *(-а) m*	cashier
POKLES	спад *(-а) m*	decline
hospodářský pokles	экономический спад	economic decline
POKOJ	комната *(-ы) ž,* палата (-ы) *ž*	room
nemocniční pokoj	больничная палата	ward
POKOLENÍ	поколение *(-ия) s*	generation
budoucí pokolení	будущее поколение	future generation
dospívající pokolení	подрастающее поколение	young generation
střídání pokolení	чередование поколений, смена поколений	changing of generations
POKRÝT *dok.*	покрыть *(покрою, покроешь)*	to cover
pokrýt riziko	покрыть риск	to cover a risk
POKUS	испытание *(-ия) s*	trial, testing
+ podzemní pokusy s jadernými zbraněmi	подземные испытания ядерного оружия	underground nuclear weapons testing
+ výzva k zákazu pokusů jaderných zbraní	призыв запретить ядерные испытания	appeal for nuclear weapons test-ban
POKUS *oč*	покушение *(-ия) s на что*	attempt at, on
pokus o vraždu	покушение на жизнь, на убийство	attempted murder
pokus o vykonání zločinu	попытка совершения преступления	attempted crime
POKUTA	штраф *(-а) m*	fine, penalty

jednorázová pokuta	единовременный штраф	one-off fine
dávat pokutu	взимать, налагать штраф	to fine
ukládat pokutu	облагать штрафом	to impose a fine
POKUTOVAT *d/n*	штрафовать	to fine
POLICEJNÍ	полицейский	police
policejní zátah	карательная акция	police raid
zvláštní policejní služba	спецслужба	special police service
POLICIE	полиция *(-ии) ž*	police
bezpečnostní policie	полиция безопасности	security police
dopravní policie	транспортная полиция	traffic police
kriminální policie	криминальная полиция	criminal investigation police
místní policie	местная полиция	local police
tajná policie	тайная полиция	secret police
trestní policie	уголовная полиция	criminal police
vojenská policie	военная полиция	military police
náčelník policie	начальник полиции	chief constable, chief of police
obrátit se na policii	обратиться в полицию	to go to the police
POLITICKÝ	политический	political
politický společenský systém	политическая система общества	political system of a society
POLITIKA	политика *(-u) ž*	policy, politics
finanční politika	финансовая политика	financial policy
úvěrová politika	кредитная политика	credit policy
vnější politika	внешняя политика	foreign policy
vnitřní politika	внутренняя политика	domestic policy
monetaristická politika reformátorů	монетаристская политика реформаторов	monetary reform policy
politika omezování, zákazů, restrikcí	политика закрытых дверей	restrictive policy
zostření politiky	ужесточение политики	intensification of policy
POLITIKAŘENÍ	политиканство *(-a) s*	politicking

POLOŽKA	статья *(-ьи) ž*, позиция *(-ии) ž*, наименование *(-ия) s*	item
dovozní položka	статья импорта	import item
vývozní položka	статья экспорта	export item
položka zboží	товарная позиция	item
POMLUVA	клевета *(-ы) ž*, навет *(-а) m*	gossip
PONECHAT *dok.*	оставить	to keep, leave, reserve
ponechat si právo	оставить за собой право	to reserve the right
POPÍLEK	зола *(-ы) ž*, унос *(-а) m*, пылевидная зола	flue ash
POPLATEK	плата *(-ы) ž*, такса *(-ы) ž*, сбор *(-а) m* , пошлина *(-ы) ž*	fee, charge
rozhlasový poplatek	плата за радио	radio licence fee
soudní poplatek	судебные пошлины	court fee
správní poplatek ve výši	административная плата в размере	official fee at
televizní poplatek	плата за телевизор	TV licence fee
účastnický poplatek	абонентная плата	standing charge for a telephone
poplatek v kolcích	гербовая пошлина	fee in duty stamp
poplatek za byt	плата за квартиру	rent, rental
poplatek za elektřinu	плата за электричество	electricity charge
poplatek za jízdné	плата за проезд	fare
poplatek za komunální služby	плата за коммунальные услуги	fee levied by local authorities for services
poplatek za nájem	плата за наем	rent, rental
poplatek za ověření podpisu na listině	плата за заверение подписи на документе	consular fee
poplatek za používání telefonu	плата за пользование телефоном	charge for the use of a telephone
poplatek za přepravu	плата за провоз	freight
poplatek za telefonní hovory	плата за телефонные разговоры	charge for telephone calls
poplatek za úřední výkon	канцелярский сбор	fee for official proceedings

poplatek za vystavení pasu	паспортный сбор	passport fee
zvyšování poplatků	рост плат	increase in charges
osvobodit od poplatků	освободить от сборов	to exempt from charges
vybírat poplatky	собирать пошлину	to collect fees
POPLATKY	комиссионные *(-ых) mn*, платежи *(-ей) mn*	dues
POPTÁVKA	спрос *(-а) m*	demand
poptávka po markách	спрос на марки	demand for Deutschmarks
POPULACE	популяция *(-ии) ž*	population
městská populace	городская популяция	urban population
populace ptáků	популяция птиц	bird population
věková struktura populace	возрастная структура популяции	age structure of population
změna objemu populace	изменение величины популяции	change in the size of the population
POPULARITA	популярность *(-и) ž*, паблисити *neskl. s*	popularity
pokles popularity	падение популярности *кого*	popularity decline of
usilovat o popularitu	добиваться паблисити	to aspire after popularity
vyhýbat se popularitě	избегать паблисити	to avoid popularity
PORADA	совещание *(-ия) s*	conference, meeting
běžná porada	рутинное совещание	regular meeting
PORADCE	советник *(-а) m*	adviser
daňový poradce	советник по налогам	tax adviser
poradce pro mezinárodní záležitosti	советник по международным делам	international adviser
poradce pro trh s cennými papíry	советник по фондовым рынкам	securities market adviser
prezidentův poradce	советник президента	presidential adviser
využít služeb daňového poradce	прибегнуть к услугам, воспользоваться услугами советника по налогам	to make use of, benefit from a tax adviser's services
PORADNA	консультация *(-ии) ž*	advisory service

manželská poradna	консультация по вопросам семейной жизни	marriage guidance bureau
právní poradna	юридическая консультация	legal advice bureau
poradna pro matky s dětmi	детская консультация	children's clinic
poradna pro ženy	женская консультация	women's advisory service
obrátit se na poradnu	обратиться в консультацию	to contact an advice bureau
PORADNÍ	совещательный, консультационный, консультативный	advisory
poradní orgán	совещательный орган	advisory body
mít poradní hlas	иметь совещательный голос	to be in an advisory capacity
PORNO	порно *neskl. s* порнуха *(-и) ž, hovor.*	pornography
PORNOBYZNYS	порнобизнес *(-а) m*	pornobusiness
PORNOGRAFICKÝ	порнографический	pornographic
pornografická literatura	порнографическая литература	pornographic literature
PORNOGRAFIE	порнография *(-ии) ž,* порно *neskl. s,* порнуха *(-и) ž, hov.*	pornography
dětská pornografie	детское порно	juvenile pornography
PORODNÉ	пособие *(-ия) s* на рождение, при рождении ребёнка	maternity grant
PORODNOST	рождаемость *(-и) ž*	birth rate
snížení porodnosti	сокращение рождаемости	birth rate decline
PORTFEJ *m*	портфель *(-я) m*	portfolio
ministerský portfej	министерский портфель	ministerial portfolio, post

směnečný portfej	вексельный портфель	portfolio
ministr bez portfeje	министр без портфеля	minister without portfolio
rozdělení portfejů	распределение портфелей	appointment of ministers
PORUČNICTVÍ	опека *(-и) ž*	guardianship, wardship, tutelage
poručenský a opatrovnický orgán	орган опеки и попечительства	guardianship and trusteeship body
stanovit poručenství	назначить опеку над ребенком	to put, place a child in ward
zrušit poručenství	прекратить опеку	to terminate guardianship
PORUČNÍK	опекун *(-a) m*	guardian, tutor
povinnost poručníka	опекунские обязанности	guardian's duty
ustanovit poručníka	назначить опекуна несовершеннолетнего	to appoint a tutor
PORUŠOVÁNÍ	нарушение *(-ия) s*	violation
porušování autorských práv	нарушение авторских прав	copyright violation
porušování osobní svobody	нарушение прав личности	violation of personal freedom
porušení práva	правонарушение	violation of the law
PORUŠOVAT *nedok.*	нарушать	to violate, break
porušovat povinnosti	нарушать обязанности	to fail in one's duties
POŘADATEL	распорядитель *(-я) m*	organizer
POŘADATELKA	распорядительница *(-ы) ž*	organizer
POŘÍDIT *dok.*	сделать, составить, снять *(сниму, снимешь)*	to draw up
pořídit kopii	снять копию	to make a copy
pořídit soupis	составить опись	to make a list
pořídit zápis	составить протокол	to take the minutes
POSÁDKA	гарнизон *(-a) m*	garrison

+ čestná stráž vojínů pražské posádky	почетный караул воинов пражского гарнизона	guard of honour of the Prague garrison
POSILY	подкрепления *(-ий) mn s*	reinforcements
přesunout posily *kam*	передислоцировать подкрепления *куда*	to redeploy reinforcements
+ odeslat posily vojsk OSN do Srbska	направить подкрепления солдатам ООН в Сербию	to send reinforcements of UN soldiers into Serbia
POSKYTNOUT *dok.*	оказать, предоставить	to give, offer, provide
poskytnout konzultaci	оказать консультацию	to offer a consultation
poskytnout půjčku ve výši	предоставить ссуду в размере	to grant a loan of
POSLANEC	депутат *(-а) m*	deputy, member of parliament
poslanec za ... stranu	депутат от ... партии	the ... party deputy
POSLANECKÝ	парламентский	parliamentary
poslanecká imunita	парламентский иммунитет	parliamentary privilege
POSLAT *dok.*	послать, направить	to send, remit
poslat peníze na účet	послать деньги на счет	to remit money
poslat na adresu	направить по адресу	to send to an address
POSLEDNÍ VŮLE	завещание *(-ия) s*	last will and testament
POSLUŠNOST	повиновение *(-ия) s*	obedience
POSMRTNÝ	загробный	posthumous
posmrtný život	загробная жизнь	life after death, afterlife
POSOUDIT *dok.*	обсудить *(-жу, дишь)*	to comment on, judge
posoudit otázky	обсудить вопросы	to judge questions
POSTAVENÍ	место *(-а) s*, позиция *(-ии) ž*, пост *(-а) m*, положение *(-ия) s*	position, post, rank

vedoucí postavení	лидирующее место	leading position
postavení dlužníka	положение должника	position of a debtor
postavení věřitele	положение кредитора	position of a creditor
POSTIH	регресс *(-а) m*	recourse
POSTIHOVAT *nedok.*	наказывать *кого за что*	to hit, punish, strike
postihovat násilníky	наказывать насильников	to punish violent offenders
postihovat prostituci	наказывать за проституцию	to punish prostitution
POSTIŽENÝ *čím*	страдающий *от чего*	stricken with, afflicted with
osoba postižená toxikománií	приобщившийся к наркотикам	drug addict
POSTOUPIT *dok.*	уступить, передать	to hand over, pass over
postoupit práva třetí osobě	уступить права третьему лицу	to concede rights to a third person
POSTŘIK	опрыскивание *(-ия) s*	spray, crop-spraying
postřik bavlníku ze vzduchu	опрыскивание хлопчатника с воздуха	aerial treatment of a cotton crop
POŠKODIT *dok.*	повредить, ущемить, дискредитировать	to damage, harm, infringe
poškodit pověst	дискредитировать репутацию	to harm sb's reputation
poškodit práva	ущемить права	to infringe rights
poškodit zájmy	ущемить интересы	to infringe interests
POŠKOZENÍ	повреждение *(-ия) s*	damage, harm, impairment
poškození vozu	повреждение машины	damage to a car
POŠKOZENÝ	потерпевший, пострадавший	damaged
POŠTOVNÉ	почтовый сбор *(-а) m*	postage
POŠTOVNÍ	почтовый	postal
poštovní cenina	почтовый знак	postage stamp
poštovní přihrádka	абонементный ящик	post office box

poštovní schránka	абонированный ящик	mail, letter, pillar box
POŠTOVNÍ SMĚROVACÍ ČÍSLO (PSČ)	индекс предприятия связи	postal code
POTÍŽE	расстройство *(-а) s*	difficulties, troubles
abstinenční potíže	абстинентное расстройство	abstinence symptoms
zbavit potíží	снять расстройство	to resolve problems
POTRAT	аборт *(-а) m*	abortion
frekvence potratů	частота абортов	abortion rate
POTVRDIT *dok.*	подтвердить	to confirm
potvrdit odeslání	подтвердить отправление	to confirm shipment
POTVRZENÍ	справка *(-и) ž*, квитанция *(-ии) ž*, расписка *(-и) ž*	certificate, confirmation
zfalšované potvrzení	фальшивая, дикая справка	false certification
vydat potvrzení	дать, выдать квитанцию, расписку	to make out a certificate
POUKAZ	путёвка *(-и) ž*	coupon, voucher
odběrní poukaz	ордер на получение *чего-либо*	coupon
cena poukazu	стоимость путевки	coupon price
POUKÁZAT *dok.*	перевести	to transfer, remit
poukázat peníze na účet	перевести деньги на счет	to remit money
POUKÁZKA	ордер *(-а) m*, перевод *(-а) m*	order, voucher
peněžní poukázka	денежный перевод	money order
pokladní poukázka	кассовый ордер, ассигновка	cash order
poštovní poukázka	почтовый перевод	postal order

POUŠŤ	пустыня *(-и) ž*	desert
vytváření pouští	опустынивание	spread of deserts
POUTA	наручники *(-ов) mn*	handcuffs
dát pouta *komu*	надеть наручники *кому*	to put on handcuffs
sejmout pouta	снять наручники	to take off handcuffs
POVĚŘENÍ	предоставление *(-ия) s* полномочий, доверенность*(-и)*, удостоверение *(-ия) s*	authorization, commission, delegation
POVĚŘIT *dok.*	доверить	to authorize, commission, entrust
pověřit pracovníka	доверить сотруднику	to put a worker in charge of
POVĚŘOVACÍ LISTINA	полномочия *(-ий) mn*	credentials
POVĚST	репутация *(-ии) ž*	reputation
neposkvrněná pověst	незапятнанная репутация	untarnished reputation
+ jeho pověst pobledla (ztratil na reputaci)	его репутация поблекла	his reputation has faded
POVINNOST	обязанность *(-и) ž*, повинность *(-и) ž*	duty, obligation
všeobecná branná (vojenská) povinnost	всеобщая воинская обязанность, повинность	universal conscription
dodržet povinnosti	выполнить обязанности	to do one's duty
splnit vojenskou povinnost	выполнить, исполнить свой воинский долг	to carry out one's military service
POVINNÝ	обязательный	compulsory, obligatory
všeobecná povinná školní docházka	всеобщее обязательное обучение	compulsory school attendance
POVOLÁNÍ	профессия *(-ии) ž*	profession

POVOLIT *dok.*	разрешить	to authorize, permit
povolit činnost firmě	разрешить деятельность фирме	to authorize to run a firm
POVRCH	поверхность *(-и) ž*	surface
povrch Země	поверхность Земли	surface of the Earth
POZASTAVIT *dok.*	задержать	to defer, hold back
pozastavit plnění smlouvy	задержать выполнение контракта	to defer a contract
POZBÝT *dok.*	потерять, лишиться	to lose
pozbýt občanství	выйти из гражданства, лишиться гражданства	to lose citizenship
pozbýt oprávnění	потерять полномочия	to lose authorization
pozbýt platnosti	утратить силу, лишиться силы	to expire
POZEMEK	угодье *(-ья) s*, участок *(-стка) m*	piece of land, plot
bezcenné pozemky	бросовые угодья	worthless plots
stavební pozemek	участок под строительство	building site
ochrana bažinatých pozemků	охрана водно-болотных угодий	wetland protection
POZEMKOVÝ	земельный	land
pozemková reforma	земельная реформа	land reform
pozemková renta	земельная рента	land rent
pozemkové právo	земельное право	land law
pozemkové vlastnictví	земельная собственность	land property
POZOROVATEL	наблюдатель *(-я) m*	observer
diplomatický pozorovatel	дипломатический наблюдатель	diplomatic observer
mezinárodní pozorovatel	международный наблюдатель	international observer
nezaujatý pozorovatel	безучастный наблюдатель	neutral, impartial observer
stálý pozorovatel	постоянный наблюдатель	permanent observer
vojenský pozorovatel	военный наблюдатель	military observer

pozorovatel při OSN	наблюдатель при ООН	UN observer
jmenovat pozorovatele	назначить наблюдателем	to appoint an observer
+ odeslat skupinu pozorovatelů na vojenské cvičení	направить группу наблюдателей для присутствия на военных учениях	to direct a group of observers to a field exercise
POZŮSTALOST	насл<u>е</u>дство *(-a) s*	inheritance, legacy, estate, hereditament
dostat jako pozůstalost	получить в наследство	to inherit
POZŮSTALOSTNÍ	в<u>ы</u>морочный	... of inheritance
pozůstalostní právo	выморочное право	right of inheritance
POŽÁDAT *dok.*	потр<u>е</u>бовать	to ask, request
požádat o proplacení účtu	потребовать уплаты счета	to ask for settlement of a account
POŽÁR	ог<u>о</u>нь *(огн<u>я</u>) m*, пож<u>а</u>р *(-a) m*	fire
lesní požár	лесной пожар	forest fire
ohnisko požáru	очаг огня	the source of a fire
POŽEHNÁNÍ	благословл<u>е</u>ние *(-ия) s*	benediction, blessing
PRÁCE *mn*	раб<u>о</u>ты *(-0) mn*	labour, work
práce elektrotechnické	работы электромонтажные	electrotechnical work
práce klempířské	работы жестяные	tinsmith's work
práce obkládačské	работы плиточные	tiler's work
práce parketářské	работы паркетные	parquet layer's work
práce pokrývačské	работы кровельные	slater's work
práce tesařské	работы плотницкие	carpentry, carpenter's work
práce svářečské	работы сварочные	welding
práce venkovní	работы наружные	outdoor work
provedení práce	выполнение работы	carrying out of work
PRACOVNÍ	трудов<u>о</u>й	work, working
pracovní náplň	предмет деятельности	job description
pracovní příkaz	рабочий наряд	work order
pracovní řád	трудовой распорядок	working rules
pracovní smlouva	трудовое соглашение	work contract

PRACOVNÍK FINANČNÍ INSPEKCE	финансист *(-а) m*	financier, Wall Streeter (US)
PRÁH (hranice)	порог *(-а) m*	threshold
práh chudoby, bídy	порог бедности	threshold of poverty
práh napětí	порог напряженности	threshold of tension
snížit práh	понизить порог	to lower the threshold
PRANÍ	отмывание *(-ия) s*	laundering
praní špinavých peněz	отмывание грязных денег	money-laundering
PRANICE	драка *(-и) ž*	fight, affray
PRAVICE	правые *(-ых) mn*	right-wing
PRAVIDELNÝ	регулярный	regular
pravidelná armáda	регулярные войска	regular army
PRÁVNÍ	правовой, юридический	juridical, legal
právní doklad	юридический документ	legal document
právní platnost	правовая сила	legal power
právní poradce	юрисконсульт	legal adviser
právní poradna	юридическая консультация	legal advice centre
právní předpisy	правовые предписания	legal rules
právní stát	правовое государство	legal state
právní subjektivita	правосубъектность	legal entity
právní zástupce	присяжный, поверенный	lawyer, solicitor
+ zavést pořádek právní zákonnou cestou (v souladu se zákonem)	навести порядок правовым, законным путем	to put st right by legal means
PRÁVNÍ ÚKON	сделка *(-и) ž*	legal transaction
provádět právní úkony	заключать сделки	to make legal transactions
+ osoby nezpůsobilé k právním úkonům	лица, неправомочные заключать сделки	persons incapable of legal transactions
PRÁVNICKÝ	юридический	legal, juridical
právnická fakulta	юридический факультет	faculty of law

právnická osoba	юридическое лицо	legal entity
právnické vzdělání	юридическое образование	law education
samostatnost právnického subjektu	юридическая самостоятельность	juridical independence
PRÁVNÍK	юрист *(-а) m*	lawyer
právník firmy	юрисконсульт	company lawyer
PRÁVO	право *(-а) s*	justice, law, right
autorská práva	авторские права	copyright
bytové právo	жилищное право	housing law
dědické právo	наследственное право	line of inheritance
domovské právo	право на жительство	right of domicile, residence qualification
finanční právo	финансовое право	financial law
hlasovací právo	право голоса	right to vote
majetková práva	имущественные права	proprietary right
podpisové právo	право подписи	right to sign
předkupní právo	преимущественное право на приобретение	first option
přednostní právo	преимущественное право	priority claim
stanné právo	военное, осадное положение	martial law
trestní právo	уголовное право	criminal, penal law
užívací právo (na byt)	право пользования (квартирой)	right to use (a flat)
vlastnické právo	право собственности	proprietary law
všeobecné volební právo	всеобщее избирательное право	universal suffrage law
zvykové právo	обычное право	common law
omezená práva vlastníka	ограниченные права собственника	limited rights of an owner
právo duševního a průmyslového vlastnictví	право на интеллектуальную и промышленную собственность	intellectual and industrial property rights
právo na azyl	право убежища	right of asylum
právo národů na sebeurčení	право наций на самоопределение	right of self-determination
právo veta	право вето	right of veto

práva ze smlouvy	права, вытекающие из договора	rights under the treaty
úplná rovnost práv	полное равенство прав	full equality of rights
zánik předkupního práva	прекращение права преимущественной покупки	extinction of the first option
zbavení práv	лишение прав	deprivation of rights
dotýkat se *čích* práv	затрагивать *чьи* права	to impinge on sb's rights
+ zachovat užívací právo pro rodinné příslušníky	сохранить право пользования за членами семьи	to maintain the right to use for family members
+ majetková práva plynoucí z autorského práva	имущественные права, вытекающие из авторского права	property right, law of property resulting from copyright
+ převést dispoziční právo na jinou právnickou osobu	передать право требования суммы депозита и дохода по нему другому юридическому лицу	to transfer of the power of disposal to another legal authority
PRAVOMOC	правомочие (-ия) *s*, правомочность (-и) *ž*, компетенция (-ии) *ž*	authority, competence
překročit meze své pravomoci	выйти за рамки своей компетенции, превысить свои полномочия	to exceed one's authority
spadat do pravomoci *koho*	входить в компетенцию *кого*	to fall within one's competence
PRAVOSLAVÍ	православие *(-ия) s*	orthodox church
PRAVOVĚRNÝ	ортодоксальный	orthodox
PRECEDENS	прецедент *(-а) m*	precedent
parlamentní precedens	парламентский прецедент	parliamentary precedent
soudní precedens	судебный прецедент	judicial precedent
PREFERENCE	предпочтение *(-ия) s*, преференция *(-ии) ž*	preference

PREFERENČNÍ	преференциальный	preferential
preferenční pořadí	порядок предпочтения	preferential ranking
preferenční uspořádání	упорядочение по предпочтению	preferential arrangement
PREMIÉR	премьер-министр *(-а) m,* премьер *(-а) m*	prime minister
odvolat premiéra	отозвать премьера	to recall, remove the Prime Minister
PREPARÁT	препарат *(-а) m*	preparation
preparáty na ochranu dřeva	препараты для защиты древесины	wood-protection preparation
PRESUMPCE	презумпция *(-ии) ž*	presumption
presumpce neviny	презумпция невиновности	presumption of innocence
PRETENDENT	претендент (-а) *m*	applicant, aspirant
PRETENDOVAT *d/n nač*	претендовать *на что*	to seek, lay claim to
PREVENCE	предупреждение *(-ия) s*	prevention
prevence užívání narkotik	предупреждение потребления наркотиков	drug abuse prevention
prevence zločinnosti	предупреждение преступности	crime prevention
PREZIDENT	президент *(-а) m*	president
PRCHLIVOST	вспыльчивость *(-и) ž*	short temper
"PRIMÁRKY" (volby)	праймериз *(-а) m*	primaries
PRIMÁTOR	мэр *(-а) m,* губернатор *(-а) m*	lord mayor
znovuzvolený primátor	вновь избранный мэр	re-elected lord mayor
PRIMÁTORSKÁ ADMINISTRATIVA	мэрия *(-ии) ž*	city council, municipality

PRIORITA	приоритет *(-а) m*	priority
PRIORITNÍ	привилегированный	preferred, preferencial
prioritní akcie	привилегированная акция	preferencial stock
prioritní dividenda	привилегированный дивиденд	preferred dividend
PRIVATIZACE	приватизация (-ии) *ž*, ваучеризация (-ии) *ž*	privatization
privatizace obytného fondu	приватизация жилого фонда	privatization of housing
privatizace státního majetku	приватизация государственного имущества	privatization of state property
PRIVATIZAČNÍ	приватизационный	privatization
privatizační projekt	приватизационный проект	privatization project
privatizační vlna	приватизационная волна, этап приватизации	privatization wave
předložit konkurenční privatizační projekt	предложить конкурентный приватизационный проект	to submit a competitive privatization project
PRIVATIZAČNÍ KUPON	ваучер (-а) *m*	privatization voucher
nominální hodnota kuponu	номинальная стоимость ваучера	nominal value of voucher
vložit, investovat kupony do ...	вложить ваучер в ...	to put vouchers into ...
PRIVATIZOVAT *nedok.*	приватизировать	to privatize
PROCENTO	процент *(-а) m*	percentage
PROCES	процесс *(-а) m*	process
přírodní proces	природные процессы	natural process
PRODAT *dok.*	продать, отпустить	to sell
prodat akcie	продать акции	to sell shares

prodat třetí osobě	продать третьему лицу	to sell to a third party
PRODEJ	продажа *(-и) ž*	sale
prodej na základě veřejné dražby	продажа на основе аукциона	auction sale
prodej na základě veřejné soutěže	продажа на основе конкурса	sale on the basis of public competition
prodej ve dražbě	продажа с молотка	auction sale
prodej ve velkém i malém	продажа оптом и в розницу	wholesale and retail sale
prodávat za hotové	продавать за наличный расчет	to make cash sales
PRODEJCE	продавец (*-вца*) *m*	seller
autorizovaný prodejce	авторизированный продавец	authorized seller
PRODLENÍ	просрочка *(-и) ž*, промедление *(-ия) s*	delay
nebezpečí z prodlení	опасность просрочки	danger in case of delay
být v prodlení	допустить просрочку	to be in default
PRODLOUŽENÍ	пролонгация *(-ии) ž*, пролонгирование *(-ия) s*	extension, prolongation
prodloužení lhůty platnosti	продление срока действия	extension of validity
PRODLOUŽIT *dok.*	продлить	to extend, prolong
prodloužit termín splatnosti	продлить срок уплаты	to extend the terms of payment
PRODUCENT	производитель (-я) *m* продуцент *(-а) m*	producer
zemědělský producent	сельскохозяйственный продуцент	farm producer
PRODUKT	продукт *(-а) m*	product
hrubý domácí produkt	валовой отечественный продукт	gross domestic product
hrubý národní produkt	валовой национальный продукт	gross national product

+ výše hrubého domácího produktu	объем валового отечественного продукта	volume of gross domestic product
PROFESIONÁL	профессионал *(-а) m*	professional
profesionálové fondu	профессионалы фонда	fund professionals
PROGNOSTICKÝ	прогнозный	prognostic
PROGNOSTIK	прогнозист *(-а) m*	prognostic
PROGNÓZOVÁNÍ	прогнозирование *(-ия) s*	prognosis
geografické prognózy	географическое прогнозирование	geographical prognosis
teorie a metody prognózování	теория и методы прогнозирования	prognosis theory and methods
PROGNÓZOVAT *nedok.*	прогнозировать	to predict, forecast
prognózovat hranici inflace	прогнозировать предел инфляции	to forecast the level of inflation
PROGRAM	программа *(-ы) ž*	programme
program stran	программа партий	programme of the parties
PROGRAMÁTOR	программист *(-а) m*	programmer
PROHLÁSIT *dok.*	признать	to announce, declare
prohlásit za nesolventní	признать неплатежеспособным	to declare insolvent
PROHLÁŠENÍ	декларация *(-ии) ž*	declaration, statement
daňové prohlášení	налоговая декларация	tax return
tarifní prohlášení	тарифная декларация	tariff declaration
PROHLÁŠENÍ (písemné)	подписка *(-и) ž*	written statement
dát písemné prohlášení *někomu o něčem*	дать подписку *кому о чем*	to submit a written statement about st to sb
PROHŘEŠEK	погрешность *(-и) ž*	transgression
mírné prohřešky	небольшие погрешности	minor transgressions
PROCHÁZKA (zdravotní)	моцион *(-а) m*	constitutional

PROJEDNAT *dok.*	рассмотреть, разобрать	to discuss, deal with, hear, consider
projednat odvolání	рассмотреть апелляцию	to consider an appeal
projednat soudně	разобрать в суде	to hear a case
PROKURÁTOR	прокурор *(-а) m*	public prosecutor
PROKURISTA	прокурист *(-а) m*, доверенный *(-ого) m*	senior clerk
PROLONGACE	отсрочка *(-и) ž*	extension, renewal
PROLONGOVAT *d/n*	отсрочить	to extend, renew, prolong
prolongovat směnku	отсрочить вексель	to renew a bill of exchange
PROMEDOL	промедол *(-а) m*	Promedol
PROMEŠKAT *dok.*	просрочить, упустить	to lose, miss
promeškat dodací lhůtu	просрочить срок поставки	to miss delivery terms
promeškat příležitost	упустить случай	to miss an opportunity
PROMÍTACÍ ZAŘÍZENÍ	киноустановка *(-и) ž*	film projector
PROMLČECÍ LHŮTA	срок *(-а) m* давности, давностный срок *(-а) m*	period of limitation
PRONÁJEM	аренда *(-ы) ž*	hire, lease
dlouhodobý pronájem	долгосрочная аренда	long-term lease
PRONÁJEM (plavidla na přepravu nákladu)	фрахт *(-а) m*	charter
PRONAJÍMAT *nedok. někomu něco*	сдавать в аренду *что кому*	to hire, let, lease
PRONAJÍMATEL	наймодатель *(-я) m*	leaser
PRONAJMOUT *dok.*	арендовать	to let, lease, hire
PROPADNUTÍ (termínu)	истечение *(-ия) s*	expiration

propadnutí lhůty	истечение срока	expiration of a term
PROPAGANDA	пропаганда *(-ы) ž*	propaganda, publicity campaign
intenzivní, soustředěná propaganda	массированная пропаганда	massive propaganda
tisková propaganda	пропаганда при помощи печати	press propaganda
vést propagandu *proti někomu*	вести пропаганду *против кого*	to carry on propaganda against sb
PROPAGOVAT *nedok.*	рекламировать	to advertise, promote
propagovat emisi akcií	рекламировать выпуск акций	to promote a share issue
PROPLACENÍ	оплата *(-ы) ž*, уплата *(-ы) ž*	payment
PROPLATIT *dok.*	оплатить *(-чу,-тишь)*	to pay off, pay out, repay
proplatit osobní pojistku	оплатить личное страхование	to pay personal insurance
PROPOČÍTAT *dok.*	рассчитать	to calculate
propočítat náklady	рассчитать издержки	to calculate costs
PROPUSTIT *dok.* **NA REVERZ**	освободить на поруки	to release on probation
PROSTITUCE	проституция *(-ии) ž*	prostitution
+ zadržet nezletilé za provozování prostituce	задержать малолеток за занятие проституцией	to detain the underage for prostitution
PROSTITUTKA	проститутка *(-и) ž*, путана *(-ы) ž*	prostitute, streetwalker
+ prostitutka placená ve valutách	валютная проститутка, “интердевочка”	prostitute paid in foreign currency
PROSTOR	пространство *(-а) s*	space
jednotný ekonomický prostor	единое экономическое пространство	common economic area
vzdušný prostor	воздушное пространство	airspace

vtrhnout do vzdušného prostoru	вторгнуться в воздушное пространство	to violate airspace
PROSTŘEDEK	средство *(-a) s*, вещество *(-a) s*	means
antikoncepční prostředky	контрацептивные, противозачаточные средства	contraceptives
omamný prostředek	одурманивающее средство	narcotic
povzbuzující prostředek	стимулирующее средство	stimulant
slzotvorné prostředky	слезоточивые вещества	tear-forming substances, lachrymony agents
uspávací prostředek, hypnotikum	снотворное средство	sleeping drug, hypnotic
prostředek proti bolesti	обезболивающее средство	analgesic, painkiller
prostředky na výživu rodiny	средства на содержание семьи	maintenance
PROSTŘEDÍ	среда *(-ы) ž*	environment, surroundings
životní prostředí	окружающая среда	environment
zhoršení životního prostředí	ухудшение окружающей среды	deterioration of environment
PROSTŘEDKY	средства *(-0) mn*	means
sdělovací prostředky	масс-медия	mass-media
PROTĚJŠEK	противоположная сторона *(-ы) ž*, визави *neskl. m i ž*, противоположность *(-и) ž*, антипод *(-a) m*	partner, counterpart
PROTESTANT	протестант *(-a) m*	protestant
PROTESTANTISMUS	протестантизм *(-a) m*	protestantism
PROTIKLAD	противоположность *(-и) ž*, контраст *(-a) m*	contradiction, contrast

+ protiklad mezi městem a vesnicí	контраст между городом и деревней	contrast between town and country
PROTINABÍDKA	встречное предложение *(-ия) s*	counter proposal
PROTOKOL	протокол *(-а) m*	minutes, record
diplomatický protokol	дипломатический протокол	protocol
sepsat protokol	составить протокол	to put st down on record
+ podepsat přijaté protokoly	завизировать согласованные протоколы	to sign approved records
PROVÁDĚCÍ	исполнительный	executive, operational
prováděcí dohoda	исполнительное соглашение	executive agreement
prováděcí předpis	исполнительное предписание	rule of practice
prováděcí předpisy	правила внутреннего распорядка	rules of practice
PROVÉST *dok.*	выполнить, совершить	to carry out, conduct, perform
provést převod peněz	выполнить перевод денег	to transfer money
provést valutové operace	совершить валютные операции	to make currency transactions
PROVIZE	вознаграждение *(-ия) s,* проценты *(-ов) mn*, комиссия *(-ии) ž*	commission
akreditivní provize	аккредитивная комиссия	L/C (letter of credit) commission
bankovní provize	банковская комиссия	bank commission
garanční provize	гарантийная комиссия, комиссия за гарантию	commission for a guarantee
inkasovat provizi	инкассировать, получить вознаграждение	to collect a commission
+ domluvit se na výši provize	договориться о размерах вознаграждения	to agree upon the commission

PROVIZORIUM	временное положение *(-ия) s*, состояние *(-ия) s*	makeshift, stopgap
ústavní provizorium	конституционное временное положение	provisional constitutional arrangement
PROVOZNÍ	рабочий	operating
provozní deník	рабочий журнал	factory journal
provozní náklady	себестоимость эксплуатации	operating costs
PROVOZOVÁNÍ	эксплуатация *(-ии) ž*	operation
PROZATÍMNÍ OPATŘENÍ	временная мера *(-ы) ž*, паллиатив *(-а) m*	temporary measure
PRŮHLEDNOST	транспарентность *(-и) ž*	transparency
PRŮKAZ (osobní)	документ *(-а) m*, визитная карточка *(-и) ž*	card, pass
PRŮKAZ	удостоверение *(-ия) s*	card, certificate
průkaz totožnosti	удостоверение личности	identity card
PRUT ZLATA	золотые слитки *(-ов) mn*, золото *(-а) s* в слитках	gold ingot
PRŮVODCE	гид *(-а) m*	guide
průvodce, který zároveň překládá	гид-переводчик	guide
PRŮVODNÍ	сопроводительный, препроводительный	covering
průvodní dopis	сопроводительное письмо	covering letter
průvodní jev	сопутствующее явление	concomittant circumstance

PRVOVÝROBCE	первичный производитель *(-я) m*	primary producer
zemědělský prvovýrobce	сельскохозяйственный первичный производитель	agricultural primary producer
+ náklady prvovýrobců stoupají	расходы первичных производителей растут	primary costs are increasing
PŘEBYTEK	излишек *(-шка) m*, избыток *(-тка) m*	surplus money
odvádět přebytky	сдавать излишки	to deliver surplus money
PŘEČERPAT *dok.*	перебрать	to overdraw
přečerpat účet	перебрать счет	to overdraw an account
PŘEDÁVKOVÁNÍ	передозировка *(-и) ž*	overdosage, overdose
PŘEDBĚŽNÝ	предварительный	preliminary
předběžný rozhovor	предварительные переговоры	preliminary talks
předběžné zadržení	предварительное заключение	remand
vést předhovor	вести предварительные переговоры	to have preliminary talks
PŘEDLOŽIT *dok.*	предъявить *(-влю, -вишь)*, представить	to submit, present
předložit k podpisu	представить на подпись	to submit for signature
předložit k projednání	поставить, дать, вынести на обсуждение	to submit for discussion
předložit k úhradě	предъявить к уплате	to present for payment
předložit k výplatě	предъявить к оплате	to present for payment
předložit ke schválení	внести на утверждение	to submit for approval
PŘEDPIS	предписание *(-ия) s*	regulation, rule
pracovně právní předpisy	трудовое законодательство	work regulations
služební předpisy	служебные предписания	service regulations
jednat podle předpisů	действовать согласно предписаниям, инструкциям	to observe regulations

PŘEDPLÁCET SI *nedok.* *co*	абонировать *что*, подписываться *на что*	to subscribe to
předplatit noviny	выписать газету	to subscribe to a newspaper
předplatit si vydání se slevou	подписаться на издание со скидкой	to subscribe to an edition with a discount
PŘEDPLATITEL	подписчик *(-а) m*	subscriber
PŘEDPLATITELSKÝ	абонементный	subscription
předplatitelská služba	абонементное обслуживание	subscription service
PŘEDPLATNÉ	абонемент *(-а) m*, абонентная подписка *(-и) ž*, подписка *(-и) ž*	subscription, season ticket
novinové předplatné	абонентная плата за газету	newspaper subscription
zlevněné předplatné	льготная подписка	reduced subscription
cena předplatného	подписная цена	subscription price
předplatné na druhé pololetí	подписка на второе полугодие	subscription for the second half of the year
předplatné na noviny	абонемент, подписка на газету	newspaper subscription
PŘEDSEDNICTVÍ	председательство *(-а) s*	chairmanship
za předsednictví *koho*	под председательством *кого*	chaired by
PŘEDSEDNICTVO	президиум *(-а) m*	board
čestné předsednictvo	почетный президиум	honorary board
pracovní předsednictvo	рабочий президиум	working board
užší předsednictvo	бюро президиума	bureau
zvolit předsednictvo	избрать президиум	to elect a board
PŘEDSTAVENSTVO	правление *(-ия) s*, совет *(-а) m*	management, board of directors
PŘEDSTAVITEL	представитель *(-я) m*	representative
obchodní představitel, ředitel obchodního zastupitelství	торговый представитель, торгпред	trade representative

PŘEDSUDEK	предрассудок *(-дка) m*	prejudice
společenské předsudky, konvence	светские предрассудки	social prejudice
odbourávat společenské předsudky	устранять светские предрассудки	to be unprejudiced
PŘEDVOLEBNÍ	предвыборный	pre-election
předvolební kampaň	предвыборная кампания	election campaign
PŘEHLED („svodka", souhrnná zpráva)	сводка (-и) ž	outline, overview, digest
denní přehled	суточная сводка	daily digest
+ souhrnný přehled kriminálních případů	сводка криминальных происшествий	general survey of crime
PŘEHLÍDKA	показ *(-а) m*	show
profesionální módní přehlídka	профессиональный показ мод	professional fashion show
PŘEKROČIT *dok.*	превысить	to exceed, overdraw
překročit tržní kurz	превысить рыночный курс	to exceed the market rate
PŘECHOD	переориентация *(-ии) ž,* перепрофилирование *(-ия) s*	change-over, transition, re-orientation to
(na civilní výrobu)	(на гражданскую продукцию)	(civil production)
PŘEKUPNÍK (valut)	валютчик *(-а) m*, перекупщик валюты	middleman
PŘELÉVÁNÍ	перелив *(-а) m*	floating, mobility
přelévání kapitálu	перелив капитала	floating, mobility of capital
PŘELIDNĚNÍ	перенаселение *(-ия) s*	overpopulation
PŘEPADENÍ	нападение *(-ия) s*	assault, attack, raid
loupežné přepadení	разбойное нападение	robbery with violance

zákeřné přepadení	коварное нападение	treacherous assault
PŘEPADNOUT *dok.* *někoho*	совершить нападение *на кого*	to assault, attack
PŘEPÁŽKA	отдел *(-а) m*	counter
listovní přepážka	отдел писем	letter counter
pracovník u přepážky	работник отдела	counter clerk
PŘEPÍNAT *nedok.*	передавать линию	to switch over
přepínat na Mnichov	передавать линию Мюнхену	to switch over to Munich
PŘEPLATEK	переплаченная сумма *(-ы) ž*, переплата *(-ы) ž*	surplus payment, overpayment
PŘEPOČÍTÁVAT *nedok.*	пересчитывать	to convert (into), recount
přepočítávat ruble na koruny	пересчитывать рубли на кроны	to convert roubles into crowns
PŘEPRAVA (vězňů)	переправка *(-и) ž*	transportation
PŘEPRAVNÉ	плата *(-ы) ž* за перевозку груза	freight
PŘEROZDĚLIT *dok.*	перераспределить	to allocate
přerozdělit zisky	перераспределить прибыли	to allocate profit
PŘERUŠIT *dok.*	прекратить	to break, interrupt
přerušit výrobu podle licence	прекратить производство по лицензии	to cease production under licence
PŘESTAVBA	перестройка *(-и) ž*	transformation
přestavba společenského systému	перестройка общественной системы	transformation of the social system
PŘESTŘELKA	перестрелка *(-и) ž*	gunfight
PŘESTUPEK	проступок *(-пка) m*	misdeed, offence

dopravní přestupek	нарушение правил уличного движения	driving offence
PŘEVAHA	превосходство *(-а) s*, преимущество *(-а) s*, перевес *(-а) m*	superiority
mít převahu v živé síle, početní převahu	иметь численное превосходство	to have superior strength, the odds are in sb's favour
PŘEVÉST *dok.*	авалировать, перевести	to remit, transfer
převést směnku	авалировать вексель	to guarantee a bill
převést částku	перевести сумму	to remit a sum
PŘEVOD (valuty, zlata z jedné země do druhé)	трансферт *(-а) m*	transfer (of currency, gold)
PŘEVOD	перевод *(-а) m*	transfer
převod peněz do cizích bank	перевод денег в иностранные банки	money transfer to foreign banks
PŘEVRAT	переворот *(-а) m*	coup d'e'tat
pokus o převrat	попытка переворота	coup d'e'tat attempt
+ potlačit pokus o převrat v zárodku	подавить попытку переворота в зародыше	to nip st in the bud
PŘEVYZBROJENÍ ARMÁDY	перевооружение *(-ия) s* армии	rearmament
PŘEVZÍT *dok.*	принять	to accept, take over, undertake
převzít dodávku	принять поставку	to take delivery of
PŘÍBUZNÝ	родственник *(-а) m*	relative, relation
vzdálený příbuzný	дальний, отдаленный родственник	remote kinsman
příbuzný v řadě přímé	родственник по прямой линии	next of kin
PŘÍČETNOST	вменяемость *(-и) ž*	sanity
PŘÍČETNÝ	вменяемый *(-ого) m*	sane
+ uznat, pokládat *někoho* za příčetného,odpovědného	признать *кого* вменяемым	to be certified sane

PŘÍDAVEK	надбавка *(-и) ž*, пособие *(-ия) s*	addition, allowance, bonus
rodinný přídavek	надбавка на семью, семейные пособия	family allowance
přídavek k platu	надбавка к зарплате	bonus, premium
přídavek na děti	пособие на детей	child allowance
PŘIHLÁSIT *dok.*	заявить	to apply for
přihlásit k registraci	заявить к регистрации	to apply for registration
PŘIHLÁŠKA K POBYTU	прописной листок *(-тка) m*	entry form
PŘÍJEM	доход *(-а) m*	income, return, revenue
příjmy z podnikání	доходы от предпринимательства	income from business
zatajení příjmů	сокрытие доходов	concealment of revenue
zdroj příjmů	источник доходов	source of revenue
zúčtování příjmů	исчисление доходов	settlement of revenue
PŘIJÍMÁNÍ	причащение *(-ия) s*	communion
přijmout svátost oltářní	принять святое причастие,причаститься	to go to holy communion
PŘÍKAZ	поручение *(-ия) s*	instruction, order, advice
akreditivní příkaz	аккредитивное поручение	letter of credit
bankovní příkaz	банковское поручение	banker's order
burzovní příkaz	биржевое поручение	stop-loss order
inkasní příkaz	инкассовое поручение	payment advice
peněžní příkaz	денежное поручение	money order
telegrafický platební příkaz	телеграфное платежное поручение	wire remittance order
+ kopie platebního příkazu s razítkem, potvrzením banky	копия платежного поручения с отметкой банка	remittance order copy stamped by a bank
+ na platebním převodu je třeba uvést, uveďte:	в платежном поручении следует указать:	remittance order must contain:
PŘIKÁZÁNÍ	заповедь *(-и) ž*	commandment
desatero božích přikázání	десять заповедей	ten commandments

nedodržet přikázání	нарушить заповедь	not to keep commandment
PŘIKÁZAT *dok.*	поручить	to command, order
přikázat provádět platby	поручить производить платежи	to order to make payments
PŘÍKAZCE	комитент *(-а) m*, консигнант *(-а) m*, мандант *(-а) m*, доверитель *(-я) m*	client, customer
PŘILBA	каска *(-и) ž*	helmet
modré přilby	голубые каски	blue helmets
PŘÍLIV	приток *(-а) m*	drift, inflow, tide
migrační příliv	миграционный приток	immigration drift
příliv obyvatelstva	приток населения	inflow of population
PŘÍLOHA (novinová)	вкладыш *(-а) m*, приложение *(-ия) s*	supplement
sobotní příloha	субботняя вкладка, субботнее приложение	Saturday supplement
PŘÍMĚŘÍ	перемирие *(-ия) s*, затишье *(-ья) s*	armistice, truce
dodržovat příměří	соблюдать перемирие	to observe an armistice
vyhlásit příměří	объявить перемирие	to declare a truce
+ příměří garantuje...	гарантом перемирия выступает...	truce is guaranteed by ...
+ příměří se rozšířilo na celé území	перемирие распространилось на всю территорию	truce has spread to the whole territory
PŘÍPLATEK	дополнительная плата *(-ы) ž*, начисление *(-ия) s*	extra payment
PŘIPLATIT *dok.*	доплатить *(-чу,-тишь)*	to pay extra
připlatit úrazové pojištění	доплатить за страхование от несчастных случаев	to pay extra for accident assurance

PŘIPOČÍTAT *dok.*	начислить	to accrue, add
připočítat úroky z vkladu	начислить проценты по вкладу	to accrue interest on deposits
PŘIPOJIŠTĚNÍ	дополнительное страхование *(-ия) s*, страховка *(-и) ž*	supplementary insurance
důchodové připojištění	пенсионное дополнительное страхование	superannuation scheme
úrazové připojištění	дополнительное страхование несчастного случая	supplementary accident insurance
PŘÍPRAVEK	препарат *(-а) m*	preparation, medicine
PŘIPSAT *dok.*	отнести	to add
připsat k dobru	отнести в кредит счета	to credit sb with st
PŘIRAZIT *dok.*	надбавить	to put up
přirazit k ceně	надбавить к цене	to put up the price
PŘIRÁŽKA	накидка *(-и) ž* (к цене), наценка *(-и) ž*, надбавка *(-и) ž* (к зарплате), начисление *(-ия) s*	surcharge
dovozní přirážka	импортная накидка	import surcharge
uplatňování přirážky	введение накидки	imposition of a surcharge
PŘÍRODA	природа *(-ы) ž*	nature
ochránce přírody	природоохранитель	environmentalist
přetváření přírody	преобразование природы	nature transformation
užívání přírody	природопользование	nature exploitation
využití přírody	природоиспользование	nature exploitation
zachování přírody	сохранение природы	nature preservation
PŘÍRODNÍ	природный	natural
přírodní krásy	красота природы	natural beauties
přírodní prostředí	природная среда	natural environment

PŘIROZENÝ	естественный	natural
přirozený přírůstek obyvatel	естественный прирост населения	natural birth rate
PŘÍSAHA	присяга *(-и) ž* (voj.)	oath
složit přísahu	принести присягу	to take an oath
PŘÍSPĚVEK	пособие *(-ия) s*, дотация *(-ии) ž*	allowance, contribution, subsidy
jednorázový příspěvek	единовременное пособие	single subsidy
mateřský příspěvek	пособие по уходу за новорожденным, пособие по беременности и родам	family child allowances, maternity benefit
příspěvek na stravování	дотация на питание	food allowance
příspěvek při narození dítěte	пособие по случаю рождения ребенка	maternity grant
příspěvek při přeškolování	пособие по реквалификации	requalification grant
odejmout příspěvky *komu*	лишить *кого* пособия, пособий	to cut off allowances
vyplácet příspěvky	выплачивать пособия	to pay allowances
PŘISTĚHOVALEC	переселенец *(-нца) m*, иммигрант *(-а) m*, пришелец *(-льца) m*	immigrant
PŘÍSTUPNOST	сговорчивость *(-и) ž*	open mind
počítat *s něčí* přístupností	рассчитывать на сговорчивость *кого*	to rely on sb's open mind
PŘÍVRŽENEC	приверженец *(-нца) m*, сторонник *(-а) m*	follower, supporter
PŘIZNAT *dok.*	декларировать	to admit, confess
přiznat příjmy	декларировать доходы	to declare income
PŘÍŽIVNICTVÍ	иждивенчество *(-а) s*	parasitism
PSYCHOGENNÍ	психогенный	psychogenic
psychogenní látky	психогенные вещества	psychogenic substances

PSYCHÓZA	психоз *(-а) m*	psychosis
kokainová psychóza	кокаинный психоз	cocaine psychosis
PUBLICITA	паблисити *neskl. s*	publicity
PUČ	путч *(-а) m*	coup d'e'tat
protidemokratický puč	антидемократический путч	antidemocratic coup d'e'tat
PŮDA	земля *(-и) ž*, почва *(-ы) ž*	soil
písečné půdy	песчаные почвы	sandy soil
eroze půdy	эрозия почвы	soil erosion
racionální využití půd	рациональное использование земель	reasonable soil exploitation
úrodnost půd	плодородие земель	soil fertility
PŮJČIT *dok.*	занять *(займу,займёшь)*	to borrow, lend
půjčit si peníze	занять деньги	to borrow money
PŮJČKA	заём *(займа) m*, ссуда *(-ы) ž*	loan
bezúročná půjčka	беспроцентная ссуда	interest-free loan
nevratná půjčka	безвозвратная ссуда	non-repayable subsidy
splácení půjček	погашение займов	repayment of a loan
poskytnout půjčku	предоставить заем	to grant a loan
vymezit půjčku	определить сумму займа	to determine a loan value
žádat o půjčku	просить ссуду	to apply for a loan
PŮSOBENÍ	воздействие *(-ия) s*	action, impact
škodlivé působení	вредное воздействие	detrimental action
doba působení	время воздействия	action period
PŮSOBIT *nedok.*	действовать, оказать воздействие	to act, be effective, work
působit na trhu	действовать на рынке	to be effective on the market
působit na poptávku	оказать воздействие на спрос	to exercise influence on demand

R

RABAT	уступка *(-и) ž*, скидка *(-и) ž*	discount, reduction
celní rabat	таможенная скидка	customs discount
dealerský rabat	дилерская скидка	dealer discount
okamžitý rabat	кассовая уступка	cash discount
rabat z ceny	уступка с цены, в цене	price reduction
koupit se slevou	купить при условии скидки	to buy at a discount
RADA	совет *(-а) m*	council
městská rada	муниципальный совет	city council
správní rada	управленческий совет	board of directors
RADIACE	радиация *(-ии) ž*	radiation
radiace Slunce	радиация Солнца	solar radiation
+ Mezinárodní komise na ochranu před radiací	международная комиссия по радиационной защите	International Commission for Radiation Protection
RADIAČNÍ	радиационный	radiation
radiační bezpečnost	радиационная безопасность	radiation safety
radiační prostředí	радиационная обстановка	radiation situation
RADIKÁLNÍ	радикальный, крайний	fundamental radical
radikální přesvědčení	крайние убеждения	strong conviction
radikální strana	радикальная партия	radical party
RADIOAKTIVITA	радиоактивность *(-и) ž*	radioactivity
RADIOAKTIVNÍ	радиоактивный	radioactive
radioaktivní deště, srážky	радиоактивные осадки	radioactive rain
radioaktivní rozpad	радиоактивный распад	radioactive decay
radioaktivní zamoření	радиоактивное загрязнение	radioactive contamination
+ obsah radioaktivních látek v organismu	содержание радиоактивных веществ в организме	contents of radioactive substances in an organism

RADIOMETR	радиометр *(-а) m*	radiometer
RADNICE (úřad)	мэрия *(-ии) ž*	city council
RAKETA	ракета *(-ы) ž*	missile
balistická raketa	баллистическая ракета	ballistic missile
jaderná raketa	ядерная ракета	nuclear missile
jaderné okřídlené rakety	ядерные крылатые ракеты	nuclear cruise missile
mezikontinentální raketa	межконтинентальная ракета	intercontinental missile
nosná raketa	ракета-носитель	missile carrier
deaktivovat raketu	деактивировать, обезвредить ракету	to neutralize a missile
+ demontovat raketu	демонтировать ракету	to dismantle a missile
+ rakety se základnami na souši i na moři	ракеты наземного и морского базирования	surface- and sea-based missiles
RAKETOPLÁN	корабль *(-я) m* многоразового использования	space shuttle
posádka raketoplánu	экипаж корабля	space shuttle crew
RAMPA	ракетная установка *(-и) ž*	launching pad
podzemní rampa	шахтная ракетная установка	underground launching pad
+ podzemní odpalovací rampa mezikontinentálních balistických střel	шахтная пусковая установка межконтинентальных баллистических ракет	underground launching pad of intercontinental ballistic missiles
RASA	раса *(-ы) ž*	race
bílá rasa	белая раса	white race
černá rasa	черная раса	black race
negroidní rasa	негроидная раса	negroid race
žlutá rasa	желтая раса	mongoloid race
RASISMUS	расизм *(-а) m*	racism
RATIFIKACE	ратификация *(-ии) ž*	ratification
ratifikace smlouvy	ратификация договора	ratification of a treaty

RATIFIKAČNÍ	ратификационный	ratification
ratifikační listiny	ратификационные грамоты	ratification instrument
RATING	рейтинг *(-а) m*	rating
RAZIE	облава *(-ы) ž*	raid
razie na zločince	облава на преступников	raid on criminals
RAZÍTKO	штамп *(-а) m*	stamp
hranaté razítko	угловой штамп	square stamp
kulaté razítko	круглый штамп	round stamp
razítko s podpisem	гриф	signature stamp
RAZÍTKOVAT *nedok.*	штамповать, ставить штамп	to stamp, affix a stamp
RAŽBA	чеканка *(-и) ž*	coinage
RECEPCE	приём *(-а) m*, банкет *(-а) m*	reception
uspořádat recepci	дать, устроить банкет	to hold a reception
+ být přítomen na recepci	присутствовать на приеме	to take part in a reception
+ účastnit se recepce	принять участие в	to be present at a reception
na velvyslanectví RF	приеме в посольстве РФ	at an embassy
RECESE (ekonom.)	застой *(-я) m*	recession
hluboká recese	глубокий застой	great recession
RECESISTA	эксцентричный человек *(-а) m*	prankster
RECIDIVISTA	преступник-рецидивист *(-а) m*	habitual offender
zloděj recidivista	вор-рецидивист	habitual thief
RECIRKULACE	рециркуляция *(-ии) ž*	recirculation
recirkulace vody	рециркуляция воды	water recirculation
REEMIGRACE	реиммиграция *(-ии) ž*	re-emigration

REFERENDUM	refer<u>e</u>ndum *(-a) m* → референдум *(-а) m*	plebiscite, referendum
vyhlásit referendum	объявить референдум	to hold a referendum
REFORMA	реф<u>о</u>рма *(-ы) ž*	reform
cenová reforma	реформа цен	price reform
daňová reforma	налоговая реформа	reform of the tax system
zásadní reforma	глубокая реформа	sweeping reform
reforma tvorby cen	реформа ценообразования	pricing policy reform
reforma zemědělství	реформа сельского хозяйства	agricultural reform
zahájení reformy	начало реформы	launching of a reform
spustit daňovou reformu	запустить *(-пущ<u>у</u>,-п<u>у</u>стишь)*, начать налоговую реформу	to launch a reform of the tax system
REGION	реги<u>о</u>н *(-а) m*	region
REGIONÁLNÍ	регион<u>а</u>льный	regional
regionální struktura	структура региона	regional structure
REHABILITACE	реабилит<u>а</u>ция *(-ии) ž*	rehabilitation
rehabilitace stíhaných	реабилитация репрессированных	rehabilitation of the persecuted
REHABILITOVAT *d/n*	реабилит<u>и</u>ровать	to rehabilitate
REJSTŘÍK	ре<u>е</u>стр *(-а) m,* рег<u>и</u>стр *(-а) m,* сп<u>и</u>сок *(-ска) m*	register, index record
trestní rejstřík	картотека правонарушителей	previous convictions
REJSTŘÍK (objektů pro výpočet daně)	кад<u>а</u>стр *(-а) m*	register, record
REKLAMA	рекл<u>а</u>ма *(-ы) ž*	advertisment, publicity, advertising
obchodní reklama	торговая реклама	commercial
světelná reklama	световая реклама	flashing sign
vtíravá reklama	навязчивая реклама	persuasive advertising
reklama firmy	реклама фирмы	corporate advertising
rozpočet na reklamu	смета расходов на рекламу	advertising budget

vliv reklamy	воздействие рекламы	impact of advertising
umístit reklamu	установить рекламу	to place an advertisment
REKLAMNÍ	рекламный	advertising, publicity
reklamní agentura	рекламное агентство	publicity agency
REKLAMOVAT *d/n*	заявить претензию, заявить рекламацию	to complain about
reklamovat kvalitu zboží	заявить претензию на качество товара	to complain about poor-quality goods
REKREAČNÍ	рекреационный	holiday, leisure
rekreační zóna, oblast	зона отдыха, рекреационная зона	holiday area
RENTABILITA	доходность *(-и) ž*, рентабельность *(-и) ž*	profitability
RENTABILNÍ	рентабельный	profitable
RENTOVAT SE *nedok.*	самоокупиться	to be profitable, pay
REPARACE	репарации *(-ий) mn*	reparations *mn*
válečné reparace	военные репарации	war reparations
nárokovat si reparace	требовать репараций	to lodge a claim to reparations
REPRESE	репрессия *(-ии) ž*	repression, suppression
uvalit represe	подвергать репрессии	to repress, suppress
REPRESIVNÍ	репрессивный	repressive
represivní opatření	репрессивные меры	repressive measures
represivní orgány	репрессивные органы	repressive bodies
REPRODUKCE	воспроизводство *(-a) s*	reproduction
reprodukce lesních zdrojů	воспроизводство лесных ресурсов	forest reproduction
schopnost reprodukce	репродуктивная способность	reproductive ability
RESPONDENT	респондент *(-a) m*	respondent

RESTAURÁTOR	реставратор *(-а) m*	restorer
RESTITUCE	реституция *(-ии) ž*	restitution
vzájemná restituce	взаимная реституция	mutual restitution
restituce (církevního) majetku	реституция (церковного) имущества	restitution of (church) property
RESTITUČNÍ	реституционный	restitution
restituční nároky	реституционные требования, права	restitution claims
uplatnit restituční nároky	выступить с реституционными требованиями	to set up restitution claims
uspokojit restituční nároky	удовлетворить реституционные требования	to make restitution
REVALVACE	ревальвация *(-ии) ž*	revaluation
REVALVOVAT *d/n*	провести ревальвацию	to revalue
revalvovat korunu	провести ревальвацию кроны	to revalue the crown
REVIDOVAT *nedok.*	пересмотреть, проверить	to audit, check, revise
revidovat doklady	проверить документы	to audit records
revidovat smlouvu	пересмотреть договор	to revise a treaty
REVIZE	ревизия *(-ии) ž*, проверка *(-и) ž*	inspection
revize účtů	ревизия, проверка счетов	audit
REVIZOR	ревизор *(-а) m*	inspector
revizor účtů	бухгалтер-ревизор	auditor
REVOLUCE	революция *(-ии) ž*	revolution
sametová revoluce	бархатная революция	velvet revolution
REVOLUČNÍ	революционный	revolutionary
revoluční rada	революционный совет	revolutionary council

revoluční situace	революционная ситуация	revolutionary situation
ultralevicová revoluční rada	ультралевый революционный совет	extreme-left revolutionary council
REZERVACE (přírodní)	заказник *(-а) т*, заповедник *(-а) т*, резерват *(-а) т*	reservation, reserve
ekologická rezervace	экологический резерват	ecological reserve
ptačí rezervace	птичий резерват	bird sanctuary
síť přírodních rezervací	сеть заповедников	network of nature reserves
REZIGNOVAT *d/n*	сложить с себя полномочия, взять самоотвод	to resign
REZISTENCE	резистентность *(-и) ž*	resistence
REZOLUCE	резолюция *(-ии) ž*	resolution
protestní rezoluce	резолюция протеста	protest resolution
předložit k hlasování rezoluci	поставить резолюцию на голосование	to put a resolution to the vote
přijmout rezoluci	принять резолюцию	to approve a resolution
REZORT	ведомство *(-а) s*	department
REZORTNÍ	ведомственный	departmental
REŽIM	режим *(-а) т*	programme, regime, scheme, treatment
celní režim	таможенный режим	customs regime
demokratický režim	демократический режим	democratic regime
donucovací režim	принудительный режим	coercive regime
obecný režim	общий режим	general regime
pracovní režim	режим труда, работы	working regulations
preferenční režim	преференциальный режим	preferential treatment
směnný režim	сменный режим	shift system
standardní režim (na hranici)	обычный режим (на границе)	standard (frontier) regime

totalitní režim	тоталитарный режим	totalitarian regime
zvláštní režim	особый режим	special regime
zavést standardní režim	ввести, установить обычный режим	to adopt a standard programme
RISKOVAT *d/n*	пойти на риск	to run, take a risk
RIZIKO	риск *(-а) m*	risk
devizové riziko	валютный риск	currency risk
pojistné riziko	страховой риск	insurance risk
riziko podnikání	предпринимательский риск	risk (in any undertaking)
nést riziko	нести риск	to bear the risk
vystavovat se riziku	подвергаться риску	to run the risk of
RIZIKOVÝ	рисковой, связанный с риском	risky
RODINA	семья *(-ьи) ž*	family
málopočetná rodina	малочисленная семья	small family
rodina s nízkým příjmem	малообеспеченная семья	low-income family
RODINNÝ	семейный	family
rodinný podnik	семейное предприятие	family enterprise
rodinný rozpočet	семейный бюджет	family budget
+ dětský domov rodinného typu	семейный детский дом	children's home
RODNÝ LIST	свидетельство *(-а) s* о рождении	birth certificate
ROKER	рокер *(-а) m*, рокмен *(-а) m*	rocker
"ROLLER"	роллеры *(-ов) mn*	roller
ROMOVÉ	цыгане *(цыган) m*	Romanies
rómské iniciativy	инициатива цыган	Romany iniciatives
ROSTLINA	растение *(-ия) s*	plant
pouštní rostliny	растения пустыни	desert plant
stále zelená rostlina	вечнозеленое растение	evergreen plant

vzácné rostliny	редкие растения	rare plants
nové odrůdy rostlin	новые сорта растений	new plant varieties
ROSTLINSTVO	растительность *(-и) ž*	flora
vodní rostlinstvo	водная растительность	aquatic plants
ROVNOSTÁŘSTVÍ	уравниловка *(-и) ž*	egalitarianism
rovnostářství v odměňování za práci	уравниловка в оплате труда	wage-levelling
ROVNOVÁHA	равновесие *(-ия) s*	balance
vojensko-strategická rovnováha	военно-стратегическое равновесие	military-strategic balance
rovnováha v přírodě	равновесие в природе	balance of nature
ROZDĚLIT *dok.*	распределить	to divide
+ rozdělit úměrně počtu akcií	распределить пропорционально числу акций	to divide proportionately to the amount of shares
ROZHODNUTÍ	резолюция *(-ии) ž*	decision
rozhodnutí ředitele	резолюция директора	director's decision
ROZHODNUTÍ (přijaté hlasováním)	вотум *(-а) m,* решение *(-ия) s*	vote
ROZHVORY	переговоры *(-ов) mn*	dialogue, talks
uskutečněné rozhovory	состоявшиеся переговоры	realized talks
ROZKAZ (povolávací)	повестка *(-и) ž*	call-up card
ROZKRẠDAČ	расхититель *(-я) m*	plunderer, pilferer
ROZKRÁDÁNÍ	расхищение *(-ия) s,* растащиловка *(-и) ž, hovor.*	misappropriation, pilferage
ROZKRÁDAT *nedok.*	расхищать	to steal, plunder, misappropriate
rozkrádat majetek	расхищать имущество	to misappropriate property

ROZMNOŽOVÁNÍ	размножение *(-ия) s*	reproduction
nepohlavní rozmnožování	бесполовое размножение	asexual reproduction
ROZPAD	развал *(-а) m*	decline, disintegration, break-up
rozpad mocenských struktur	развал силовых структур	break-up of power structures
ROZPIS	развёрстка *(-и) ž*, разбивка *(-и) ž*, детализация *(-ии) ž*	schedule, specification
ROZPOČET	бюджет *(-а) m*, смета *(-ы) ž*	budget
státní rozpočet	государственный бюджет	government budget
přebytek rozpočtu	остаток бюджета	revenue budget
schodek v rozpočtu	дефицит бюджета	budget deficit
výdaje rozpočtu (rozpočtové výdaje)	расходы бюджета	budget expenditure
schválit předložený rozpočet	одобрить представленный бюджет	to approve a budget
snížit výdaje rozpočtu	урезать расходы бюджета	to cut a budget
vyrovnat schodek v rozpočtu	покрыть дефицит бюджета	to balance a budget
uvolnit z rozpočtu	выделить из бюджета	to allocate
ROZPOR	противоречие *(-ия) s*	contradiction, dissension
partikulární rozpory	партикулярные противоречия	particular contradictions
vnitrokoaliční rozpory	внутрикоалиционные противоречия	intracoalition dissension
+ tajit rozpory před veřejností	скрывать противоречия от общественности	to keep the public in the dark about the dissension
ROZPRODAT *dok.*	распродать	to sell out, sell off
rozprodat za vyšší ceny	распродать по более высоким ценам	to sell out at higher prices

ROZPUŠTĚNÍ	роспуск *(-а) m*	dissolution
rozpuštění parlamentu	роспуск парламента	dissolution of parliament
+ chystat se, připravovat se na rozpuštění nového parlamentu	настраиваться на роспуск нового парламента	to prepare to dissolve the new parliament
ROZSAH	объём *(-а) m*	extent, range
rozsah oprávnění	объем полномочий	limit of authority
rozsah působnosti	предмет регулирования	sphere of activity
ROZSÁHLÝ	широкомасштабный	extensive, vast
+ rozsáhlý systém protiraketové obrany	широкомасштабная система противоракетной обороны	large-scale system of antimissile defence
ROZSUDEK	приговор *(-а) m*, решение *(-ия) s* суда	judgment, sentence
osvobozující rozsudek	оправдательный приговор	acquittal
rozsudek smrti	смертный приговор	death sentence
vykonat rozsudek	привести приговор в исполнение	to execute a sentence
vynést rozsudek	вынести приговор	to pronounce judgment
ROZŠÍŘIT *dok.*	расширить, распространить	to enlarge, spread, distribute
rozšířit reklamní materiály	распространить рекламные материалы	to distribute advertising materials
rozšířit sortiment	расширить ассортимент	to enlarge an assortment
ROZTOK	раствор *(-а) m*	solution
kyselost roztoků	кислотность растворов	solution acidity
ROZTŘÍDIT *dok.*	рассортировать	to classify, sort
roztřídit údaje	рассортировать данные	to sort data
ROZVÁZAT *dok.*	расторгнуть	to undo, untie, terminate
rozvázat smlouvu	расторгнуть договор	to terminate an agreement
ROZVÁŽKA	извоз *(-а) m*	delivery
soukromá rozvážka	частный извоз	private delivery

ROZVĚDKA	разведка *(-и) ž*	espionage group, reconnaisance patrol
pracovat pro cizí rozvědku	работать на чужую разведку	to work for a foreign espionage group
+ získat *někoho* pro spolupráci s rozvědkou	завербовать *кого-н.* для работы в разведке	to recruit sb for a espionage group
ROZVÍJENÍ	развёртывание *(-ия) s*	development
rozvíjení obchodu	развертывание торговли	trade development
ROZVRAT	разложение *(-ия) s*, распад *(-а) m*	decline, disruption, disorganization
morální rozvrat společnosti	моральный упадок общества	moral decline of the society
rozvracet hospodářství	разлагать экономику	to disrupt economy
RUČENÍ	ручательство *(-а) s*, поручительство *(-а) s*, гарантия *(-ии) ž*	liability, security
státní úvěrové ručení	государственная гарантия кредита	government credit security
ručení fyzickou osobou	поручительство физического лица	person guarantee
ručení třetí osobou	поручительство третьего лица	third person liability
RUČIT *nedok.*	давать *в чем-либо* гарантию,гарантировать, ручаться	to be liable for, stand security for
ručit za hypotéku	ручаться за ипотеку	to stand security for a mortgage
ručit za úvěr	гарантировать кредит	to stand security for a credit
RUČITEL	поручитель *(-я) m*, гарант *(-а) m*	guarantor
RUKOJMÍ	заложник *(-а) m*	hostage
zajmout jako rukojmí	захватить в качестве заложников	to keep as a hostage

RUSOFOBIE	русофобия *(-ии) ž*	Russophobia
RUŠIT *nedok.*	аннулировать, закрывать	to cancel, nullify
RVAČKA	мордобитие *(-ия) s*, драка*(-и) ž*,свалка *(-и) ž*	fight
RYTMUS	ритм *(-а) m*	rhythm
biologický rytmus	биологический ритм	biological rhythm

Ř

ŘÁD	порядок *(-дка) m* вещей, режим *(-а) m*, положение *(-ия) s*	code, order, rules
jednací řád parlamentu	парламентная процедура	parliamentary rules of procedure
jednací řád zasedání	регламент заседания	rules of procedure
ŘÁD (jízdní)	расписание *(-ия) m* движения поездов	timetable
ŘÁDNĚ	надлежащим образом	properly
ŘÁDNÝ	очередной	full, proper, regular
řádný člen	действительный член	full member
ŘÁDOVĚ	на порядок	of the order (of)
ŘECKOKATOLICKÝ	униатский, греко-римский	Greek-Catholic
ŘEČ	язык *(-а) m*	language, speech
otevřená řeč	открытый язык	open language
tajná řeč	секретный язык	secret language
ŘEČ (projev)	речь *(-и) ž*	speech
pozdravná řeč	приветственная речь	ceremonial speech
zahajovací řeč	вступительная речь	opening speech
závěrečná řeč	заключительная речь	closing statement
pronést řeč	выступить с речью	to deliver a speech

ŘEDITEL	директор *(-а) m*	director, manager
obchodní ředitel	коммерческий директор	sales manager
ŘEMESLNÍK	ремесленник *(-а) m*	craftsman
ŘÍDIT SE *nedok.*	руководствоваться *чем,* следовать *чему*	to follow, be guided by, adhere to
řídit se smlouvou	руководствоваться договором	to adhere to a treaty
řídit se zákony	следовать законам	to abide by the law
ŘÍMSKOKATOLICKÝ	римско-католический	Roman-Catholic
římskokatolická církev	римско-католическая церковь	Roman-Catholic church
ŘÍZENÍ	рассмотрение *(-ия) s,* процедура *(-ы) ž,* управление *(-ия) s*	proceedings
soudní řízení	производство	legal proceedings
dědické řízení	рассмотрение вопроса о наследстве	inheritance procedure

S

SAFARI	сафари *neskl. s*	safari
SACHARIDY	углеводы *(-ов) mn*	carbohydrates
SAMOČIŠTĚNÍ	самоочищение *(-ия) s*	self-purification
+ biologické samočištění vodních nádrží	биологическое самоочищение водоемов	biological self-purification of water reservoirs
SAMOSPRÁVA	самоуправление *(-ия) s*	autonomy, self-government
místní samospráva	местное самоуправление	local government
SAMOTKA (izolační oddělení)	следственный изолятор *(-а) m*	solitary confinement
SAMOVLÁDA	единовластие *(-ия) s*	autocracy

SANKCE	санкции *(-ий) mn*	sanctions
zachovat sankce, platnost sankcí	оставить в силе санкции	to maintain sanctions
SATELIT	сателлит *(-а) m*	satellite
satelitní stát	государство-сателлит	satellite state
SAUNA	сауна *(-ы) ž*	sauna
SAZBA	ставка *(-и) ž,* тариф *(-а) m,* такса *(-ы) ž,* мера *(-ы) ž*	charge, rate, tariff
poštovní sazba	почтовый тариф	postal tariff
trestní sazba	мера наказания	sentence tariff
SAZEBNÍK	тариф *(-а) m,* тарифная сетка *(-и) ž,* тарифный кодекс *(-а) m,* прейскурант *(-а) m*	scale of rates, tariff
celní sazebník	таможенный тариф	customs tariffs
neplatný sazebník	недействительный тариф	invalid tariff
sazebník banky	прейскурант банка	bank tariffs
sazebník spořitelny	прейскурант сберкассы	savings bank tariffs
sazebník správních poplatků	справочник тарифов за административные услуги	scale of official fees
úprava sazebníku	изменение тарифа	change in tariff
řídit se (při vymezování poplatků) sazebníkem	руководствоваться (при установлении оплаты) тарифом	to follow the tariff (in determining fees)
SBĚRATEL	коллекционер *(-а) m*	collector
SBÍRKA	коллекция *(-ии) ž,* собрание *(-ия) s,* сборник *(-а) m*	collection
sbírka zákonů	кодекс	digest
SDĚLOVACÍ PROSTŘEDKY	масс-медия *(-ий) mn,* средства массовой информации	mass media

SDRUŽENÍ	объединение *(-ия) s*	association, union
bankovní sdružení	консорциум	banking group
sdružení podnikatelů	объединение предпринимателей	union of entrepreneurs
SEBEOBRANA	самооборона *(-ы) ž*	self-defence
hmaty sebeobrany	приемы самообороны	methods of self-defence
SEBEPOŠKOZENÍ	самоповреждение *(-ия) s*	self-inflicted injury, wound
SEBEURČENÍ	самоопределение *(-ия)s*	self-determination
právo národů na sebeurčení	право наций на самоопределение	the right of nations to self-determination
SEBEVRAŽDA	самоубийство *(-а) s*	suicide
pokus o sebevraždu	попытка самоубийства	attempted suicide, a suicide attemp
SEBEZMRZAČENÍ	самокалечение *(-ия) s*	self-mutilation
SEJF	сейф *(-а) m*	safe
obsah sejfu	содержимое сейфа	safe contents
SEKTA	секта *(-ы) ž*	sect
stoupenec sekty	адепт, приверженец секты	sectarian
SEKTÁŘSKÝ	сектантский	sectarian
vůdce sektářů	сектантский лидер	sect leader
SENÁT	сенат *(-а) m*, коллегия *(-ии) ž*	senate
soudní senát	состав суда, судебная коллегия	senate
SEPSAT *dok.*	составить	to draw up, take down
sepsat protokol	составить протокол	to take down the minutes
SÉRUM	сыворотка *(-и) ž*	serum
krevní sérum	сыворотка крови	blood serum

SERVIS	сервисное обслуживание *(-ия) s*, сервис *(-а) m*	maintenance service
pozáruční servis	сервисное послегарантийное обслуживание	postguarantee service
SERVISNÍ	сервисный	service, maintenance
servisní služby	сервисные услуги	maintenance services
SESTAVIT *dok.*	составить	to compile, make up
sestavit text vyhlášky	составить текст объявления	to make up the text of a notice
SETKÁNÍ	встреча *(-и) ž*	meeting, reunion
neoficiální přátelské setkání	междусобойчик *hovor.*, дружеская встреча, тусовка	get-together
setkání na nejvyšší úrovni	встреча в верхах, на высшем уровне	summit meeting
uspořádat setkání na nejvyšší úrovni	созвать встречу на высшем уровне	to hold a summit meeting
SEX	секс *(-а) m*	sex
sex s nezletilými	секс с малолетками	sex with the underage
SEXSHOP	секс-шоп *(-а) m*	sexshop
SEXUÁLNÍ	сексуальный	sexual, sex
sexuální maniak	сексуальный маньяк, секс-маньяк	sex maniac
sexuální výchova	сексуальное воспитание	sex education
sexuální zneužití	сексуальное нападение	sexual abuse
SEZNAMKA	служба *(-ы) ž* знакомства	lonely hearts column
SFÉRA	зона *(-ы) ž*	sphere
sféra zájmů	зона интересов	sphere of interests
SHOWMAN	шоумен *(-а) m*	compère

SHRNOUT *dok.*	подвести, свести *(-ду, -дёшь)*	to sum up, summarize
shrnout závěry	подвести итоги	to make conclusions
shrnout údaje	свести данные	to summarize data
SHROMÁŽDĚNÍ	митинг *(-а) m* , сессия *(-ии) ž*	meeting, assembly
burzovní shromáždění	биржевая сессия	stock exchange meeting
smuteční shromáždění	траурный митинг	memorial ceremony
pořádat shromáždění	проводить митинг	to organize a meeting
SHROMÁŽDĚNÍ (skupiny lidí, místo shromažďování)	собрание *(-ия) s,* встреча (-и) ž, тусовка *(-и) ž hovor.*	gathering (informal assembly of people of common interests)
SHROMÁŽDIT *dok.*	собрать, накопить	to assemble, accumulate
shromáždit kapitál	собрать капитал	to accumulate capital
shromáždit valuty	накопить валюту	to accumulate currency
SHROMAŽĎOVAT SE *nedok.*	собираться, тусоваться	to gather
SCHODEK	дефицит *(-а) m*	deficit, imbalance
SCHOPNOST (organizační)	способность *(-и) ž* (организаторская)	capability (organizational)
SCHŮZE	собрание *(-ия) s*	meeting
členská schůze	общее собрание	general meeting
stranická schůze	партийное собрание	party meeting
veřejná schůze	открытое собрание	public meeting
schůze voličů	собрание избирателей	electoral meeting
ukončit schůzi	закрыть собрание	to close a meeting
zahájit schůzi	открыть собрание	to open a meeting
SCHVÁLENÍ	одобрение *(-ия) s*	approval
předložit ke schválení	представить для одобрения	to put forward for approval
SCHVÁLIT *dok.*	одобрить, утвердить	to approve
schválit všemi hlasy	одобрить единогласно	to approve unanimously
schválit rozpočet	утвердить бюджет	to approve the budget

SIGNATÁŘ	подписавшийся *(-егося) m*	signatory
SÍLA	сила *(-ы) ž*, способность *(-и) ž*	force, power, strength
bezpečnostní síly	силы безопасности	security forces
kupní síla	покупательная способность	purchasing power
mírové síly OSN	миротворческие силы ООН	UN peace-keeping forces
politická síla	политическая сила	political power
pracovní síla	рабочая сила	labour force
vojenská síla	военная сила	armed force
nasazení mírových sil do...	ввод миротворческих сил в ...	deployment of peace-keeping forces in ...
ozbrojené síly země	вооруженные силы страны	country's armed forces
použití ozbrojené síly	применение военной силы	use of armed forces
rozložení politických sil	раскладка, распределение политических сил	distribution of political forces
nasadit vzdušné síly	ввести авиацию в бой	to bring the airforce into action
+ uvést bezpečnostní síly do stavu nejvyšší pohotovosti	привести силы безопасности в состояние высшей боевой готовности	to bring security forces to superior readiness for battle
SITUACE	положение *(-ия) s*, ситуация *(-ии) ž*, обстановка *(-и) ž*	situation, state, condition
bezpečnostní situace	состояние безопасности	safety, security situation
napjatá situace	напряженная обстановка	explosive situation
v důsledku vzniklé situace	в силу сложившихся обстоятельств	due to the existing situation
+ téměř panická situace	обстановка близкая к панической	near panic situation
SITUAČNÍ	ситуационный	situational

situační zpráva	сообщение о положении, сводка	situational report
SÍŤ	сеть *(-и) ž*	network, system
distribuční síť	дистрибьюторская сеть	distribution system
kabelové sítě	кабельные сети	cable networks
kanalizační síť	сети канализации	sewerage system
síť překupníků	сеть торговцев	network of sub-dealers
síť služeb	сеть обслуживания	network of services
rozsah sítě služeb	широта сети обслуживания	range of service network
SJEDNAT *dok.*	заключить	to arrange, make
sjednat pojistku	заключить полис	to make a policy
SKIN (skinhead)	бритоголовый *(-ого) m*	skinhead
hnutí skinheads	движение бритоголовых	skinhead movement
sraz skinů	слет бритоголовых	get-together of skinheads
srocení skinů	скопление бритоголовых	mob of skinheands
útok skinů	нападение бритоголовых	attack by skinheads
vyznavači hnutí skinheads	последователи бритоголовых	supporters of the skinhead movement
SKLADIŠTĚ	склад *(-а) m*	store(house)
skladiště zemního plynu	склад природного газа	natural gas store
SKLENÍKOVÝ	парниковый	glasshouse, greenhouse
skleníkový plyn	парниковый газ	glasshouse gas
+ "skleníkový" efekt přílišného záření a zadržování tepla	"парниковый" эффект переизлучения и задержки тепла	glasshouse effect due to excessive radiation and heat accumulation
SKOUPIT *dok.*	скупить *(-лю,-пишь)*	to buy up
skoupit podíly od vkladatelů	скупить доли у вкладчиков	to buy up depositors' shares
SKRUTÁTOR	счётчик *(-а) m*	scrutineer
SKUPINA	группа *(-ы) ž*, отряд *(-а) m*	group, team, gang, squad

diverzní skupina	диверсионная группа	diversionary group
ohrožené skupiny	лица повышенного риска	endangered groups
operační skupina	оперативная группа	operation squad
přepadová skupina	ударная группа, ударный отряд, группа захвата	flying squad
zločinecká skupina, banda	преступная группа	gang of criminals
SKUPOVÁNÍ	скупка *(-и) ž*	buying up
skupování za účelem výdělku	скупка с целью получения дохода	buying up to make a profit
SKUTKOVÁ PODSTATA	состав *(-а) m*	facts of the case
SLADIT *dok.*	согласовать	to coordinate
sladit zájmy firem	согласовать интересы фирм	to coordinate companies' interests
SLEDOVAT *nedok.*	следить	to follow
sledovat hodnotu akcií	следить за стоимостью акций	to follow the value of stocks and shares
SLEVA	скидка *(-и) ž*	allowance, discount, reduction
mimořádná sleva	большая, исключительная скидка	special discount
velkoobchodní sleva	оптовая скидка	wholesale discount
záruční sleva	гарантийная скидка	warranty discount
bez slevy	без скидки	no discount
prodej se slevou	продажа со скидкой	sale at a discount
sleva při nákupu	скидка при закупке	purchase discount
sleva při placení v hotovosti	скидка за наличный расчет	cash discount
sleva z daně	скидка с налога	abatement, rebate
poskytnout slevu	предоставить скидку	to offer a discount
SLOSOVÁNÍ	тираж *(-а) m*	draw
SLOSOVATELNÝ	тиражный	prize draw, redeemable

SLOUČIT *dok.*	объединить	to merge
sloučit firmy	объединить фирмы	to merge companies
SLOŽIT *dok.*	внести, сложить, сгрузить	to unload
složit bedny	сгрузить ящики	to unload boxes
složit částku	внести сумму	to make a deposit
složit funkci	сложить с себя полномочия, уйти с поста	to resign
složit kauci	внести залог	to give security
složit pokutu	уплатить штраф	to forfeit
SLOŽITEL	депонент *(-a) m*	depositor
SLUŽBA	служба *(-ы) ž*	duty, service
hlídková služba	патрульно-постовая служба	guard duty
náhradní vojenská služba	альтернативная военная служба	substitute for military service
pořádková služba	служба наружной полиции	picket patrol
základní vojenská služba	действительная военная, воинская служба	compulsory military service
vyhnout se vojenské službě	уклониться от военной службы	to dodge military service
+ odmítnutí výkonu vojenské služby	отказ от несения воинской службы	refusal of military service
SLUŽBY	сервис *(-a) m,* услуги *(-0) mn*	services
bankovní služby	банковские услуги, банковский сервис	bank services
hotelové služby	услуги гостиницы	hotel services, facilities
placené služby	платные услуги	paid services
sféra služeb	сфера услуг	domain of services
poskytovat služby	осуществлять сервис	to provide services
SMĚNA	обмен *(-a) m*	exchange
směna měny	обмен валюты	currency exchange
směna zboží (bez účasti peněz)	продуктообмен	exchange of goods, barter

SMĚNÁRNA	меняльная контора (-ы) *ž*, обменный пункт (-а) *m*	bureau de change
SMĚNITELNOST	конверсия (-ии) *ž*	convertibility
volná směnitelnost	свободная конверсия	free convertibility
SMĚNKA	вексель (-ля) *m*	bill of exchange
falešná směnka	фиктивный вексель	false, bogus bill
splatnost směnky	срок оплаты векселя	due date of a bill
vyplatit směnku	выплатить вексель	to honour a bill
SMLOUVA	контракт (-а) *m*, договор (-а) *m*, соглашение (-ия) *s*	contract, agreement
dočasná smlouva	временный договор	temporary agreement
dodací smlouva	договор поставки	delivery contract
dvoustranná smlouva	двусторонний договор	bilateral agreement
oboustranně výhodná smlouva	обоюдовыгодный контракт	mutually beneficial contract
platná smlouva	действующий договор	valid contract
přátelská smlouva	дружественный договор	treaty of friendship
reciproční obchodní smlouva	торговый договор на основе взаимности	reciprocal commercial treaty
regionální smlouva	региональный договор	regional treaty
tajná smlouva	секретный, тайный договор	secret treaty
doba platnosti smlouvy	срок действия договора	term of a contract
kontrola plnění smlouvy	проверка выполнения договора	verification of an agreement
neplatnost smlouvy	недействительность договора	nullity of an agreement
platnost smlouvy	действие договора	validity of a contract
podmínky smlouvy	условия контракта	terms of a contract
účastnický stát smlouvy	государство - участник договора	member state of an agreement
vypovězení smlouvy	расторжение контракта	notice of termination
anulovat smlouvu	аннулировать договор	to nullify an agreement
být zakotven ve smlouvě	быть закрепленным в договоре	to be laid down in a contract
dosáhnout přijetí smlouvy	добиться принятия договора	to attain approval of an agreement

odstoupit od smlouvy	выйти из соглашения	to cancel a contract
parafovat smlouvu	парафировать договор	to initial a treaty
předložit smlouvu ke schválení	представить договор для одобрения, утверждения	to submit an agreement for approval
plnit smlouvu	выполнять договор	to fulfil a contract
podepsat smlouvu	подписать контракт	to sign a contract
ratifikovat smlouvu	ратифицировать договор	to ratify a contract
uvést v platnost smlouvu	ввести договор в действие	to implement a treaty
zanést změny do smlouvy	внести изменения в договор	to alter, modify a treaty
+ doba platnosti smlouvy končí	срок действия договора истекает	the term of contract is over
+ platnost smlouvy je pozastavena	действие договора приостановлено	the operation of a treaty is suspended
+ platnost smlouvy je přerušena	действие договора прекращено	the treaty is terminated
+ smlouva přechází na nástupnický stát	договор переходит к государству-преемнику	the treaty is transferred to the successor state
SMLOUVA (o koupi a prodeji, kdy prodávající garantuje náklad až na palubu lodi)	фоб *(-а) m*	FOB (free on board) contract
SMLOUVA (o pronájmu lodi k převozu nákladu)	чартер *(-а) m*	charter
SMLUVNĚ	в договорном порядке	by contract
SMLUVNÍ	договорный	contractual
smluvní cena	договорная цена	contractual price
smluvní plnění	исполнение контрактов	fulfilment of contracts
smluvní pojištění	договор страхования	policy
SMOG	смог *(-а) m*	smog
SNĚM	парламент *(-а) m,* собрание *(-ия) s,* сейм *(-а) m*	assembly, parliament

říšský sněm	рейхстаг	imperial diet
zákonodárný sněm	законодательное собрание, парламент	legislative assembly
rozpuštění sněmu	роспуск парламента	dissolution of parliament
usnesení sněmu	решение парламента	resolution of parliament
SNĚMOVAT *nedok.*	заседать в парламенте	to be in session
SNĚMOVNA	палата *(-ы) ž*	houses of parliament
Dolní sněmovna	нижняя палата	lower chamber, House of Commons
Horní sněmovna	верхняя палата	upper chamber, House of Lords
poslanecká sněmovna	палата депутатов	chamber of deputies
+ ve sněmovně vznikly neshody v otázce...	в парламенте возникли разногласия по вопросу...	there have arisen differences of opinion in parliament concerning ...
SNÍŽIT *dok.*	снизить, понизить, сократить	to lower, reduce, cut
snížit daně	понизить налоги	to reduce taxes
snížit objem úvěrů	сократить объем кредитов	to cut the amount of credits
snížit riziko ztrát	снизить риск потерь	to reduce the risk of losses
SOCIÁLNÍ	социальный	social
sociální napětí	социальная напряженность	social tension
sociální nezajištěnost	социальная необустроенность	social insecurity
sociální pojištění	социальное страхование	social insurance
sociální skupina	социальная группа	social group
sociální zabezpečení	социальное обеспечение	social security
SOCIÁLNÍ DEMOKRACIE	социал-демократия *(- ии) ž*	social democracy
SOLÁRIUM	солярий *(-я) m*	solarium
opálení v soláriu	загар в солярии	solarium tan

SOLVENTNÍ	платёжеспособный	solvent
solventní podnik	платежеспособное предприятие	solvent enterprise
SOUD	суд *(-а) m*	court
arbitrážní soud	арбитражный суд	arbitration court
nejvyšší soud	верховный суд	supreme court
obchodní soud	коммерческий суд	commercial court
odvolací soud	апелляционный суд	court of appeal
trestní soud	уголовный суд	criminal court
postavit před soud	отдать под суд, передать суду	to be brought to court for trial
+ projednávat případ u soudu	разбирать, рассматривать дело в суде	to hear a case in court
SOUDCE	судья *(-ьи) m i ž*	judge
vojenský soudce	член военного трибунала	military judge
soudce z lidu	народный заседатель	magistrate, justice of the peace
soudce z povolání	судья (профессиональный)	judge (profesional)
SOUDIT *nedok.*	судить *(-жу,-дишь)*	to try for
SOUDNĚ	в судебном порядке	judicially, legally
soudně stíhat	привлекать *кого* к судебной ответственности	to prosecute
soudně vymáhat *co od koho*	взыскивать *что с кого* в судебном порядке	to enforce by action, vindicate, recover
SOUDNÍ	судебный	judicial, legal
soudní komora	судебная коллегия	court of law
soudní síň	зал судебного заседания	courtroom
soudní přelíčení	судебное разбирательство	judicial proceedings
soudní vykonavatel	судебный исполнитель	administrator
soudní vyšetřování	судебное следствие	examination, investigation
soudní znalec	судебный эксперт	expert witness

SOUHLAS	согласие *(-ия) s*	approval, consent, permission
dát souhlas *k čemu*	дать согласие *на что*	to give one's consent to
SOUKROMNÍK	частник *(-а) m*	private businessman
SOUKROMÝ	приватный, частный	private
soukromá osoba	частное лицо	private person
soukromá žaloba	частное обвинение	private prosecution
soukromé vlastnictví	частная собственность	private ownership
soukromý sektor	частный сектор	private sector
soukromý život	частная жизнь	private life
SOURUČENSTVÍ (společné ručení)	круговая порука *(-и) ž*	joint liability
SOUŠE	суша *(-и) ž*	land
SOUTĚŽ	викторина *(-ы) ž*, конкурс *(-а) m*	competition, contest
soutěž krásy	конкурс красоты	beauty contest
+ soutěž o nejlepší publikaci	конкурс на лучшую публикацию	bestseller competition
SPAD	сбросы *(-ов) mn*	fallout
SPALOVNA ODPADKŮ	мусоросжигательный завод *(-а) m*	incinerator
SPECIÁLNÍ ZÁSAHOVÁ JEDNOTKA	ОМОН (отряд милиции особого назначения)	special antiterrorist squad
SPECIFIKOVAT *d/n*	специфицировать	to specify
specifikovat pohledávky	специфицировать требования	to specify claims
SPEDITÉR	экспедитор *(-а) m*	carrier
SPEKULACE	спекуляция *(-ии) ž*	profiteering, speculation
měnová spekulace	валютная спекуляция	foreign currency speculation

spekulace s nedostatkovým zbožím	спекуляция дефицитными товарами	speculation in scarce commodities
SPEKULANT	спекулянт *(-а) m*, гешефтмахер *(-а) m*	speculator
spekulant na burze	бык	jobber, wild-catter
SPEKULOVAT *d/n*	спекулировать	to speculate
spekulovat s valutami	спекулировать валютой	to speculate on currency
SPIKNUTÍ	заговор *(-а) m*	conspiracy, plot
kontrarevoluční spiknutí	контрреволюционный заговор	contrarevolutionary conspiracy
odhalit spiknutí	раскрыть заговор	to discover conspiracy
+ spiknutí mlčením (přecházet *něco* mlčením)	заговор молчания	conspiracy of silence
SPLÁCENÍ	погашение *(-ия) s*	repayment, refund, pay-off
splácení dluhů	выплата, погашение долгов	paying back of debts
SPLATIT *dok.*	погасить, уплатить	to pay off
splatit částku	уплатить сумму	to pay off a sum
splatit půjčku	погасить заем, выплатить ссуду	to pay off a loan
SPLÁTKA	взнос *(-а) m*	installment, payment
měsíční splátka	месячный взнос	monthly installment
povinná (stanovená) splátka	обязательный взнос	obligatory payment
SPLNIT *dok.*	выполнить	to fulfil, meet
splnit příkaz klienta	выполнить поручение клиента	to meet a client's order
SPOČÍTAT *dok.*	подсчитать	to count, figure out
spočítat výdaje	подсчитать расходы	to figure out the expenses
SPODINA (společenská, bez majetku)	люмпен *(-а) m*	dregs of society

SPOJENEC	союзник *(-a) m*	ally
dosavadní spojenec	нынешний союзник	present ally
spojenci ve válce	военные союзники, союзники в войне	the allies
SPOJENECKÝ	союзный,	ally
spojenecká dohoda	союзнический, союзный договор	pact of alliance
SPOJENÍ	линия *(-ии) ž*	connection, link
SPOLEČENSTVÍ	сообщество *(-a) s*, содружество *(-a) s*	community, fellowship
mezinárodní společenství	международное сообщество	international community
přirozené společenství rostlin a zvířat	естественное сообщество растений и животных	natural community of plants and animals
Společenství nezávislých států	Содружество Независимых Государств	Commonwealth of Independent States
SPOLEČNÍK	сообщник *(-a) m*, компаньон *(-a) m*	companion
tichý společník	подставное лицо	dormant partner
SPOLEČNOST	общество *(-a) s* , компания *(-ии) ž*	company, society
akciová společnost	акционерное общество	joint-stock company
autodopravní společnost	автотранспортная компания	road haulage business
bankovní společnost	банковская компания	bank company
dceřiná společnost	дочерняя компания	daughter company
finanční společnost	финансовая компания	finance society
hlavní společnost	головная компания	main company
holdingová společnost	холдинговая компания	holding company
kontrolovaná společnost	подконтрольная компания	sub-company
korporativní společnost	корпоративная компания	incorporated company
letecká dopravní společnost	авиатранспортная компания	airline company

mateřská společnost	материнская компания	parent company
obchodní společnost	торговая компания	trade company
pojišťovací společnost	страховая компания	insurance company
soukromá finanční společnost	частная финансовая компания	private finance company
vyšší společnost	бомонд, высшее общество	high society
společnost s ručením omezeným (s.r.o.)	общество, товарищество с ограниченной ответственностью (о.о.о., т.о.о.)	limited (liability) company (LTD.)
SPOLEČNÝ	общий, совместный	common, joint
společná domácnost	общее хозяйство	common household
společný podnik	совместное предприятие	joint venture
žít ve společné domácnosti	жить одной семьей	to maintain a common household
SPOLUBOJOVNÍK	соратник *(-а) m*, товарищ *(-а) m* по оружию	fellow combatant
SPOLUDĚDIC	сонаследник *(-а) m*	joint heir
SPOLUDISPONUJÍCÍ (sporožirovým účtem)	совладелец *(-льца) m*	co-owner (of a giro account)
SPOLUDLUŽNÍK	содебитор *(-а) m*, содолжник *(-а) m*	co-debtor
SPOLUMAJITEL	совладелец *(-льца) m*	joint-owner
SPOLUOBČAN	соотечественник *(-а) m*, согражданин *(-а) m*	fellow citizen
SPOLUODPOVĚDNOST	взаимная ответственность *(-и) ž*, участие *(-ия) s* в ответственности	joint responsibility

SPOLUPACHATEL	соучастник *(-а) m* преступления	accomplice
SPOLUPRACOVNÍK KGB	кагебист *(-а) m*	KGB agent
SPOLUÚČASTNÍK	участник *(-а) m*, соучастник *(-а) m*	participant
SPOLUVLASTNICTVÍ	совладение *(-ия) s*	joint ownership
SPOLUVLASTNÍK	совладелец *(-льца) m*	joint owner
SPONZOR	спонсор *(-а) m*	sponsor
sponzor soutěže	спонсор конкурса	sponsor of a competition
najít si sponzora	найти спонсора	to find a sponsor
SPONZOROVAT *d/n*	спонсорствовать, спонсировать, выступать спонсором	to sponsor
SPONZORSTVÍ	спонсорство *(-а) s*	sponsorship
SPOR	спор *(-а) m*	argument, controversy
+ řešení sporů mírovými prostředky	решение споров мирными средствами	amicable settlement of controversies
SPOŘIT *nedok.*	экономить, копить	to economize, save up
SPOŘITELNA	сберегательная касса *(-ы) ž*	savings bank
SPOTŘEBITEL	потребитель *(-я) m*	consumer
drobný spotřebitel	мелкий потребитель	petty, small consumer
finální spotřebitel	конечный потребитель	final consumer
hromadný spotřebitel	массовый потребитель	mass consumer
koupěschopný spotřebitel	платежеспособный потребитель	potential consumer
mimotržní spotřebitel	внерыночный потребитель	extramarket consumer
potřeby spotřebitelů	потребности потребителей	consumers' needs

spojení se spotřebiteli	связь с потребителями	link with consumers
SPOTŘEBITELSKÝ	потребительский	consumer
spotřebitelská cena	потребительская цена	consumer price
spotřebitelský koš	потребительская корзина	consumer basket
růst spotřebitelské poptávky	рост потребительского спроса	consumer demand increase
SPOTŘEBNÍ	потребительский	consumer
spotřební koš	потребительская корзина	consumer basket
SPOTŘEBOVAT *dok.*	израсходовать	to consume
spotřebovat zásoby	израсходовать запасы	to consume stocks
SPRÁVA (řízení)	управление *(-ия) s,* администрация *(-ии) ž*	administration, management
berní správa	налоговое управление	inland revenue office
finanční správa	финансовое управление	financial administration
místní správa	местное управление	local authorities
nucená správa	вынужденное управление	sequestration, forced administration
veřejná správa	общественное управление	public service
+ předat majetek do nucené správy *někoho*	передать имущество в вынужденное управление *кого*	to sequester property
SPRÁVA (místní volený orgán)	муниципалитет *(-а) m*	municipality
municipální správa	мэрия	municipal authorities
SPRÁVNÍ	управленческий, административный,	administrative, managerial
správní aparát	управленческий аппарат	administrative machinery
správní orgán	административный орган	administrative body, authority
správní řízení	административные дела	administrative affairs

Czech	Russian	English
rozhodnutí správního orgánu	решение административного органа	decision of an administrative body
SPRAVOVAT *nedok.*	управлять	to administer, be in charge
spravovat majetek	управлять имуществом	to be in charge of property
SRÁŽET *nedok.*	отчислять, сбивать	to cut, deduct, reduce
srážet ceny	сбивать цены	to cut prices
SRÁŽKA	отчисление *(-ия) s*, скидка *(-и) ž*	deduction
jednorázová srážka	единовременное отчисление	one-off deduction
úroková srážka	процентное отчисление	interest deduction
srážka na sociální pojištění	отчисление на социальное страхование	deduction for national insurance
srážka ze mzdy	отчисление от заработной платы	wage deduction
SRÁŽKY (meteorologické)	осадки *(-ов) mn*	rainfall, precipitation
množství srážek	количество осадков	rainfall amount
STABILITA	стабильность *(-и) ž*	stability
cenová stabilita	стабильность цен	price stability
STABILIZACE	стабилизация *(-ии) ž*	stabilization
ekonomická stabilizace	экономическая стабилизация	economic stabilization
STABILIZOVAT *d/n*	стабилизировать	to stabilize
stabilizovat dodávky	стабилизировать поставки	to stabilize deliveries
STAGNACE	стагнация *(-ии) ž*, застой *(-я) m*	stagnation
STAGNOVAT *d/n*	быть, находиться в состоянии застоя, стагнировать	to stagnate, be at a standstill

STÁHNOUT *dok.*	изъять *(изыму, изымешь),* отозвать	to withdraw
stáhnout akcie	изъять акции	to withdraw shares
stáhnout stížnost	отозвать жалобу	to cancel a complaint
STANDARD	норма *(-ы) ž*	standard
STÁNÍ (u soudu)	судебное разбирательство *(-а) s*	hearing
STÁNÍ (vozidla)	стоянка *(-и) ž* автомобиля	parking
zákaz stání	стоянка запрещена	no parking
STANOVISKO	точка *(-и) ž* зрения, позиция *(-ии) ž*	standpoint
odmítavé stanovisko	отрицательная позиция	negative standpoint
STANOVIŠTĚ	пункт *(-а) m*	post
velitelské stanoviště	командный пункт	command post
STANOVIT *dok.*	назначить, определить, установить	to appoint, determine, fix
stanovit omezení	определить ограничения	to state limitations
stanovit sankce	установить санкции	to take sanctions
stanovit zástupce firmy	назначить представителя фирмы	to appoint a company representative
STANOVY	устав *(-а) m*	rules
stanovy akciové společnosti	устав акционерного общества	articles of association, stock exchange company rules
schválit stanovy	одобрить устав	to approve rules
STÁRNUTÍ	старение *(-ия) s*	ageing
předčasné stárnutí	преждевременное старение	premature ageing
STAROSTA	мэр *(-а) m*	mayor
STARÝ ZÁKON	Ветхий завет *(-а) m*	Old Testament

starozákonní část bible	ветхозаветная часть Библии	books of the Old Testament
STÁT	госуд<u>а</u>рство *(-а) s*	state
nástupnický stát	государство-преемник	successor state
právní stát	правовое государство	legal state
vyspělý stát	развитое государство	developed country
prosperita státu	процветание, благополучие государства	prosperity of a country
STÁTNÍ	госуд<u>а</u>рственный	governmental, national, state
státní aparát	государственный аппарат	state machinery
státní banka	государственный банк	national bank
státní cenné papíry	государственные ценные бумаги	state securities
státní církev	государственная церковь	established church
státní dluh	государственный долг	national debt
státní hranice	государственная граница	border, frontier
státní jazyk	государственный язык	official language
státní kapitalismus	государственный капитализм	state capitalism
státní moc	государственная власть	state power
státní rada	государственный совет	state council
státní sektor	государственный сектор	state-owned sector
státní svátek	государственный праздник	public holiday
státní úřad	государственное учреждение	state institution
státní zakázka	государственный заказ	state order
STÁTNÍ DUMA	Госуд<u>а</u>рственная Д<u>у</u>ма *(-ы) ž*	Russian "Duma" Parliament (Lower Chamber of the Russian Parliament)
člen Státní dumy	член Государственной Думы, думец *hovor.*	"Dumets" (member of the Russian Parliament)
rada Státní dumy	Совет Госдумы	"Duma" Council

výbor dumy	думский комитет	“Duma” committee
zasedání dumy	думское собрание	“Duma” session
STÁTNÍ PŘÍSLUŠNOST	подданство *(-a) s*	citizenship
získat státní příslušnost	получить подданство	to gain citizenship
STÁTNÍK	государственный деятель *(-я) m*, человек *(-a) m*	statesman
schopnosti státníka	талант государственного деятеля	statesmanlike capabilities
STÁTNOST	государственность *(-u) ž*	state system, statehood
budování státnosti	формирование государственности	state system formation
zříci se státnosti	отказаться от своей государственности	to abandon one’s state system
STATUT	устав *(-a) m*	statute
STATUTÁRNÍ	уставной	statutory
statutární právo	уставное право	statutory right
STAV	положение *(-ия) s*, состояние *(-ия) s*	state, condition
válečný stav	военное положение	martial law
výjimečný stav	чрезвычайное положение	state of emergency
omezení stavu zbraní	ограничение количества оружия	arms reduction
stav bezvědomí	бессознательное состояние	state of unconsciousness
stav zvýšené pohotovosti	состояние повышенной готовности	state of increased readiness
zavedení výjimečného stavu	введение чрезвычайного положения	declaration of a state of emergency
vyhlásit válečný stav	ввести, объявить военное положение	to declare martial law

vyhlásit výjimečný stav	объявить чрезвычайное положение	to declare a state of emergency
STAVBA	строительство *(-a) s*	building, construction
stavba na klíč	строительство “под ключ”	building constructed to order
STÁVKA	забастовка *(-и) ž*	strike
generální stávka	всеобщая забастовка	general strike
protestní stávka	забастовка протеста	protest strike
odhlasovat stávku	проголосовать за забастовку	to vote for a strike
odvolat stávku	отменить забастовку	to call off a strike
STÁVKOKAZ	штрейкбрехер *(-a) m*	blackleg, strikebreaker
STEJNOPIS	дубликат *(-a) m,* копия *(-ии) ž*	copy, duplicate
STÍHAČKA	истребитель *(-я) m*	fighter-aircraft
bojová stíhačka	боевой истребитель	fighter-aircraft
STÍŽNOST *na koho*	жалоба *(-ы) ž на кого*	complaint
podat stížnost	подать жалобу	to make a complaint
zamítnout stížnost	отклонить жалобу	to dismiss a complaint
STOUPENEC	последователь *(-я) m,* приверженец *(-нца) m,* сторонник *(-a) m*	follower, supporter
stoupenec pokroku, míru	сторонник прогресса, мира	supporter of progress, peace
stoupenec trhu	сторонник рынка, рыночник	market supporter
stoupenec tržního hospodářství	сторонник рыночной экономики	market economy supporter
STRANA ZELENÝCH	партия *(-ии) ž* “зелёных”, “зелёные” (*-ых) mn*	Green Party
STRANIČTÍ FUNKCIONÁŘI (KSSS s reálnou mocí)	партократия *(-ии) ž*	party functionaries

Čeština	Русский	English
STRÁŽ	охрана *(-ы) ž*, стража *(-и) ž*	guard
tělesná stráž	личная охрана	bodyguard
závodní stráž	персонал по охране предприятия	watchmen, security staff
prezidentova stráž	охрана президента	presidential bodyguard
šéf, velitel stráže	шеф охраны	commanding officer
STRÁŽ	караул *(-а) m*, пост *(-а) m*	guard
čestná stráž	почетный караул	guard of honour
střídání stráže	смена караула	the changing of the guard
postavit stráže	выставить посты	to post guards
být na stráži	стоять в карауле, на посту, на страже, нести караул	to stand guard, be on guard
STRÁŽCE	сторож *(-а) m*, хранитель *(-я) m*, страж *(-а) m*	guard, sentry
osobní strážce	телохранитель	bodyguard
+ obklopit *někoho* osobními strážci	окружить *кого* телохранителями	to surround sb with bodyguards
STRHÁVÁT (oznámení)	срывать (объявления)	to rip off (public notices)
STRHNOUT *dok.*	удержать	to deduct
strhnout daň z platu	удержать налог из зарплаты	to deduct income tax
STRUKTURA	структура *(-ы) ž*	structure
demografická struktura společnosti	демографическая структура общества	demographic structure of a society
STŘELBA	стрельба *(-ы) ž*, огонь *(огня) m*	firing, shooting
cvičná střelba	учебная стрельба	shooting practice
STŘELNICE (voj.)	полигон *(-а) m*, стрельбище *(-а) s*	firing range
zkušební střelnice	испытательные полигоны	experimental range, test site

STŘÍLET *nedok.*	стрелять	to fire, shoot
střílet na povel	стрелять по команде	to shoot on command
střílet na nepřítele	стрелять по врагу	to fire at an enemy
STYK (platební)	оборот *(-a) m*	system (of payment)
bezhotovostní styk	безналичный оборот	cashless payment
peněžní styk	денежный оборот	payment in cash
SUBDODAVATEL	субподрядчик *(-a) m*	subconcractor
SUBSTRÁT	субстрат *(-a) m*	substratum
kombinovaný substrát	комбинированный субстрат	mixed substratum
SUBVENCE	субсидия *(-ии) ž*	grant, subsidy
nepřímá subvence	скрытая субсидия	indirect subsidy
peněžní subvence	денежная субсидия	money subsidy
státní subvence	правительственная субсидия	government subsidy
vývozní subvence	экспортная субсидия	export subsidy
SUBVENCOVAT	субсидировать	to subsidize
SUDETONĚMECKÉ KRAJANSKÉ SDRUŽENÍ	Судето-немецкое общество земляков (соотечественников)	"Landsmanschaft"
SUMA	сумма *(-ы) ž*	sum
SUMMIT	саммит *(-a) m*	summit
SUPERVELMOC	супердержава *(-ы) ž*, сверхдержава *(-ы) ž*	superpower
jaderná supervelmoc	ядерная сверхдержава	nuclear super power
+ ucházet se o pozici supervelmoci	претендовать на роль сверхдержавы	to strive for the position of a superpower
SUROVINA	сырьё *(-ья) s*	raw material
druhotná surovina	вторичное сырье	secondary raw material
racionální spotřeba surovin	рациональное расходование сырья	reasonable raw material consumption

SVÁDĚNÍ	совращение *(-ия) s*	seduction
svádění neplnoletých	совращение малолеток	seduction of minors
"SVATÁ VÁLKA"	газават *(-а) m*	Djihad (Palestinian holy war)
SVĚDECKÝ	свидетельский	testimony
svědecká výpověď	свидетельское показание	testimony
SVĚDECTVÍ	свидетельство *(-а) s*	testimony, evidence
křivé svědectví	лжесвидетельство	false witness
průkazné svědectví	убедительное свидетельство	evidence of a witness
podávat svědectví *o čem*	давать показания *о чем*	to bear witness of
SVĚDEK	свидетель *(-я) m*	witness
korunní svědek	главный свидетель	principal witness
očitý svědek	очевидец	eye-witness
podplacený, koupený svědek	заранее подкупленный свидетель	suborned witness
předvolat jako svědka	вызвать в качестве свидетеля	to summon a witness
SVĚDOMÍ	совесть *(-и) ž*	conscience
svoboda svědomí	свобода совести	freedom of conscience
výčitky svědomí	угрызения совести	qualms
SVĚŘENECKÝ	подопечный	trust(eeship)
dítě ve svěřenecké péči	подопечный ребенок	foster child
SVĚŘIT *dok.*	доверить	to entrust, charge
svěřit prostředky bance	доверить средства банку	to entrust a bank with funds
SVĚT	мир *(-а) m*	world
rostlinný svět	растительный мир	plant world
živočišný svět	животный мир	animal world
SVOBODNÝ (výrobce)	свободный	free (manufacturer)
svobodný podnikatel	свободный предприниматель	free entrepreneur

SVODKA	пресс-релиз *(-a) m*	press release
SVRCHOVANOST	суверенитет *(-a) m*, независимость *(-и) ž*	supremacy
vyhlášení svrchovanosti	объявление суверенитета	proclamation of supremacy
SYMBIÓZA	симбиоз *(-a) m*	symbiosis
SYNDROM	синдром *(-a) m*	syndrome
abstinenční syndrom	абстинентный синдром	abstinence syndrome
SYSTÉM	система *(-ы) ž*	system
špatný daňový systém	плохая налоговая система	wrong tax system
volební systém	избирательная система	electoral system
vzdělávací systém	система образования	educational system
+ systém dvou politických stran	двухпартийная система	biparty, two-party system
SYSTEMIZOVANÝ	штатный	systematized
SYSTÉMOVÝ	системный	system, systemic
systémový přístup	системный подход	systems approach
přijmout systémová opatření	принять системные меры	to take systems measures

Š

ŠEK	чек *(-a) m*	cheque
akceptovaný šek	акцептованный чек	accepted cheque
avizovaný šek	авизованный чек	cheque advice
bankovní šek	банковский чек	banker's cheque
cestovní šek	дорожный, туристский чек	traveller's cheque
dobročinný šek	благотворительный чек *на что*	charity cheque
nekrytý šek	чек без покрытия	bad, rubber cheque
propadlý šek	просроченный чек	stale, void cheque
úvěrový šek	кредитный чек	credit cheque
zúčtovací šek	расчетный чек	cheque in settlement
šek na doručitele	предъявительный чек	bearer cheque
šek na řád	ордерный чек	order cheque

proplatit šek	оплатить чек	to pay off a cheque
vystavit šek	выдать, оформить чек, эмитировать	to write a cheque
ŠEKOVÝ	чековый	cheque
šeková knížka	чековая книжка	chequebook
ŠERIF	шериф *(-а) m*	sheriff
ŠIKANA	дедовщина *(-ы) ž*, преследование *(-ия) s*, неуставные отношения *(-ий) mn*	chicanery, harassment
ŠIKANOVÁNÍ	дедовщина *(-ы) m*	chicanery, harassment
+ začít nesmiřitelný boj se šikanováním	начать непримиримую борьбу с дедовщиной	to start an uncompromising campaign against harassment
ŠIKANOVAT *někoho*	изводить *(-жу, -водишь) кого*	to bully, harass
ŠKODA (na věci)	ущерб *(-а) m* (нанесённый вещи)	damage
ŠKOLKA (lesní)	лесопитомник *(-а) m*	nursery (for trees)
ŠKŮDCE	вредитель *(-я) m*	pest, parasite
ŠOK	шок *(-а) m*	shock
ŠOKOVAT	шокировать	shock
ŠOKOVÝ	шоковый	shock
šoková terapie	шоковая терапия	shock therapy
ŠTÁB	штаб *(-а) m*	staff
generální štáb	генеральный штаб, генштаб	headquarters
ŠŤASTNÝ KONEC	хэппи-энд *(-а) m*, счастливый конец *(-нца)*	happy ending

T

TÁBOR	лагерь *(-я) m*	camp
internační tábor	лагерь для интернированных	internment camp
+ země ze stejného tábora	страна-солагерник	a country with the same alignment
TABU	табу *neskl. s*	taboo
TAJNOST	секретность *(-и) ž*	secret
+ zvláštní opatření k utajení	особые меры секретности	special secrecy measures
TARIF	тариф *(-а) m*	tariff
dovozní tarif	тариф на импорт	import tariff
snížení tarifu	снижение тарифа	tariff decrease
TAXIKÁŘ	таксист *(-а) m*	taxi-driver
TECHNIKA	техника *(-и) ž*	engineering, technology
bojová technika	боевая техника	military technology
+ zavedení stejných typů bojové techniky	внедрение одинаковых типов боетехники	implementation of identical military technology
TECHNOLOGIE	технология *(-ии) ž*	technology
bezodpadová technologie	безотходная технология	waste-free technology
vyspělá technologie	развитая технология	high technology
technologie dvojího použití	технология двойного применения	dual-purpose technology
zpřístupňovat vyspělé technologie	открывать доступ к развитым технологиям	to implement high technology
TELEFAX	телефакс *(-а) m*	fax
TELEFON	телефон *(-а) m*	telephone
mobilní telefon	сотовый телефон, радиотелефон	mobile phone
telefon se záznamníkem	телефон-автоответчик	answer phone

TELEFONNÍ	телефонный	telephone
družicové telefonní spojení	спутниковая телефонная связь	satellite telephone communication
telefonní seznam	телефонный справочник	telephone directory
telefonní záznamník	автоответчик	answering machine
TELEFONOVAT *nedok.*	звонить по телефону, телефонировать	to telephone, call, ring up
TEOLOGIE	теология *(-ии) ž,* богословие *(-ия) s*	theology
TEPLOTA	температура *(-ы) ž*	temperature
proměnlivé teploty	переменные температуры	fluctuating temperatures
rozsah teplot	диапазон температур	temperature range
dobře snášet vysokou teplotu	хорошо переносить высокую температуру	to endure high temperatures
TERAPEUT	терапевт *(-а) m*	therapist
TERAPIE	терапия *(-ии) ž*	therapy
terapie hrou	игровая терапия	play therapy
TERITORIUM	территория *(-ии) ž*	territory
TERMÍN	срок *(-а) m*	date, term
konečný termín	окончательный срок	deadline
termín splatnosti	срок оплаты	payment date, due date
dodržovat termíny	соблюдать сроки	to keep to, observe terms
stanovit termín	установить срок	to fix the terms
TERMÍNOVANÝ	срочный	fixed-date, forward
termínovaná splátka	срочный взнос	fixed-date payment
termínovaný obchod	сделка на срок	forward transactions
TESTAMENT	завещание *(-ия) s*	testament
TESTOVÁNÍ	тестирование *(-ия) s,* испытание *(-ия) s*	testing
biotechnické testování	биотехническое тестирование	biotechnological testing

testování vybavení	испытание оборудования	equipment testing
TESTOVAT *nedok.*	тестировать	to test
testovat zařízení	тестировать оборудование	to test equipment
THRILLER	триллер *(-а) m*	thriller
TISK	пресса *(-ы) ž*	press
lživý tisk	желтая пресса, лживая пресса	untruthful press
senzační protivládní tisk	желтая пресса	sensational antigovernment press
+ tisk nebude podléhat vládě	пресса выводится из подчинения правительству	press will not be subject to the government
TISKOVÝ TAJEMNÍK	пресс-атташе *neskl. m*	press agent
TOLERANCE	толерантность *(-и) ž*	tolerance
TOP-MODELKA	топ-модель *(-и) ž*	top model
TOTALITA	тоталитаризм *(-а) m*	totalitarianism
TOTALITNÍ	тоталитарный	totalitarian
totalitní systém	тоталитарная система	totalitarian system
TOXICITA	токсичность *(-и) ž*	toxicity
toxické odpady	токсичные отходы	toxic waste
TOXIKOLOGIE	токсикология *(-ии) ž*	toxicology
profylaktická toxikologie	профилактическая токсикология	prophylactic toxicology
TOXIKOMANIE	токсикомания *(-ии) ž,* наркотизм *(-а) m*	drug abuse, drug addiction
TRANSAKCE	трансакция *(-ии) ž,* сделка *(-и) ž*	transaction
úvěrová transakce	кредитная трансакция	credit transaction

uskutečnit transakci	произвести трансакцию	to make a transaction
TRANSFORMACE	трансформация *(-ии) ž*	transformation
ekonomická transformace	экономическая трансформация	economic transformation
TRANSPORTÉR (obrněný)	бронетранспортёр *(-а) m*	armoured carrier
TRANZIT	транзит *(-а) m*	transit
tranzit přes Německo	транзит через Германию	transit via Germany
TRASA	маршрут *(-а) m*	itinerary, route
TRÉNINK	тренинг *(-а) m*	training
trénink obchodního jednání, obchodní komunikace	тренинг делового общения	commercial communication training
TREST	наказание *(-ия) s*	punishment, sentence, penalty
peněžitý trest	денежный штраф	fine
trest smrti	смертная казнь	capital punishment
odpykati si trest	отбыть наказание	to do one's sentence
ukládat tresty	применять меры наказания	to inflict punishments
+ odsoudit k trestu smrti provazem	приговорить к смертной казни через повешение	to sentence to death
TRESTNÍ	уголовный	penal, criminal
trestní odpovědnost	уголовная ответственность	criminal liability
trestní oznámení	заявление в суд, заявление о правонарушении	criminal complaint
trestní právo	уголовное право	criminal law
trestní proces	уголовный процесс	trial
trestní soud	уголовный суд	criminal court
trestní zákoník	уголовный кодекс	penal code

TRESTNÝ	подлежащий наказанию, преступный, наказуемый	criminal
trestný čin	уголовное преступление	criminal offence
trestný oddíl	карательный отряд	police squad
TREZOR	сейф *(-а) m*	safe
bankovní trezor	сейф в банке, банковский сейф	bank safe
uložit peníze do trezoru	положить, деньги в сейф	to put money into a safe
TRH	рынок *(рынка) m*	market
celorepublikový trh	республиканский рынок	nation-wide market
černý trh	черный рынок	black market
kapitálový trh	рынок капитала	capital market
místní trh	местный рынок	local market
regionální trh	региональный рынок	regional market
světový trh	мировой рынок	world market
monopolní postavení na trhu	монопольное положение на рынке	monopoly position on the market
přechod k trhu	переход к рынку	transition to the market
značná část trhu	значительная часть рынка	majority of the market
+ nabídka na trhu převyšuje poptávku	на рынке предложение превышает спрос	buyer's market
+ opustit světový obchod se zbraněmi	покинуть мировой рынок вооружений	to abandon the world weapons market
+ poptávka převyšuje nabídku	спрос превышает предложение	seller's market
TRHAVINA	взрывчатое вещество *(-а)*, взрывчатка *(-и) ž, hovor.*	explosive
TRUST	траст *(-а) m*, (доверительная собственность *(-и) ž*)	trust
zakladatel trustu	учредитель траста	trust founder

TRVALÝ POBYT	оседлость *(-u) ž*	permanent residence
délka doby pobytu (lhůta nutná k obdržení občanství, lhůta, po jejímž uplynutí je cizinci přiznáváno občanství)	срок оседлости	length of time of residence (period necessary to gain citizenship)
TRVÁNÍ	продолжительность *(-u) ž*	duration
TRŽBA	выручка *(-u) ž*	takings
TRŽNÍ	рыночный	market
tržní cena	рыночная цена	market price
tržní vztahy	рыночные отношения	market relations
TŘÍDĚNÍ	сортировка *(-u) ž*	sorting
třídění novin	сортировка газет	newspapers sorting
TULÁCTVÍ	бродяжничество *(-a) s*	vagrancy, wandering
TVÁŘNOST	облик *(-a) m*	appearance, aspect
tvářnost krajiny	облик местности	appearance of the landscape
TVRDÝ	твёрдый	hard
tvrdá měna	твердая валюта	hard currency

U

UBYTOVÁNÍ	проживание *(-ия) s*, размещение *(-ия) s*, расквартирование *(-ия) s*	accommodation, lodging
dvoulůžkové ubytování	размещение в двухместном номере	accommodation in a double room
hrazení ubytování	оплата проживания	payment for the accommodation
možnost ubytování	возможность проживания	lodging facilities

+ ubytování v komfortních 2-3 lůžkových pokojích	проживание в комфортабельных 2-3-хместных номерах	accommodation in comfortable double or 3-bedded rooms
UBYTOVANÝ	размещённый, расквартированный	accommodated, billeted
+ vojenská jednotka ubytovaná *kde*	расквартированная *где* воинская часть	military unit billeted at
ÚČASTNÍK NEFORMÁLNÍCH HNUTÍ	неформал *(-а) m*	member of an unofficial organization
ÚČEL	назначение *(-ия) s*	purpose
dvojí účel (vojenský a civilní)	двойное (военное и гражданское)назначение	dual purpose (military and civil)
ÚČET	счёт *(-а) m*	account
aktivní účet	активный счет	active account
bezúročný účet	беспроцентный счет	interest-free account
běžný účet	обычный счет	current account
bilanční účet	балансовый счет	balance account
blokovaný účet	блокированный счет	frozen account
osobní účet	личный счет	personal account
otevřený účet	открытый счет	open account
pokladní účet	кассовый счет	cash account
prozatímní účet	временный счет	suspense account
příjmový účet	доходный счет	revenue account
rozpočtový účet	бюджетный счет	budget account
sporožirový účet	счет в сберкассе	giro account
hlavní kniha účtů	гроссбух	account book
existence účtu	наличие счета	existence of an account
přečerpání sporožirového účtu	превышение счета, перерасход средств на счете, овердрафт	overdraft on a giro account, in the red on a giro account
správce účtu	распорядитель счета	account manager
stav účtu	состояние счета	balance
účet základních prostředků	счет основных средств	account of fixed assets
výpis z účtu	выписка из счета	statement
připsat na účet	зачислить на счет	to charge to an account
vlastnit běžný účet	иметь обычный счет	to have a current account
+ porovnání stavu má dáti - dal	сравнение дебета с кредитом	income and expenditure account

+ strana účtu "dal"	кредит	credit
+ strana účtu "má dáti"	дебет	debit
ÚČETNÍ *(subst.)*	бухгалтер *(-а) m*	accountant, book-keeper
ÚČETNÍ *(adj.)*	бухгалтерский	accounting
účetní systém	бухгалтерская система	accounting system
účetní ztráta	потеря при расчетах	accounting loss
vykazovat účetní ztrátu	подавать отчет о потере	to render a statement of loss
ÚČETNICTVÍ	бухгалтерский учёт	accounting, book-keeping
jednoduché účetnictví	простая бухгалтерия	single-entry bookkeeping
podvojné účetnictví	двойная бухгалтерия	double-entry bookkeeping
ÚČINEK	воздействие *(-ия) s*, эффект *(-а) m*	effect, action
karcinogenní účinky	карциногенное воздействие	carcinogenic effects
nervově paralytické účinky	нервнопаралитическое воздействие	nerve gas
+ mít dusivé účinky	вызывать эффект удушения	to have a suffocating effect
ÚČINNÝ	действенный, эффективный, действительный	efficient, effective
účinný zákon	действенный, эффективный закон	effective law
ÚČTOVAT *nedok.*	исчислять	to charge
účtovat podle norem	исчислять по норме	to charge according to the norms
ÚDAJE	данные *(-ых) mn*, факты *(-ов) mn*	data, facts
senzační údaje	сенсационные,жареные факты	sensational data
statistické údaje	статистические данные	statistical data
výchozí údaje	исходные данные	initial data
UDAT *dok.*	объявить	to declare, give

udat cenu zboží	объявить цену товара	to declare the price of goods
UDĚLIT *dok.*	предоставить, выдать назначить, присвоить	to give, grant
udělit licenci	выдать лицензию	to grant a licence
udělit plnou moc	предоставить полномочия	to give authority
udělit podporu	назначить пособие	to give a grant
udělit titul	присвоить звание	to confer a degree
udělit trest	наложить наказание	to impose a penalty
ÚDER	удар *(-а) m*	blow, strike
forma úderu	вид удара	type of strike
ÚDRŽBA	ремонт *(-а) m,* уход *(-а) m,* забота *(-ы) ž о чем,* обслуживание *(-ия) s*	maintenance, repair
technická údržba	техническое обслуживание	technical maintenance
údržba auta	уход за автомобилем	car repair
UDRŽET *dok.*	поддержать, сохранить	to keep, maintain
udržet likviditu firmy	сохранить ликвидность фирмы	to maintain liquidity
udržet kurz akcií	поддержать курс акций	to maintain the share price
UHLÍK	углерод *(-а) m*	carbon
ÚHRADA	возмещение *(-ия) s,* компенсация *(-ии) ž*	compensation, refund
dodatečná úhrada	дополнительное возмещение	additional refund
finanční úhrada	финансовое возмещение	financial refund
přímá úhrada	прямое, непосредственное возмещение	direct refund
úhrada nákladů	возмещение издержек	compensation for expenses
úhrada v hotovosti	возмещение наличными	cash refund

úhrada vkladu	возмещение вклада	refund of a deposit
UHRADIT *dok.*	возместить, понести, покрыть	to compensate for, recover
uhradit náklady	понести издержки	to compensate for expenses
uhradit účet	покрыть счет	to settle an account
uhradit ztráty	возместить убытки	to compensate for losses
UCHAZEČ	претендент *(-а) m*	applicant
uchazeč o místo	соискатель места	applicant for a job
UCHOVAT *dok.*	сохранить	to keep, maintain, store
uchovat informace	сохранить информацию	to keep, store information
UKÁJENÍ	удовлетворение *(-ия) s*	appeasement, satisfaction
úchylné ukájení	девиантное удовлетворение	abnormal self-satisfaction
UKAZATEL	показатель *(-я) m*, указатель *(-я) m*	coefficient, figure, index, indicator, signal
hospodářské ukazatele	экономические показатели	economic indices
pomocný ukazatel	вспомогательный указатель	auxiliary index (figures)
světelný ukazatel	световой указатель	signal light
UKONČIT *dok.*	прекратить	to stop, cease, terminate
+ ukončit výrobu podle licence	прекратить производство по лицензии	to cease production under licence
ÚKRYT (protichemický)	газоубежище *(-а) s*	shelter
ÚLEVA	льгота *(-ы) ž*, скидка *(-и) ž*	relief, advantage
daňové úlevy	налоговые льготы, скидки	tax relief
úlevy na daních	льготы по налогам	tax relief
poskytnout úlevy	предоставить льготы	to give relief
zaručit úlevy	гарантировать льготы	to ensure advantages

žádat o úlevy	просить льготы	to apply for advantages
ULOŽIT *dok.*	внести, положить, обложить, возложить, наложить	to charge, deposit, impose
uložit clo ze zboží	обложить товар пошлиной	to charge, impose a duty on goods
uložit částku	положить сумму	to deposit a sum
uložit peníze	внести деньги	to deposit money
uložit pokutu	наложить штраф	to impose a fine
uložit povinnost	возложить обязанность	to charge with a duty
ULTIMÁTUM	ультиматум *(-а) m*	ultimatum, last offer
dát ultimátum	предъявить ультиматум	to give an ultimatum
ULTRALEVÍ	ультралевые *(-ых) mn*	extreme leftists
ULTRAPRAVICE	ультраправые *(-ых) mn*	extreme rightists
UMÍSTIT *dok.*	устроить, дислоцировать, поместить	to place, locate, put, store
umístit filiálky	дислоцировать филиалы	to locate subsidiaries
umístit personál	устроить персонал	to place staff
umístit zboží	поместить товар	to store goods
ÚMLUVA	договорённость *(-и) ž*, сделка *(-и) ž*	accord, agreement, arrangement, transaction
dvoustranné a mnohostranné úmluvy (dohody)	двусторонние и многосторонние договоренности	bilateral and multilateral agreements
jednostranné úmluvy	односторонняя сделка	unilateral agreement
neplatné úmluvy	недействительные сделки	invalid agreements
obchodní úmluva	коммерческая сделка	commercial transaction
odpovídat úmluvě	соответствовать договоренности	to be in accord with an agreement
UMOŘIT *dok.*	погасить	to repay, pay off, settle
umořit dluhopis	погасить облигацию	to pay off bonds

UMOŘOVÁNÍ	погашение *(-ия) s*	repayment, settlement
umořování dluhu	погашение долга	repayment of a debt
ÚMRTNOST	смертность *(-и) ž*	mortality, death rate
úmrtnost obyvatelstva	смертность населения	mortality of the population
ÚNAVA	утомление *(-ия) s*	fatigue, tiredness
genetická únava	генетическое утомление	genetic fatigue
psychická únava	психическое утомление	mental fatigue
UNESENÍ	увод *(-а) m*, похищение *(-я) s*	hijack
unesení autobusu	увод, похищение, кража автобуса	hijack of a bus
UNIE	уния *(-ии) ž*, союз *(-а) m*	union
celní unie	таможенная уния	customs union
měnová unie	монетный союз	monetary union
uzavřít unii	заключить унию	to make a union
ÚNIK	утечка *(-и) ž*	escape, leak
únik informace	утечка информации	information leak
"únik mozků"	утечка мозгов	brain drain
ÚNOS	похищение *(-ия) s*	hijack, kidnap, kidnapping
únos dítěte	похищение ребенка	kidnapping of a child
únos (zejm. dětí) s cílem výkupu	киднэпинг	kidnapping (mainly children) for ransom
ÚPADEK	падение *(-ия) s*, банкротство *(-а) s*, крах *(-а) m*	decline, decay, failure
finanční úpadek	финансовый крах	bankruptcy
úpadek morálky občanů	падение морали граждан	decline in morals
ÚPIS	свидетельство *(-а) s*	bond
dlužní úpis	долговое свидетельство	bond, certificate of indebtedness
UPISOVATEL	подписчик *(-а) m*	subscriber, underwriter

upisovatel půjčky	подписчик на заем	underwriter of a loan
ÚPLATKÁŘ	взяткодатель *(-я) m*	briber, bribee
ÚPLATKÁŘSTVÍ	взяточничество *(-а) s*	corruption, bribery
UPLATNIT *dok.*	предъявить, применить осуществить	to apply, implement, enforce
uplatnit námitky	предъявить требования	to claim
uplatnit pohledávky	предъявить требования по долгам	to enforce claims
uplatnit právo	осуществить право	to enforce one's right
UPRAVIT *dok.*	регламентировать, изменить, оформить	to fix, prepare, adjust, modify, arrange
upravit předpisy	изменить инструкции	to modify instructions
upravit výkladní skříň	оформить витрину	to arrange a shop window
UPRCHLÍK	беженец *(-нца) m*	refugee
příliv uprchlíků	приток, наплыв беженцев	flood, influx of refugees
+ zaručení úplné bezpečnosti pro uprchlíky	гарантирование беженцам полной безопасности	guarantee of full security for refugees
UPSÁNÍ PŮJČKY	подписка *(-и) ž* на заём	underwriting of a loan
URAN	уран *(-а) m*	uranium
obohacený uran	обогащенный уран	enriched uranium
URBANISTICKÝ	градостроительный	town-planning
urbanistický vzhled	градостроительный облик	town-planning appearance
URBANISTIKA	градостроение *(-ия) s*	town-planning
URBANIZACE	урбанизация *(-ии) ž*	urbanization
URČIT *dok.*	определить, указать, назначить, установить	to determine, fix, state, set decide on
určit ceny výrobků	назначить цены изделий	to fix prices for goods

určit lhůtu splacení	установить срок уплаты	to set a due date
určit objem produkce	указать объем продукции	to determine production output
určit směr rozvoje	определить направление развития	to decide on a trend of development
URGENCE	напоминание *(-ия) s*	claim
ÚROKOVÝ	процентный	interest
úroková míra	процентная ставка	interest rate
úroková sazba	процентный тариф	interest rate
+ výhodná úroková sazba při půjčkách	льготная процентная ставка по ссудам	favourable interest rate for loans
ÚROK	проценты *(-ов) mn*	interest
splácení úroků	выплата процентов	interest payments
úroky z půjčky	ссудные проценты	interest on a loan
úroky z úvěru	проценты за кредит	interest on the credit
výše úroků	размер процентов	rate of interest
vybírat si úroky	брать, получать проценты	to draw interest
ÚROVEŇ	уровень *(-вня) m*	level
kulturní úroveň	культурный уровень	cultural level
životní úroveň	уровень жизни	standard of living
ÚŘAD	учреждение *(-ия) s*, бюро *neskl. s*, управление *(-ия) s*, ведомство *(-а) s*, офис *(-а) m*, пост *(-а) m*, должность *(-и) ž*	office, authorities, department, bureau
ohlašovací úřad	отдел прописки	registration office
správní úřady	органы управления	local authorities
tiskový úřad	пресс-бюро	press centre
administrativní pracovník úřadu	референт-администратор офиса	administrator, officer
Úřad předsednictva vlády	Канцелярия президиума правительства	Prime Minister's office

ujmout se úřadu	принять дела	to assume office
vykonávat úřad	исполнять обязанности	to fill a position
zastávat úřad	занимать пост, должность	to hold office
+ úřad zabývající se hledáním zločinců	оперативно-розыскное бюро (ОРБ)	bureau of investigation
ÚŘEDNÍ	официальный, деловой, ведомственный	official
úřední cestou	официальным путем, в административном порядке	through official channels
úřední knihy	деловые книги	official registers
úřední vyhláška	официальное объявление	official announcement
úřední záznamy	официальные записи	official list
ÚŘEDNÍK	служащий *(-его) m,* клерк *(-а) m*	clerk, office worker
bankovní úředník	банковский клерк, банковский служащий	bank clerk, bank official
USAZENINY (geol.)	осадки *(-ов) mn*	deposits, sediments
ÚSEK	отрезок *(-зка) m,* участок *(-стка) m,* сектор *(-а) m*	sector
úsek politiky	область политики	political sector
USNESENÍ	постановление *(-ия) s,* решение *(-ия) s,* резолюция *(-ии) ž*	resolution, decision, ruling
vládní usnesení	постановление правительства	government resolution
usnesení soudu	постановление суда	adjudication
přijmout usnesení	принять решение	to pass a resolution
USPOKOJOVÁNÍ	удовлетворение *(-ия) s*	satisfaction
ÚSPORY	денежные сбережения *(-ий) mn*	savings
dodatečné úspory	дополнительные сбережения	additional savings

nucené úspory	вынужденные сбережения	forced savings
osobní úspory	личные сбережения	personal savings
úspory obyvatelstva	народные сбережения, сбережения населения	domestic savings
uložit úspory na vysoké úroky	разместить сбережения под высокие проценты	to deposit savings to gain high interest
získávat úspory vkladatelů	привлекать денежные сбережения вкладчиков	to gain depositors' savings
USTANOVENÍ	постановление *(-ия) s*	enactment, provision, regulation
ustanovení občanského zákoníku	постановление гражданского кодекса	provisions of the civil code
+ ustanovení upravující dědictví	постановление, регулирующее наследство	legacy enactment
ÚSTAVA	конституция *(-ии) ž*	constitution
návrh ústavy	проект конституции	draft constitution
paragraf ústavy	параграф конституции, статья конституции	article, clause of a constitution
změny v ústavě	изменения в конституции	amendments to a constitution
posuzovat návrh ústavy	обсуждать проект конституции	to debate a draft constitution
přijmout ústavu	принять конституцию	to approve a constitution
ÚSTAVNOST	конституционность *(-и) ž*	constitutionality
hranice ústavnosti	границы конституционности	constitutionality limits
ÚSTUPEK	уступка *(-и) ž*	concession
dělat ústupky	пойти на уступки	to make concessions
UTEČENEC	беженец *(-нца) m*	refugee
hospodářský utečenec	экономический беженец	economic refugee
ÚTĚK	побег *(-а) m*	flight, escape
útěk mozků	утечка мозгов, брейн-дрейн	brain drain

útěk z vězení	побег из тюрьмы	escape from prison
útěk z vojenské služby	побег с военной службы	desertion
ÚTLUMOVÝ PROGRAM	программа *(-ы) ž* свёртывания производства	curtailing programme
ÚTOK	нападение *(-ия) s*, атака *(-и) ž*, наступление *(-ия) s*	attack, assault
mohutný útok	крупное наступление	fierce attack
ozbrojený útok	вооруженное нападение	armed attack
pozemní útok	наземная атака	surface attack
pumový útok	атака с применением бомб	bomb attack
podniknout letecký útok	предпринять атаку с воздуха	to carry out an air-raid
rozvinout útok	развернуть атаку	to launch an attack
stát se terčem útoku	стать мишенью нападения	to become the enemy's main target
vyhrožovat útokem	угрожать атакой	to threaten an attack
zmařit útok vojsk	сорвать крупное наступление войск	to beat off an assault
ÚTRATA	расход *(-а) m*, издержка *(-и) ž*, трата *(-ы) ž*	expense, expenditure
ÚTVAR RYCHLÉHO NASAZENÍ (URNA)	группа *(-я) ž* немедленного реагирования	antiterrorist regiment
UVALIT *dok.*	наложить, обложить	to impose
uvalit restrikce	наложить рестрикции	to impose restrictions
UVĚDOMĚNÍ	сознание *(-ия) s*	consciousness
formování politického uvědomění	формирование политического сознания	formation of political consciousness

ÚVĚR	кредит *(-а) m*	credit
výhodný úvěr	выгодный кредит	soft, preferential credit
velikost úvěru	размер кредита	credit amount, extent
poskytnout úvěr *někomu*	предоставить кредит *кому*, кредитовать *кого*	to grant credit facilities
splácet, splatit úvěr	погашать, погасить кредит	to repay a credit
získat úvěr	получить кредит	to receive a credit
+ poskytnout úvěr na majetkovou záruku	предоставить кредит под имущество	to grant credit against property
ÚVĚROVÝ	кредитный	credit
úvěrová politika	кредитная политика	credit, loan policy
UVÉST *dok.*	указать	to give
uvést osobní údaje	указать паспортные данные	to give personal data
UVOLNĚNÍ	ослабление *(-ия) s*, разрядка *(-и) ž*	détente, relaxation, easing
politické uvolnění	политическая разрядка	political détente
vojenské uvolnění	военная разрядка	military détente
uvolnění mezinárodního napětí	ослабление международного напряжения	easing of international tension
uvolnění v mezinárodních vztazích	разрядка в международных отношениях	relaxation of international relations
brzdit proces uvolňování	тормозить процесс разрядки	to impede détente
podrývat proces uvolňování	подрывать процесс разрядки	to subvert the process of détente
stavět se proti uvolnění	противодействовать разрядке	to oppose détente
UVOLNIT *dok.*	отпустить *(-шу, -пустишь)*, освободить *(-жу,-дишь)*, выделить	to allocate, assign
uvolnit platby z účtu	выделить платежи со счета	to allocate payments
uvolnit prostředky	высвободить средства	to allocate funds
uvolnit zdroje	освободить ресурсы	to allocate resources

UZÁKONĚNÍ	узаконение *(-ия) s*	legalization
uzákonění manželství	узаконение брака	legalization of marriage
UZÁVĚRKA	подведение *(-ия) s* баланса,заключительный баланс *(-а) m*	balance, balancing, financial statement
pokladní uzávěrka	подведение кассового баланса	statement of account
účetní uzávěrka	бухгалтерский баланс, “снятие кассы", *hovor.*	balance of an account
UZÁVĚRKOVÝ	балансовый	balance
uzávěrkový list	балансовый отчет	balance
UZAVŘÍT *dok.*	заключить, закрыть	to close, conclude, compile
uzavřít dohodu	заключить соглашение	to make an agreement
uzavřít rejstřík akcionářů	закрыть реестр акционеров	to compile a register of shareholders
ÚZEMÍ	территория *(-ии) ž*	area, territory
chráněné území	заповедные, охраняемые территории	protected area
okupované území	оккупированная территория	occupied territory
nedotknutelnost území	неприкосновенность территории	inviolability of the territory
ÚZEMNÍ SAMOSPRÁVA (celek)	земство *(-а) s*	local authorities
UZNAT *dok.*	признать	to recognize
uznat oprávněnost požadavku	признать законность требования	to recognize the legitimacy of a demand
UŽITNÁ HODNOTA	потребительная стоимость *(-и) ž*	value in use
UŽÍVÁNÍ	эксплуатация *(-ии) ž*, потребление *(-ия) s*	exploitation, use, utilization
doživotní užívání	эксплуатация до конца жизни, пожизненное пользование	life-long use

užívání narkotik	потребление наркотиков	narcotics use
vysazení narkotik	пресечение потребления наркотиков	discontinuation of drug use
UŽIVATEL	пользователь *(-я) m*	user
V		
VÁLČIT *nedok. s někým*	вести войну *с кем, против кого*	to be at war with sb
VÁLEČNÝ	военный	war, wartime
válečný stav	военное положение	belligerency
válečný zločinec	военный преступник	war criminal
VÁLKA	война *(-ы) ž*	war
bratrovražedná válka	братоубийственная война	fratricidal war
občanská válka	гражданская война	civil war
padnout ve válce	пасть в бою	to lose one's life during the war
zničit, zbořit za války	разрушить во время войны	to destroy during the war
+ každoročně si připomínat památku vojáků padlých ve válce	ежегодно вспоминать павших в бою солдат	to pay annual tribute to the memory of war victims
VALNÁ HROMADA	общее собрание *(-ия) s*	general meeting
mimořádná valná hromada	чрезвычайное, внеочередное общее собрание	extraordinary general meeting
řádná valná hromada	очередное общее собрание	regular general meeting
ustavující valná hromada	учредительное общее собрание	constituent general meeting
usnesení valné hromady	постановление общего собрания	resolution of a general meeting
VALNÁ HROMADA *(*akcionářů*)*	собрание *(-ия) s* акционеров	shareholders' meeting

VALORIZACE	валоризация *(-ии) ž*, индексация *(-ии) ž*	valorization
valorizace měny	изменение паритета валюты	valorization of currency
VALORIZOVAT *d/n*	индексировать	to valorize
VALUTA	валюта *(-ы) ž*	currency
nabídka valut	предложение валюты	currency supply
platit ve valutách	платить в валюте	to pay in currency
+ povolení obchodovat za valuty	валютная лицензия	licence to trade using hard currency
VALUTOVĚ NÁROČNÝ	валютоёмкий	currency-demanding
VALVACE	вальвация *(-ии) ž*	valuation
VÁNOCE	рождество *(-а) s*	Christmas
o Vánocích	на рождество	at Christmas
VÁZANÝ	блокированный	blocked
vázaná měna	блокированная валюта	blocked currency
vázaný účet	арест на вклад	blocked account
VAZBA	арест *(-а) m*, взятие *(-ия) s*, заключение *(-ия) s* под стражу	arrest, detention
vyšetřovací vazba	предварительное заключение	remand
být ve vazbě	находиться под стражей, под арестом	to be under arrest, in custody
propustit z vazby	освободить из-под стражи	to release from custody
uvalit vazbu *na někoho*	подвергнуть *кого* аресту	to put under arrest
vzít do vazby	взять под стражу	to take into custody
VĚCNÉ BŘEMENO	материальные обязательства *(-0) mn*	right of user
VĚDEC	учёный	scientist

význačný vědec	крупный ученый	outstanding scientist
VĚDECKO-	научно-	scientific-
vědeckotechnický	научно-технический	technical, technological
vědeckovýrobní	научно-производственный	production
vědeckovýzkumný	научно-исследовательский	research
VĚDECKÝ	учёный, научный	scientific
vědecká hodnost	ученая степень	scientific degree
vědecká organizace	научная организация	scientific institution
vědecká rada	ученый совет	scientific board
vědecké centrum	научный центр	centre of science and technology
VEDENÍ	начальство *(-а) s*	management
VEGETACE	растительность *(-и) ž*	vegetation
pozemní vegetace	наземная растительность	surface vegetation
poznávání vegetace	познание растительности	exploration of the vegetation
“VEKSLÁK”	фарцовщик *(-а) m*	foreign currency trafficker
VELENÍ	командование *(-ия) s*	command
vojenské velení	военное командование	army command
vrchní velení armády	верховное командование армии	supreme command
vrchní velení ozbrojených sil	верховное командование вооруженных сил	supreme command of armed forces
VELETRH	ярмарка *(-и) ž*	(trade) fair
mezinárodní veletrh	международная ярмарка	international fair
všeobecný veletrh	универсальная ярмарка	general fair
vzorkový veletrh	ярмарка образцов	sample fair
uspořádat veletrh	организовать ярмарку	to organize a fair
VELIKONOCE	пасха *(-и) ž*	Easter

VELITEL	командир *(-а) m,* командующий *(-его) m*	commander
vrchní velitel branné moci	главнокомандующий вооруженных сил	commander-in-chief of the armed forces
VELKOMĚSTO	мегаполис *(-а) m,* город-гигант *(-а) m,* сверхгород *(-а) m,* крупный город *(-а) m*	conurbation, megalopolis
VELKOOBCHOD	оптовая торговля *(-и) ž*	the wholesale trade
VELKOOBCHODNÍ	оптовый	wholesale
velkoobchodní ceny	оптовые цены	wholesale prices
velkoobchodní transakce	оптовая сделка	wholesale transaction
VELMOC	великая держава *(-ы) ž*	big power
pevninská velmoc	континентальная держава	continental big power
svrchovaná velmoc	суверенная великая держава	sovereign big power
VELVYSLANEC	посол *(-сла) m*	ambassador
mimořádný a zplnomocněný velvyslanec	чрезвычайный и полномочный посол	extraordinary and plenipotentiary ambassador
stálý velvyslanec	постоянный посол	resident ambassador
odvolání velvyslance	отзыв посла	withdrawal of an ambassador
úřad velvyslance	ранг посла	ambassadorship
jmenovat velvyslance	назначить послом	to appoint ambassador
odvolat velvyslance	отозвать посла	to recall the ambassador
VELVYSLANECTVÍ	посольство *(-а) s*	embassy
Ruské velvyslanectví	Российское посольство	Russian Embassy
VEŘEJNOST	общественность *(-и) ž*	community, general public
představitelé české veřejnosti	представители чешской общественности	representatives of Czech public life
VEŘEJNÝ	публичный	public
veřejný dům	публичный дом	house of ill repute, brothel
veřejný skandál	публичный скандал	public scandal

veřejné vystoupení	публичное выступление	public performance
VĚŘÍCÍ *subst.*	верующий *(-его) m*	believer
věřící různých náboženství	верующие различных вероисповеданий	believers of various churches
VĚŘITEL	кредитор *(-а) m*	creditor
uklidnit věřitele	успокоить кредитора	to reassure a creditor
VÉST *nedok.*	вести *(-ду,-дёшь)*	to conduct, guide, keep
vést účty	вести счета	to keep accounts
VETO	вето *neskl. s*	veto
právo veta	право вето	right of veto
VETOVAT *d/n co*	наложить вето *на что*	to put a veto
VĚTŠINA	большинство *(-а) s*	majority
nadpoloviční většina	абсолютное большинство	absolute majority
těsná většina	незначительное большинство	bare majority
dvoutřetinová většina	большинство в две трети голосов	majority of two thirds
zvolit většinou hlasů	избрать большинством голосов	to elect by a majority of votes
VĚTŠINOVÝ	мажоритарный	majority
většinový systém	мажоритарная система	majority system
VĚZEŇ	узник *(-а) m*, осуждённый *(-ого) m* , заключённый *(-ого) m*, арестант *(-а) m*	prisoner
uprchlý vězeň	беглый арестант	escapee
vězeň svědomí	узник совести	prisoner of conscience
+ speciálně upravený vagon pro přepravu vězňů	вагон-зак *(-а) m*	Black Maria
VICEPREMIÉR	вице-премьер *(-а) m*	deputy Prime Minister

VICEPREZIDENT	вице-президент *(-а) m*	vice-president
VIDEOKAZETA	видеокассета *(-ы) ž*	video-cassette
VIDEOKLIP	видеоклип *(-а) m*	videoclip
natočit videoklip	снять видеоклип	to take a videoclip
VIDEOPIRÁTSTVÍ	видеопиратство *(-а) s*	video piracy
VIDEOPROGRAM	видеопрограмма *(-ы) ž*	video programme
předvádění videoprogramů	демонстрация видеопрограмм	presentation of video programmes
VIDEOTECHNIKA	видеотехника *(-и) ž*	audio-visual aids
prodej videotechniky	продажа видеотехники	sale of audio-visual aids
VIDEOZÁZNAM	видеозапись *(-и) ž*	video recording
VINA	вина *(-ы) ž,* виновность *(-и) ž*	guilt
svalovat vinu *na koho*	сваливать вину *на кого*	to lay a guilt at sb's door
VIRTUALITA	виртуальность *(-и) ž*	virtuality
VÍZUM	виза *(-ы) ž*	visa
vstupní vízum	въездная виза	entry visa
výstupní vízum	выездная виза	exit visa
doba platnosti víza	срок действия визы	period of validity of a visa
VKLAD	взнос *(-а) m*, вклад *(-а) m*, пай *(пая) m*	deposit
jednoduchý vklad	простой вклад	single deposit
termínovaný vklad	срочный вклад	fixed-term deposit
úročený vklad	процентный вклад	interest bearing deposit
vinkulovaný vklad	условный вклад	tied deposit
výherní vklad	выигрышный вклад	premium deposit
příjem a výdej vkladů	прием и выдача вкладов	receipt and withdrawal of deposits
vklad na požádání	вклад до востребования	demand deposit
vklad s výpovědní lhůtou	срочный вклад	time deposit
vybrat z vkladu	снять с вклада	to collect from a deposit

VKLADNÍ	сберегательный	deposit
vkladní knížka	сберегательная книжка	savings bank book
VLÁDA	правительство *(-a) s*	government, cabinet
autoritativní vláda	авторитарное правительство	autocratic government
koaliční vláda	коалиционное правительство	coalition government
loutková vláda	марионеточное правительство	puppet government
protilidová vláda	антинародное правительство	antipopular government
většinová vláda	мажоритарное правительство	majority government
sestavení vlády	формирование правительства	formation of a cabinet
jmenovat vládu	назначить правительство	to appoint the cabinet
odvolat vládu	отозвать правительство	to recall the cabinet
sestavit vládu	сформировать правительство	to set up a cabinet
svrhnout vládu	свергнуть правительство	to overthrow the government
vyjádřit nedůvěru vládě	выразить недоверие правительству	to give a vote of nonconfidence
+ pověřit premiéra sestavením vlády	поручить премьеру сформировать правительство	to charge Premier Minister with setting up the cabinet
+ vláda dočasně plnící své funkce	правительство, временно исполняющее свои функции	caretaker government
VLÁDNÍ	правительственный	governmental
vládní kabinet	кабинет правительства	cabinet
vládní krize	правительственный кризис	cabinet crisis
vládní kruhy	правительственные круги	government circles
vládní vyznamenání	правительственная награда	government award
+ snížit počet lidí vládního kabinetu	сократить численность кабинета правительства	to reduce the number of cabinet members

+ vysílat rozhlasem sdělení vlády	передавать по радио правительственное сообщение	to transmit a communiqué by radio
VLASTNICTVÍ	со̲бственность *(-и) ž*	property, ownership
akciové vlastnictví	акционерная собственность	joint-stock property
drobné vlastnictví	мелкая собственность	small property
družstevní vlastnictví	кооперативная собственность	cooperative ownership
duševní vlastnictví	духовная собственность	intellectual property
kapitálové vlastnictví	собственность на капитал	capital ownership
obecné, městské vlastnictví	муниципальная собственность	public property, common ownership
osobní vlastnictví	личная собственность	personal property
pozemkové vlastnictví	поземельная собственность, собственность на землю	freehold property
soukromé vlastnictví	частная собственность	private property
druhy vlastnictví	виды собственности	types of property
vlastnictví půdy	собственность на землю	land ownership
vlastnictví výrobních prostředků	собственность на средства производства	ownership of the means of production
zkonfiskovat vlastnictví *někoho*	конфисковать частную собственность *кого-л.*	to seize sb's property
VLASTNÍK	держа̲тель *(-я) m*, владе̲лец *(-льца) m*, облада̲тель *(-я) m*, со̲бственник *(-а) m*	owner, proprietor
pověřený vlastník	доверительный собственник	authorized owner
zákonitý vlastník	законный владелец	legal owner
vlastník platné železniční jízdenky	обладатель действительного железнодорожного билета	train ticket holder
vlastník poháru	обладатель кубка	cup winner

vlastník směnky	векселедержатель	payee
vlastník účtu	владелец счета	account holder
VLASTNIT *nedok. něco*	обладать *чем*, владеть *чем*	to own, possess
vlastnit bohatství	обладать богатством	to possess wealth
vlastnit půdu	владеть землей	to possess land
VLASTNORUČNĚ	собственноручно	in one's own hand
sepsat závěť vlastnoručně	составить завещание собственноручно	to draw up a testament in one's own hand
VLOŽIT *dok.*	вложить	to deposit, insert
vložit úspory	вложить сбережения	to deposit savings
VNIKNUTÍ	заход *(-а) m*	invasion, penetration
+ vniknutí lodí do výsostných vod souseda	заход кораблей в воды соседа	encroachment of ships into a neighbour's territorial waters
VNITŘNÍ	внутренний	domestic, home, inner
vnitřní obchod	внутренняя торговля	home trade
vnitřní státní dluh	внутренний государственный долг	internal debt
vnitřní trh	внутренний рынок	domestic market
VODA	вода *(-ы) ž*, воды *(вод) mn*	water
odpadová voda	сточные воды	waste water
povrchová voda	поверхностные воды	surface water
sladká voda	пресная вода	fresh water
spodní voda	грунтовые воды	ground water
prameny vody	источники воды	water resources
vysoký stav vody	высокая вода	high water level
zásobování vodou	водоснабжение	water supply
VODOJEM	водоём *(-а) m*	water tank
VOJÁK	военный *(-ого) m*, военнослужащий *(-его) m*, солдат *(-а) m*	soldier
aktivní voják	военный, состоящий на действительной службе	soldier on active service

VOJENSKÝ	военный, воинский	military
vojenská jednotka	воинская часть	military unit
vojenská povinnost	воинский долг	national service, conscription
vojenská technika	военная техника	military equipment
+ vyvážet vojenský materiál do ciziny	экспортировать стратегический материал	to export military material
VOJSKO	войско *(-а) s*, войска *mn*	armed forces, army, troops
pozemní vojska	сухопутные войска	land forces
velet vojsku	командовать войском	to command an army
VOLBY	выборы *(-ов) mn.*	election
aklamační volba	выборы путем открытого голосования	vote by acclamation
platné volby	действительные выборы	valid election
přímé volby	прямые выборы	direct election
tajné volby	тайные выборы	secret election
veřejné volby	открытые выборы	open election
všeobecné volby	всеобщие выборы	general election
volby do Sněmovny a Senátu	выборы в палату и сенат	election to Parliament and Senate
+ volby byly neplatné	выборы оказались недействительными	election was null and void
VOLEBNÍ	избирательный, выборный	election, electoral
volební kampaň	выборная кампания	election campaign
volební komise	избирательная комиссия	election committee
volební listina	избирательный бюллетень	ballot paper
volební obvod	избирательный участок	election district
VOLIČ	избиратель *(-я) m*	elector, voter
požadavek voličů	требование избирателей	electoral demand

VOLIČSKÝ	избирательный	electoral
voličský seznam	список избирателей	electoral register
VOLIT *nedok.*	избирать, выбирать	to elect, vote
volit předsedu	выбирать председателем, в председатели	to elect a chairman
VOLITELNOST	выборность *(-и) ž*	eligibility
zásada volitelnosti	принцип выборности	principle of eligibility
VOLNÝ	свободный	free
volný obchod	свободная торговля	free trade
volné peníze	свободные деньги	ready money
VÓTUM *s*	вотум *(-а) m*	vote
vótum důvěry	вотум доверия	vote of confidence
vótum nedůvěry	вотум недоверия	vote of no confidence
vótum většiny	множественный вотум	majority vote
VRAH	убийца *(-ы) m,* киллер *(-а) m*	killer, murderer
VRÁTIT *dok.*	вернуть, возвратить *(-щу, -тишь)*	to give back, return
vrátit soudní cestou	вернуть через суд	to return by legal action
VSTUPNÉ	входная плата *(-ы) ž*	entrance fee
VŠEOBECNÝ	всеобщий	general
všeobecná deklarace lidských práv	всеобщая декларация прав человека	general declaration of human rights
všeobecné hlasovací právo	всеобщее избирательное право	general right to vote
všeobecná stávka	всеобщая забастовка	general strike
VŮDCE	вождь*(-я) m,* руководитель*(-я) m,* лидер *(-а) m*	leader
politický vůdce	лидер	political leader
vůdce hnutí odporu	лидер движения сопротивления	resistance movement leader

VYBAVENÍ	снаряжение *(-ия) s*, снабжение *(-ия) s*, экипировка *(-и) ž*	equipment
vojenské vybavení	экипировка армии	military equipment
VYBAVIT *dok.*	оснастить *(-щу,-тишь)*	to equip with
vybavit technickými prostředky	оснастить техническими средствами	to equip with technical devices
VÝBĚR	отбор *(-а) m*	choice, selection
přírodní výběr	естественный отбор	natural selection
VÝBOR	комитет *(-а) m*	committee
školský výbor parlamentu	комитет парламента по образованию	parliamentary committee on education
zahraniční výbor státní dumy	комитет Государственной Думы по внешним связям	foreign committee of the State Duma
výbor parlamentu	комитет парламента	parliamentary committee
VYBRAT *dok.*	снять *(сниму,снимешь)*, собрать*(соберу,соберёшь)*, взять*(возьму,возьмёшь)*	to collect, withdraw
vybrat clo	взять пошлину	to collect duty
vybrat hotovost	снять наличность	to withdraw cash
vybrat na pojistném	собрать от страховых платежей	to collect out of insurance payments
VÝBUCH	взрыв *(-а) m*	explosion
podzemní výbuch	подземный взрыв	underground explosion
pokusný výbuch	опытный взрыв	test explosion
omezit podzemní výbuchy	ограничить подземные взрывы	to reduce underground explosions
provést výbuch	произвести взрыв	to conduct an explosion
VÝČET	перечисление *(-ия) s*, перечень *(-чня) m*	enumeration,list
VYČÍSLOVAT *nedok.*	перечислять	to enumerate, quantify
vyčíslovat škody	перечислять убытки	to quantify damage

VYČIŠTĚNÍ	зачистка *(-и) ž*	cleaning, purification
VYČLENIT *dok.*	выделить	to earmark
vyčlenit z rozpočtu	выделить из бюджета	to earmark from the budget
VÝDAJ *(zprav. mn.* výdaje)	расход *(-а) m, zprav. mn.* расходы, издержки *(-жек) mn*	cost, expenditure, expense costs, expenses *mn*
běžné výdaje	текущие расходы	current expenditures
sociální výdaje	социальные расходы	social expenditure
soudní výdaje	судебные издержки	legal costs
výdaje ze státního rozpočtu	бюджетные расходы	budgetary expenditure
hradit výdaje	нести расходы *на что-н.*, покрывать расходы *на что-н.*	to cover expenses
VYDÁNÍ	выдача *(-и) ž*	handing over
+ fyzické vydání továrny dědicům	физическая выдача фабрики наследникам	handing over of a factory to the lawful heirs
VYDÁNÍ (zločince)	выдача *(-и) ž,* экстрадиция *(-ии) ž*	extradition
VYDAT *dok.*	выпустить *(-щу, -тишь)*, выставить *(-влю,-вишь)*, выдать *(выдам, выдашь)*	to issue
vydat akcie	выпустить акции	to issue shares
vydat na podpis	выдать под расписку	to issue after a signature
vydat platební kartu	выставить платежную карту	to issue a credit card
VYDĚRAČ	вымогатель *(-я) m*, шантажист *(-а) m*, рэкетир *(-а) m*	blackmailer, racketeer
VYDĚRAČKA	вымогательница *(-ы) ž*	blackmailer
VYDĚRAČSTVÍ	вымогательство *(-а) s*, шантаж *(-а) m*, рэкет *(-а) m*	blackmail, extortion

VYDÍRÁNÍ	шантаж *(-а) m*, вымогательство *(-а) s*	blackmail, extortion
+ podlehnout vydírání, vyhrožování profašistických sil	поддаться на шантаж профашистских сил	to succumb to the blackmail of profascist forces
VYDÍRAT *nedok.*	шантажировать	to blackmail
VYDRŽOVÁNÍ *někoho někde*	содержание *(-ия) s*	maintenance, support
vydržování dětí v internátech	содержание детей в интернатах	maintenance of children at boarding schools
VYHLÁSIT *dok.*	объявить *(-влю,-вишь)*	to announce, declare
vyhlásit bojkot firmy	объявить о бойкоте фирмы	to declare a boycott of a firm
VYHLAZENÍ	истребление *(-ия) s*	extermination
VYHNOUT SE *dok.*	уклониться	to avoid, dodge
vyhnout se vojenské službě	уклониться от военной службы	to dodge military service
VYHOSTIT *dok.*	выслать, изгнать	to exile, expel
vyhostit z republiky	выслать, изгнать из республики	to exile from the republic
VYHOŠTĚNÍ	высылка *(-и) ž*	expulsion
+ razítko v pase o vyhoštění ze země	печать в паспорте о высылке из страны	stamp in a passport concerning expulsion from a country
VYHOTOVENÍ	оформление *(-ия) s*	registration
notářské vyhotovení	нотариальное оформление	legal registration
VYHRADIT SI *dok.*	оговорить	to reserve
vyhradit si částku úroků	оговорить сумму процентов	to reserve the interest
VYHUBENÍ	истребление *(-ия) s*, уничтожение *(-ия) s*	extinction

vyhubení kožešinové zvěře	истребление пушных зверей	extinction of fur-bearing game
vyhubení mnohých druhů savců	уничтожение многих видов млекопитающих	extinction of numerous mammal species
VYHYNUTÍ	вымирание *(-ия) s*	extinction
VÝCHOZÍ	базисный	initial
výchozí cena	базисная цена	initial price
VYKALKULOVAT *dok.*	скалькулировать	to calculate
vykalkulovat cenu	скалькулировать цену	to calculate the price
VÝKAZNICTVÍ	отчётность *(-и) ž*	accounting, reports
účetní výkaznictví	бухгалтерская отчетность	balance
VYKLÁDÁNÍ KARET	гадание *(-ия) s* на картах	reading cards
VÝKON	реализация *(-ии) ž*, выполнение *(-ия) s*, исполнение *(-ия) s*	execution, performance, output, enforcement
výkon práva	реализация права	enforcement of law
výkon rozhodnutí	исполнение решений	carrying-out of the execution
VYKOUPIT *dok.*	выкупить	to buy out
vykoupit za cenu	выкупить по цене	to pay a price for
VÝKUP	выкуп *(-а) m*	buy-out
VÝKUPNÉ	выкуп *(-а) m*, откупное *(-ого) s*	ransom
VÝLOHY	расходы *(-ов) mn*, затраты *(-рат) mn*, издержки *(-жек) mn*	costs, expenditure expenses
bankovní výlohy	банковские расходы	bank expenditure
VYLOUČIT *dok.*	исключить	to exclude
vyloučit dvojí zdanění	исключить двойное налогообложение	to exclude double taxation

VÝLOV	вылов *(-а) m*	fish-pond clearance
+ výlov základních druhů lovných ryb	вылов основных видов промысловых рыб	unstocking of basic fish species
VYMÁHAT *nedok.*	взыскивать, вымогать	to exact, extract, reclaim
VYMAHATEL	вымогатель *(-я) m*	exactor, collector
soukromý vymahatel	частный вымогатель	private exactor
vymahatel dlužné částky	вымогатель долга	debt collector
VÝMĚNA	обмен *(-а) m*	exchange
látková výměna	обмен веществ	metabolism
VYMĚŘIT *dok.*	назначить, наложить	to assess, fix
vyměřit clo	наложить пошлину	to impose a duty
VYMÍRÁNÍ	вымирание *(-ия) s*	extinction
VYMOCI *dok.*	взыскать	to exact, extract, reclaim
vymoci pohledávky	взыскать долги	to exact claims
VYNÁŠET (zisky)	давать, приносить *кому* доход, прибыль	to make a profit of
VÝNOS	доход *(-а) m,* прибыль *(-и) ž*, указ *(-а) m*	decree, returns, yield
peněžní výnos	денежный доход	money yield
prezidentský výnos číslo	президентский указ N.., указ президента за номером	presidential order No ...
výnos daně z obratu	доход от налога с оборота	purchase tax yield
zvýšení (peněžních) výnosů	повышение (денежных) доходов	increase in (money) yields
VYPADAT *nedok.*	выглядеть *(-жу,-дишь)*	to look, seem
vypadat solidně	выглядеть солидно	to look respectable
VYPAŘOVÁNÍ	испарение *(-ия) s*	evaporation
snižovat vypařování vody	уменьшать испарение воды	reduce water evaporation

VÝPIS	выписка *(-и) ž*	statement, extract
výpis z matriky	выписка из метрики, выписка из свидетельства о рождении	extract from the register
VÝPLATA	выплата *(-ы) ž*	payment
výplata dividend	выплата дивидендов	dividend payment
VÝPLATNÍ	платёжный	payment
výplatní listina	платежная ведомость	payroll
VYPLATIT *dok.*	выплатить *(-чу, тишь)*, уплатить, расплатиться	to pay off, pay out
vyplatit rozdíl	уплатить разницу	to pay back the difference
vyplatit s úroky	расплатиться с лихвой	to pay back for st with interest
vyplatit zálohově	выплатить авансом	to pay an advance
VYPLNIT *dok.*	заполнить	to complete, fill in
vyplnit šek na doručitele	заполнить чек на предъявителя	to fill in a bearer cheque
VÝPOČET	расчёт *(-а) m*, исчисление*(-ия) s*	calculation, computation
analytický výpočet	аналитический расчет	analytical calculation
fiktivní výpočet	условный расчет	fictitious calculation
finanční výpočet	финансовый расчет	financial calculation
hrubý výpočet	черновой расчет	gross calculation
předběžný výpočet	предварительный расчет	preliminary calculation
přibližný výpočet	ориентировочный расчет	estimated number
výpočet úroků	начисление процентов	computation of interest
VYPOČÍTAT *dok.*	исчислить, вычислить	to calculate
vypočítat odměnu	исчислить вознаграждение	to calculate remuneration
VÝPOČTY	расчёты *(-ов) mn*	calculations, computations
běžné výpočty	текущие расчеты	current calculations
nepřesné výpočty	неточные расчеты	inexact calculations

zmýlit se ve svých výpočtech	обмануться в своих расчетах	to go wrong in one's calculations
VYPOŘÁDAT *dok.*	рассчитаться	to settle
VÝPOVĚĎ	отказ *(-а) т*	dismissal, notice
výpověď smlouvy	отказ от договора	termination of a contract
výpověď z bytu	отказ в квартире	notice to quit a flat
VYPOVĚDĚT *dok.*	отказать, расторгнуть	to terminate, revoke
vypovědět smlouvu	расторгнуть договор	to terminate a contract
vypovědět z bytu	отказать в квартире	to give notice to quit a flat
VÝPRODEJ	распродажа *(-и) ž*	sale
sezonní výprodej	сезонная распродажа	seasonal sale
výprodej "laciného zboží"	дешевая распродажа	jumble sale
VYRÁBĚT *nedok.*	выпускать, производить	to manufacture, produce
VÝROBA	производство *(-а) s*, изготовление *(-ия) s*	production, manufacture
pokles výroby	спад производства	production decrease
stimulovat výrobu	стимулировать производство	to stimulate production
+ nynější rozsah poklesu výroby	нынешние масштабы спада производства	current extent of the decline in production
VÝROBCE	производитель *(-я) m*, изготовитель *(-я) m*	manufacturer, producer
dominantní výrobce	доминирующий производитель	leading manufacturer
VYROVNAT *dok.*	погасить *(-шу,-асишь)*	to settle
vyrovnat směnku	погасить вексель	to settle a bill
VYROZUMĚNÍ	уведомление *(-ия) s*, извещение *(-ия) s*, сообщение *(-ия) s*, оповещение *(-ия) s*	advice, notice
VYŘADIT *dok.*	исключить, изъять *(изыму, изымешь)*, забраковать	to cast out, reject, strike off

vyřadit vadné zboží	забраковать дефектный товар	to reject deffective goods
vyřadit z evidence	снять с учета	to strike off the record
VÝSADBA	посадка *(-и) ž*	planting out
výsadba stromů	посадка деревьев	planting out of trees
VÝSADEK	десант *(-а) m*	landing force
vysazení, vylodění výsadku	высадка десанта	landing of troops
VYSÍDLENÍ (nucená evakuace)	выселение *(-ия) s,* экспатриация *(-ии) ž*	evacuation
VYSÍLAT *nedok.*	транслировать, передавать	to broadcast
VYSLANEC	посланник *(-а) m*	messenger, ambassador
VÝSLECH (posádky po splnění úkolu)	дебрифинг *(-а) m*	debriefing
VÝSLUŽBA	отставка *(-и) ž*	retirement
+ žádost o převedení do výslužby	прошение в отставку	apply for retirement
VYSOCE TOXICKÝ	высокотоксичный	highly toxic
VYSTAVIT *dok.*	оформить, выписать, выдать, выставить	to issue
vystavit doklad	оформить, выписать документ	to issue a document
vystavit pověření	выдать доверенность	to issue accreditation
vystavit šek	выписать чек	to make out a cheque
VYSTAVOVATEL	экспонент *(-а) m*	exhibitor
VYSTOUPIT *dok.*	выступить, выйти	to stand up for
vystoupit v zájmu klienta	выступить в интересах клиента	to represent a client's interests
VÝSTROJ	экипировка *(-и) ž*	equipment, outfit

VYSTŘÍZLIVĚNÍ	выход *(-а) m* из запоя, похмелья	sobering up
VYSVĚDČENÍ	свидетельство *(-а) s*	certificate
lékařské vysvědčení	медицинское свидетельство	health certificate
propouštěcí vysvědčení	отпускное свидетельство	discharge certificate
VÝŠE	размер *(-а) m*	amount, size, scale
výše důchodu	размер пенсии	scale of pension
výše mzdy	размер зарплаты	wage scale
VYŠETŘOVACÍ	следственный	investigating
vyšetřovací vazba	следственный изолятор	remand
VYŠETŘOVÁNÍ	расследование *(-ия) s*, следствие *(-ия) s*	investigation
předběžné vyšetřování	предварительное следствие	preliminary investigation
soudní vyšetřování	судебное следствие	court investigation
vyšetřování obžalovaného	допрос *(-а) m*	interrogation of the accused
+ být v soudním vyšetřování	находиться под следствием	to be on remand
VYŠETŘOVAT *nedok.*	вести следствие	to investigate
VYŠETŘOVATEL	следователь *(-я) m*	examining magistrate
vyšetřovatel prokuratury	следователь прокуратуры	investigator of the prosecutor's office
VYŠROUBOVAT *dok.*	накрутить, взвинтить	to force up, unscrew
vyšroubovat cenu zboží	накрутить на цену товара	to force up prices
VYTLESKÁNÍ (řečníka)	захлопывание *(-ия) s*	getting a speaker out of the the platform
VYÚČTOVÁNÍ	расчёт *(-а) m*, платёж *(-а) m*, расчётная ведомость *(-и) ž*, отчёт *(-а) m*	settlement, calculation

vyúčtování zálohy	авансовый отчет	calculation of an advance payment
VYÚČTOVAT *dok.*	отчитаться	to account, give an account
vyúčtovat poplatek	отчитаться за сбор	to account for a charge
VYUŽÍT *dok.*	использовать	to exploit, use
využít know-how	использовать ноу-хау	to use know-how
VYVÁŽET *nedok.*	вывозить *(-жу,-озишь)*, экспортировать *(-рую, -руешь)*	to export
VYVLASTŇOVÁNÍ	отчуждение *(-ия) s*	expropriation
VÝVOZ	вывоз *(-а) m*, экспорт *(-а) m*	export(s)
vývoz surovin	экспорт сырья	export of raw materials
vývoz hotových výrobků	экспорт готовых изделий	export of commodities
+ vývoz převažuje nad dovozem	экспорт превышает импорт	export exceeds import
VÝVOZCE	экспортёр *(-а) m*	exporter
vývozce zbraní	экспортер оружия	exporter of weapons
VÝVOZNÍ	вывозной экспортный	export
vývozní doložka	экспортная оговорка	export clause
vývozní povolení	разрешение на вывоз, вывозное разрешение	export licence
VÝZBROJ *(zbraně)*	вооружение *(-ия) s*	weapons, armament
konvenční výzbroj	обычное вооружение	conventional weapons
likvidace výzbroje	уничтожение вооружения	elimination of weapons
snížení výzbroje, zbrojení	сокращение вооружения, ограничение вооружения	reduction in armaments
ničit výzbroj	уничтожать вооружение, оружие	to eliminate weapons

+ směr na radikální omezení jaderné výzbroje	курс на радикальное сокращение ядерных вооружений	course for dramatic reduction in nuclear weapons
+ výzbroj ve stavu bojové pohotovosti	вооружения, находящиеся на боевом дежурстве	armaments ready for action
VYZNAČIT *dok.*	обозначить	to mark
vyznačit v příloze	обозначить в приложении	to mark in the appendix
VYZNAMENÁNÍ	награда *(-ы) ž*	award
nejvyšší státní vyznamenání	высшая государственная награда	highest government award
VYZNAMENAT *dok.*	наградить *кого чем,* удостоить награды *кого*	to decorate, honour
+ vyznamenat hosta nejvyšším státním vyznamenáním	вручить гостю высшую государственную награду	to grant a visitor the highest government award
VÝZNAMNÝ	ценный, выдающийся	important
významný člověk	ценный человек	very important person (V.I.P)
významný objev	ценное открытие	important discovery
VYZNÁNÍ	вероисповедание *(-ия) s*	denomination, religion
svoboda vyznání (víry)	свобода вероисповедания	freedom of worship
VYZVEDNOUT *dok.*	взять, снять	to collect, lift, withdraw
vyzvednout z účtu	взять, снять со счета	to withdraw from the account
VYŽÁDAT SI *dok.*	востребовать	to ask for, request
vyžádat si vzorek	востребовать образец	to ask for a sample
VYŽIVOVÁNÍ	иждивение *(-ия) s*	maintenance
vyživovaná osoba	иждивенец	dependent

VZDUCH	воздух *(-а) m*	air
vlhkost vzduchu	влажность воздуха	air humidity
zamořit vzduch	заразить, отравить воздух	to pollute the air
VZESTUP (hodnoty) **DOLARU**	взлёт *(-а) m* доллара	increase in the value of the dollar
VZESTUPNÝ	прогрессирующий	progressive
VZHLED	облик *(-а) m*	appearance
změna vzhledu krajiny	изменение облика местности	change in the landscape's appearance
VZNESENÍ NÁROKU	заявка *(-и) ž* претензии	declaration of a claim
VZÍT *dok.*	взять, принять	to take
vzít na sebe povinnosti	принять на себя обязанности	to take responsibilities upon oneself
vzít na úvěr	взять в кредит	to buy on credit
VZOR	образец *(-зца) m*	design, example
podpisový vzor	образец подписи	specimen signature
VZOREK	проба *(-ы) ž*	sample
odebírání vzorků	отбор проб	sampling
VZRŮST *dok.*	вырасти, возрасти	to go up, increase
VZTAH	отношение *(-ия) s*	relation(ship)
dobré sousedské vztahy	добрососедские отношения	good neighbourly relations
majetko-právní vztahy	имущественно юридические отношения	property rights
mezinárodní vztahy	международные отношения	international relations
pracovně právní vztahy	трудовые правоотношения	labour legal relationships
přezíravý vztah (k inteligenci)	наплевательское отношение (к интеллигенции)	to hold (intelligence) in disdain

šetrný vztah	бережное отношение	careful relation
+ setkávat se s konkrétní realitou současných mezinárodních vztahů	сталкиваться с реальной конкретикой современных международных отношений	to face the reality of contemporary international relations
VZTAHOVAT SE *nedok. k něčemu*	относиться *к чему*	to refer to
W		
WORKHOLIK	трудоголик *(-а) m*	workholic
X		
XEROGRAFIE	ксерокопирование *(-ия) s*	photocoping
XEROX	ксерокс *(-а) m*	photocopier
Z		
ZABAVIT *dok.*	наложить арест, арестовать	to confiscate
zabavit zařízení	наложить арест на оборудование	to confiscate machinery
ZABEZPEČENÍ	обеспечение *(-ия) s*, жизнеобеспечение *(-ия) s*	security, subsistence
sociální zabezpečení	социальное обеспечение	social security
ZABLOKOVÁNÍ	блокировка *(-и) ž*	blockage
ZABLOKOVAT *dok.*	заблокировать	to block
zablokovat účet	заблокировать кредит	to block, freeze a credit
ZADLUŽENOST	задолженность *(-и) ž*	debt, indebtedness
mezinárodní zadluženost	международная задолженность	international debt

vnější zadluženost	внешняя задолженность	external debt
vzájemná zadluženost (podniků)	взаимная задолженность (предприятий)	mutual indebtedness of businesses
ZADRŽENÍ (krátkodobé věznění)	задержание *(-ия) s*	detention
ZADRŽENÍ (vrahů)	поимка *(-и) ž* (убийц)	arrest (of murderers)
ZADRŽET *dok.*	задержать	to detain, hold, withhold, retain
zadržet platby	задержать платежи	to retain payments
ZAHÁJIT *dok.*	вступить, начать, возбудить	to initiate, launch, open
zahájit činnost	начать деятельность	to launch activities
zahájit provoz	вступить в строй	to go into operation, start operation
zahájit soudní proces	возбудить судебное дело	to initiate legal proceedings
ZAHRANIČÍ	зарубежье *(-ья) s*	abroad, foreign countries
blízké a vzdálené zahraničí	ближнее и дальнее зарубежье	near and far foreign countries
ZAHRANIČNĚ OBCHODNÍ	внешнеторговый	foreign trade
zahraničně obchodní politika	внешнеторговая политика	foreign trade policy
zahraničně obchodní schodek	внешнеторговый дефицит	foreign trade deficit
zahraničně obchodní sjednocení	внешнеторговое объединение	foreign trade unification
ZAHRANIČNÍ	внешний	foreign, external
zahraniční dluh	внешний долг	external debt
zahraniční ekonomické vazby	внешние экономические связи	foreign economic ties
zahraniční obchod	внешняя торговля	foreign trade
zahraniční platby	внешние платежи	external payments

zahraniční politika	внешняя политика	foreign policy
ZACHOVAT *dok.*	сохранить	to keep, maintain
zachovat bankovní tajemství	сохранить банковскую тайну	to maintain banking secrecy
ZÁCHVAT	припадок *(-дка) m,* приступ *(-a) m*	attack, fit
ZÁJEM	интерес *(-a) m*	interest
hospodářské zájmy	экономические интересы	economic interests
jednat v zájmu *někoho*	действовать *в чьих-н.* интересах	to act in sb's interest
+ zájmy USA v oblasti Palestiny	интересы США в районе Палестины	US interests in the Palestine area
ZÁJEMCE	интересующийся, заинтересованная сторона	interested person
zahraniční zájemce	иностранный предприниматель *(i mn č.),* интересующийся *чем,* заинтересованный *в чем*	prospective foreign buyer
ZÁJEZD	экскурсия *(-ии) ž,* поездка *(-и) ž,* тур *(-a) m*	excursion, trip
autobusový zájezd	автобусная поездка	coach trip
letecký zájezd	авиатур, самолетный тур	air trip
rekreační zájezdy	туры на отдых	holiday trip
zájezd na objednávku	поездка по заявке	trip to order
uskutečnit týdenní zájezdy	совершить недельные туры	to make a one week trip
ZAJISTIT *dok.*	обеспечить	to guarantee, provide, safeguard
zajistit kvalitu služeb	обеспечить качество услуг	to guarantee quality of services

ZÁKAZ	запрещение *(-ия) s,* запрет *(-а) m,* воспрещение *(-ия) s*	ban, prohibition
zákaz vycházení	комендантский час	curfew
odvolat zákaz	снять запрет	to lift a ban
překročit zákaz	нарушить запрет	to break a ban
vydat zákaz *čeho*	объявить запрет *на что*	to impose a ban
vyhlásit zákaz vycházení	ввести комендантский час	to impose a curfew
ZAKÁZANÝ	запрещённый	forbidden, prohibited
indexy zakázaných knih	индексы запрещенных книг	lists of prohibited books
ZAKÁZAT *dok.*	запретить	to prohibit, forbid
zakázat reexport zboží	запретить реэкспорт товара	to prohibit re-export
ZAKÁZKA	заказ *(-а) m*	order
zakázky na rozmístění reklam	заказы на размещение рекламы	orders for the replacement of advertisements
ZÁKAZNÍK	заказчик *(-а) m,* покупатель *(-я) m,* клиент *(-а) m*	customer, buyer, client
nesolventní zákazník	неплатежеспособный заказчик, покупатель	insolvent client
ochrana zákazníků	охрана клиентов	protection of clients
ZAKLÁDACÍ LISTINA	уставная грамота *(-ы) ž*	foundation charter
ZAKLADATEL	учредитель *(-я) m*	founder
zakladatel akciové společnosti	учредитель акционерного общества	joint-stock company founder
ZAKLADATELSKÝ	учредительский	founder
zakladatelská akcie	учредительская акция	founder's share
zakladatelská listina	учредительский документ	foundation charter
zakladatelský zisk	учредительская прибыль	founder's profit

ZÁKLADNA	база *(-ы) ž*, базис *(-а) m*	base, basis
ekonomická základna	экономический базис	economic basis
vojenská základna	военная база	military base
ZÁKLADNÍ	закладной, базисный	basic, fundamental
základní kámen	закладной камень	foundation stone
základní rok	базисный год	base year
ZAKNIHOVÁNÍ	регистрация *(-ии) ž*	book records
ZÁKON	закон *(-а) m*	act, bill, law
daňový zákon	налоговый закон	tax law
transformační zákon	трансформационный закон	transformation law
ústavní zákon	конституционный закон	constitutional law
opakované projednávání zákona	повторное обсуждение закона	repeated reading of a Bill
přijetí zákona	принятие закона	adoption of a law
odvolávat se na zákon	ссылаться на закон	to refer to a law
vytvářet zákony	законотворствовать, создавать законы	to lay down laws
+ zákon o správě daní a poplatků	закон об управлении налогами и тарифами	fiscal law
ZÁKONODÁRSTVÍ	законодательство *(-а) s*	legislation
platné zákonodárství	действующее законодательство	current legislation
hrubé porušování zákonodárství	грубейшие нарушения законодательства	gross violation of legislation
+ plnit všechny požadavky zákonodárství	выполнять все требования законодательства	to meet all legislative demands
ZAKOTVENÍ	фиксация *(-ии) ž*	anchorage, embodiment
ZÁLOHA	аванс *(-а) m*, задаток *(-тка) m*	advance payment
měsíční záloha	месячный аванс	monthly advance
záloha na odběr *něčeho*	аванс за получение *чего-л.*	advance for st
platit zálohově	платить авансом	to pay in advance

ZALOŽIT *dok.*	учредить, основать, оформить	to establish, found
založit společnost	основать общество	to establish a company
ZÁMĚR	намерение *(-ия) s,* замысел *(-сла) m*	intention, design, purpose
upustit od záměru	оставить намерение	to abandon a project
ZAMĚSTNÁNÍ	профессия *(-ии) ž,* работа *(-ы) ž*	employment, job
nabídnout jisté zaměstnání	предложить гарантированную работу	to offer a secure job
ZAMĚSTNANOST	занятость *(-и) ž*	employment
zaměstnanost obyvatelstva	занятость населения	employment of the population
ZAMĚSTNAVATEL	работодатель *(-я) m*	employer
ZAMÍTNOUT *dok.*	отклонить *что*, отказать *в чём*	to dismiss, refuse, reject
zamítnout odvolání	отклонить апелляцию	to dismiss an appeal
zamítnout žalobu	отказать в иске	to defeat an action
ZÁNIK	недействительность *(-и) ž*, окончание *(-ия) s,* прекращение *(-ия) s* действия, существования	decline, destruction, termination
zánik členství	прекращение членства, выход из членства	termination of membership
zánik nároku	потеря права	expiration of the right
zánik závazku	прекращение действия обязательства	termination of an obligation
ZÁNIK (lodi, letadla)	гибель *(-и) ž* (корабля, самолёта)	end (of a ship, airplane)
ZAOKROUHLENĚ	округлённо	round
ZAOKROUHLENÝ (částka, číslo)	округлённый (сумма)	round (sum, number)

ZAPLACENÍ	опл<u>а</u>та *(-ы) ž*, упл<u>а</u>та *(-ы) ž*, погаш<u>е</u>ние *(-ия) s*	payment
okamžité zaplacení	немедленная оплата, немедленное погашение	immediate payment
předložit k zaplacení	предъявить к оплате	to present for payment
ZAPOČÍTAT *dok.*	засчит<u>а</u>ть	to set off
započítat odvody	засчитать отчисления	to allocate deductions
ZAPSAT *dok.*	зач<u>и</u>слить	to enter, include
zapsat na vrub	зачислить в дебет счета	to charge, debit
zapsat do příjmu	зачислить в кредит счета	to credit to an account
ZARUČIT *dok.*	гарант<u>и</u>ровать	to guarantee, warrant
zaručit termín dodávky	гарантировать срок поставки	to guarantee delivery a date
ZÁRUČNÍ	гарант<u>и</u>йный	guarantee
záruční lhůta	гарантийный срок	guarantee period
záruční listina	гарантийное свидетельство	warranty certificate
ZÁRUKA	гар<u>а</u>нтия *(-ии) ž*	guarantee, security, warranty
adekvátní záruky	адекватные гарантии	adequate safeguards
bankovní záruka	банковская гарантия	bank guarantee
mezinárodní záruky	международные гарантии	international guarantee
právní záruky	юридические гарантии	legal guarantee
porušení zákonných záruk	нарушение конституционных гарантий	infringement of constitutional safeguards
státní záruka na úvěr	государственная гарантия кредита	state credit guarantee
záruka lidských práv	гарантия личных прав человека	guarantee of human rights
záruka na půjčku	гарантия под ссуду	loan guarantee
záruka před ztrátami	гарантия от убытков	indemnity
poskytnout záruky	предоставить гарантии	to give a guarantee

ZAŘADIT *dok.*	внести *во что,* занести *во что*	to include in, put on
zařadit na pořad jednání	вынести на обсуждение	to put on the agenda
ZAŘAZENÍ DO PRÁCE	трудоустройство *(-a) s*	job-finding
+ stovky zájemců o pracovní zařazení, o práci	сотни желающих трудоустроиться	hundreds of job seekers
ZÁŘENÍ	излучение *(-ия) s,* радиация *(-ии) ž*	radiation
ionizující záření	ионизирующее излучение	ionizing radiation
rentgenové záření	рентгеновское излучение	X-ray radiation
sluneční záření	радиация солнца	solar radiation
ultrafialové záření	ультрафиолетовое излучение	ultraviolet radiation
dávka záření	доза излучения	radiation dose
gama záření	гамма-излучение	gamma radiation
ZAŘÍZENÍ	учреждение *(-ия) s,* приспособления *(-ий) mn*	device, equipment
pracovně nápravné zařízení	исправительно-трудовое учреждение	corrective labour institution
signální zařízení	сигнальные приспособления	signalling device
světelná zařízení	световые приспособления	light installation
ZÁSADITÝ	щелочной	alkaline
zásadité výrobky	щелочные изделия	alkaline products
ZÁSAH	вмешательство *(-a) s,* нарушение *(-ия) s*	intervention
ekologické zásahy	экологические нарушения	ecological interventions
zásah člověka	вмешательство человека	human intervention
zásah letadel NATO	вмешательство воздушных сил НАТО	intervention of NATO air forces

ZASEDÁNÍ	заседание *(-ия) s*, сессия *(-ии) ž*	session, sitting
mimořádné zasedání	внеочередная сессия	extraordinary session
neveřejné zasedání	закрытая сессия	close session
parlamentní zasedání	сессия парламента	sitting of a parliament
řádné zasedání	очередная сессия	regular session
zasedání parlamentu	заседание парламента	parliamentary session
svolat zasedání	созвать заседание, сессию	to call a session
zahájit zasedání	открыть сессию	to open a session
zakončit zasedání	закрыть сессию	to close a session
+ prohlásit zasedání za zahájené	объявить заседание открытым	to declare a session open
+ zasedání za zavřenými dveřmi	заседание при закрытых дверях	session behind closed doors
ZÁSILKA	пакет *(-а) m*, посылка *(-и) ž*	consignment, parcel
cenná zásilka	ценный пакет	registered parcel
peněžní zásilka	денежный пакет	remittance
úřední zásilka	казенный пакет	official parcel
ZASLAT *dok.*	выслать	to send
zaslat návěst	выслать уведомление	to send a signal
ZÁSOBÁRNA	хранилище *(-а) s*	reservoir, store-house
genetická zásobárna	генетическое хранилище	gene pool
ZÁSOBIT *dok.*	снабдить	to provide, supply
zásobit surovinami	снабдить сырьем	to supply with raw materials
ZÁSOBY	ресурсы *(-ов) mn*	resources, stock
vyčerpání zásob	истощение ресурсов	exhaustion of resources
ZÁSTAVA	залог *(-а) m*	guarantee, pledge
nemovitá zástava	залог недвижимости	mortgage
umořitelná zástava	погашаемый залог	callable bond
ZASTAVÁRNA	ломбард *(-а) m*	pawnshop
dát do zastavárny	заложить, сдать в ломбард	to pawn st

ZASTÁVAT *nedok.*	занимать, выполнять	to act for, hold
zastávat funkci	занимать пост	to hold a post
zastávat úřad	выполнять службу	to hold office
ZASTAVIT *dok.*	прекратить, остановить	to cease, stop
zastavit platby	прекратить платежи	to suspend payments
zastavit výrobu	остановить производство	to stop production
ZÁSTAVNÍ	залоговый, закладной	mortgage
zástavní list	закладная, залоговый лист	bill of sale
zástavní lístek	закладная квитанция	bond
zástavní věřitel	залоговый кредитор, залогодержатель	mortgage creditor
ZASTOUPENÍ	представительство *(-а) s*	representation
proporcionální zastoupení	пропорциональное представительство	proportional representation
volené zastoupení	выборное представительство	elective representation
způsob zastoupení	формы представительства	forms of representation
mít stejné zastoupení	иметь равное представительство	to have equal representation
+ zastoupení zahraničních průmyslových firem	представительство иностранных промышленных фирм	offices of foreign industrial firms
ZASTRAŠOVÁNÍ	запугивание *(-ия) s,* шантаж *(-а) m*	intimidation
ZÁSTUPCE	представитель *(-я) m*	representative
stálý zástupce (při OSN)	постоянный представитель (при ООН)	(UN) ambassador
ZASTUPITELSKÝ	представительный	representative
zastupitelské úřady	представительные учреждения	representative institutions

ZASTUPITELSTVÍ	представительство *(-a) s*	representation
diplomatické zastupitelství	дипломатическое представительство	diplomatic mission
konzulární zastupitelství	консульское представительство	consulate
obchodní zastupitelství	торговое представительство	trade mission
stálé zastupitelství	постоянное представительство	permanent mission
personál zastupitelství	персонал представительства	diplomatic staff
otevřít zastupitelství	открыть представительство	to open a consulate
ZASTUPOVAT *nedok.*	представительствовать, представлять	to represent
ZÁŠTITA	эгида *(-ы) ž*	auspices, sponsorship
konat se pod záštitou *někoho*	состояться под эгидой *кого*	to be held under the auspices
ZATYKAČ	ордер *(-a) m* на арест	arrest warrant
vydat zatykač	выписать ордер на арест *кого*	to issue an arrest warrant
ZAÚČTOVAT *dok.* (částku)	засчитать (сумму)	to charge (a sum)
zaúčtovat podle sazebníku	засчитать по тарифу	to charge according to the scale
ZAVÁZAT *dok.*	обязать	to bind
zavázat vládu	обязать правительство	to bind the government to do st
ZÁVAZEK	обязательство *(-a) s*	commitment, pledge
+ plnit závazky při splácení půjčky	исполнять обязательства при погашении займа	tu fulfil one's commitments in paying off a loan
ZÁVAZNÝ	обязательный, директивный	obligatory, binding

obecně závazný	общеобязательный, обязательный для всех	generally binding
závazná nabídka	директивная оферта, твердое предложение	binding offer
závazná platnost	обязательная сила	legal liability, binding validity
závazné prohlášení	обязательное заявление	binding declaration
závazné usnesení	обязательное постановление	binding decision
+ závazná platnost mezinárodních smluv	обязательная сила международных договоров	legal liability of international treaties
+ závazný z právního hlediska	быть обязательным с правовой точки зрения	to be legally binding
ZÁVĚREČNÝ	итоговый	final
závěrečná zpráva	итоговая сводка	final report
ZAVÉST *dok.*	ввести, установить, завести	to establish, introduce, set up
zavést kontrolu	установить контроль	to impose control
zavést pevné ceny	ввести твердые цены	to introduce fixed prices
ZÁVĚŤ	завещание *(-ия) s*	will, testament
pisatel závěti	составитель завещания	writer of a will
platnost závěti	сила завещания	validity of a will
předčitatel závěti	чтец завещания	reader of the will
sepsat závěť za účasti svědků	составить завещание при свидетелях	to make a will in the presence of witnesses
zpochybňovat závěť	брать завещание под сомнение	to cast doubts on a will
ZÁVISLOST	зависимость *(-и) ž*	addiction
drogová závislost	наркотическая, наркоманическая зависимость	drug addiction
vysoký stupeň závislosti	высшая степень зависимости	high level of addiction
vznik závislosti	возникновение зависимости	development of addiction
stát se závislým	достигнуть (высшей степени) зависимости	to become addicted

ZBANKROTOVAT *dok.*	обанкротиться	to go bankrupt
ZBOHATLÍK	нувориш *(-а) m,* новый русский *(-ого)*	upstart
ZBOHATNOUT *dok.*	разбогатеть	to get rich
ZBOŽÍ	товар *(-а) m*	commodity, goods
kvalitní zboží	доброкачественный товар	good-quality goods
pašované zboží	контрабандный товар	smuggled goods
spotřební zboží	товар широкого, народного потребления	consumer goods
úzkoprofilové zboží	дефицитный товар	goods in short supply
vadné zboží	бракованный, дефектный товар	defective goods
vyfakturované zboží	товар, полученный на фактуру	invoiced goods
zdaněné zboží	налогооблагаемый товар	taxable goods
žádané zboží	ходкий товар	goods in great demand
kvalita zboží	качество товара	quality of goods
nadprodukce zboží	перепроизводство товара	overproduction of goods
nedostatek zboží	дефицит товара, "товарный голод"	shortage of goods
vada zboží	недостаток товара	flaw of the goods
výměna zboží	товарообмен	exchange of goods
zboží široké spotřeby	товар широкого потребления	consumer goods
zboží špatné kvality	низкосортный товар	poor quality goods
platit zbožím	платить товаром	to pay in kind
+ dobře prodejné zboží	ликвидный товар	saleable goods
+ špatně prodejné zboží	залежалый товар	unsaleable goods
ZBOŽNÍ	товарный	commodity
zbožní výroba	товарное производство	commodity production
ZBOŽNOST	религиозность *(-и) ž*	piousness, religiousness
zbožnost obyvatelstva	религиозность населения	piousness of the population

ZBRAŇ	оружие *(-ия) s*	weapon, arms
atomová zbraň	атомное оружие	nuclear weapon
obranné zbraně	оборонительное оружие	defence weapon
předepsaná zbraň	табельное оружие	prescribed weapon
strategické útočné zbraně	стратегические наступательные вооружения	strategic offensive weapons
taktické jaderné zbraně	тактическое ядерное оружие	tactical nuclear weapon
nahromadění zbraní	накопление оружия	arms proliferation
používání jaderných zbraní	эксплуатация ядерного оружия	use of nuclear weapons
zbraně hromadného ničení	оружие массового уничтожения	weapons of mass destruction
použít zbraň	применить оружие	to use a weapon
uvést zbraně do chodu	пустить оружие в ход	to trigger a weapon
+ kontrola obchodu se zbraněmi	контроль над торговлей оружием	arms traffic control
+ právo vlastnit zbraň	право владения оружием	gun licence
+ rozšiřování zbraní hromadného ničení	распространение оружия массового уничтожения	proliferation of weapons of mass destruction
ZBROJNÍ PROGRAM	программа *(-ы) ž* вооружения	armaments programme
investovat do zbrojních programů	вкладывать деньги в программу вооружения	to put money into armaments programmes
ZBRZDIT *dok.*	затормозить	to slow down
zbrzdit inflaci	затормозить инфляцию	to slow down inflation
ZCIZENÍ	отчуждение *(-ия) s*	misappropriation, theft
ZCIZOVAT *nedok.*	отчуждать	to misappropriate, steal
ZDANĚNÍ	налогообложение *(-ия) s*, налог *(-а) m*	taxation
dvojí zdanění	двойное налогообложение	double taxation

systém zdanění	система налогообложения	tax system
zabránění dvojímu zdanění	предотвращение двойного налога	prevention against double taxation
ZDANITELNÝ	подлежащий обложению, налогооблагаемый	taxable
zdanitelné období	налогооблагаемый период	taxation period
ZDAŇOVAT *nedok.*	облагать налогом	to impose a tax
ZDRAŽENÍ	подорожание *(-ия) s*	price increase
+ zdražení stravy v jídelnách	подорожание питания в столовых	increase in meal prices in canteens
ZDROJ	источник *(-а) m*	resource, source
zdroje levné pracovní síly	источник дешевой рабочей силы	cheap labour resources
ZDROJE	ресурсы *(-ов) zprav. mn.*	resources
dodatečné zdroje	дополнительные ресурсы	additional resources
druhotné zdroje	вторичные ресурсы	secondary resources
lidské zdroje	людские ресурсы	manpower
neobnovitelné zdroje	невозобновимые ресурсы	exhaustible resources
nedostatkové zdroje	дефицитные ресурсы	tight resources
omezené zdroje	лимитированные ресурсы	limited resources
přírodní zdroje	природные ресурсы	natural resources
rozpočtové zdroje	бюджетные ресурсы	budget resources
úhrnné zdroje	валовые ресурсы	total resources
zlaté a devizové zdroje	золотовалютные ресурсы	gold and currency resources
přerozdělení zdrojů	перераспределение ресурсов	allocation of resources
zachování zdrojů	ресурсосбережения	maintenance of resources
zdroje lesní suroviny	лесосырьевые ресурсы	lumber resources

ZELENÝ PRUH	“зелёный пояс” *(-а) m*, зелёная зона *(-ы) ž* города	green belt
ZESLABENÍ ROLE STÁTU	ослабление *(-ия) s* роли государства, деэтатизация *(-ии) ž*	weakening of the role of the state
ZESTÁTNĚNÍ	огосударствление *(-ия) s*	nationalization
ZHODNOTIT *dok.*	повысить стоимость	to upgrade
zhodnotit peníze	повысить стоимость денег	to increase the value of money
ZHORŠIT *dok.*	ухудшить	to aggravate, deteriorate
zhoršit podmínky	ухудшить условия	to aggravate conditions
ZHOTOVENÍ	изготовление *(-ия) s*	manufacture
ZISK	прибыль *(-и) ž*	profit
hrubý zisk	валовая прибыль	gross profit
nepřiměřený zisk	несоразмерная прибыль	disproportionate profit
procenta ze zisku	проценты от прибыли	interest from the profit
zisk na úkor spotřebitelů	прибыль за счет потребителей, прибыль в ущерб потребителям	profit at the expense of consumers
dosahovat, dosáhnout zisk *z něčeho*	извлекать, извлечь прибыль *из чего-л.*	to make a profit of
+ zisky jsou připisovány na bankovní účet	доходы поступают на банковский счет	profit is transferred to a bank account
+ zisky se dělí na půl	доходы поделены поровну	profit is divided in half
ZÍSKAT *dok.*	извлечь, получить, привлечь, приобрести, завоевать	to acquire, get, obtain, gain
získat investory	привлечь инвесторов	to attract investors
získat majetkovou účast	приобрести участие в собственности	to get a property share

získat objednávku	получить заказ	to obtain an order
získat pověst	завоевать репутацию	to enjoy a good reputation
získat zisk	извлечь прибыль	to gain a profit
ZÍSKÁVÁNÍ	приобретение *(-ия) s*	procurement
získávání drog	приобретение наркотиков	drug procurement
ZISKOVÝ	прибыльный	profitable
(ne)zisková výroba *něčeho*	(не)прибыльное производство *чего-л.*	(un)profitable production
ZJISTIT *dok.*	выяснить, обнаружить	to discover, find out
zjistit úvěruschopnost	выяснить кредитоспособность	to find out credit standing, creditworthiness
zjistit vadu	обнаружить дефект	to find out a defect
ZKUŠEBNÍ	пробный, опытный	test, trial
zkušební doba	пусковой период	trial period
zkušební provoz	пробная, опытная эксплуатация	pilot operation
ZKVALITNIT *dok.*	повысить качество	to improve quality
ZLATÝ	золотой	golden
zlaté zásoby, zlatý poklad	золотой запас	golden reserves
ZLEPŠIT *dok.*	улучшить	to enhance, improve
ZLEVNĚNÍ	уценка *(-и) ž*	price reduction
zlevnění potravin	уценка продуктов	reduction in the price of foodstuffs
ZLEVNĚNÝ	льготный	reduced
zlevněné jízdné	льготный проезд	reduced fare
ZLEVNIT *dok.*	уценить, удешевить	to lower the price
zlevnit zboží	уценить товар	to reduce goods in price
ZLOČIN	преступление *(-ия) s*	crime
zločin proti lidskosti	преступление против человечности	crime against humanity

objasnit zločin	расследовать преступление	to investigate a crime
spáchat zločin	совершить преступление	to commit a crime
ZLOČINEC	преступник *(-а) m,* уголовник *(-а) m*	criminal
ZLOČINECKÝ	преступный	criminal
zločinecká skupina	преступная группа	gang of criminals
ZLOČINNOST	преступность *(-и) ž,* уголовная преступность *(-и) ž*	criminality, crime,
organizovaná zločinnost	организованная преступность	organized crime
zločinnost mladistvých	преступность подростков	juvenile delinquency
+ zločinnost stoupá	преступность возрастает, растет	criminality is on the increase
ZLODĚJ	вор *(-а) m*	burglar, thief
kapesní zloděj, kapsář	карманный вор, карманник	pickpocket
ZLODĚJNA	грабёж *(-а) m*	burglary
ZMĚNA KURZU	переориентация *(-ии) ž*	course change
změna politického kurzu zahraniční ekonomiky	переориентация курса внешнеэкономической политики	change in the political course of foreign economy
ZMĚNIT *dok.*	изменить, переменить	to change, modify, revise
změnit sazby	изменить ставки	to change rates
změnit majitele	переменить владельца	to change hands
ZMOCNĚNÍ	полномочие *(-ия) s,* доверенность *(-и) ž,* наделение *(-ия) s* полномочиями	authorization
ZMRAZIT *dok.*	заморозить	to freeze

zmrazit tarify přepravy	заморозить тарифы на перевозки	to freeze freight rates
ZMRAZOVÁNÍ	замораживание *(-ия) s*	freeze
zmrazování cen	замораживание цен	freeze on prices
zmrazování mezd	замораживание зарплаты	freeze on wages
ZNAK	герб *(-а) m*	mark, sign, symbol
státní znak	государственный герб	national emblem
hanobení státního znaku	оскорбление государственного герба	defamation, insulting of national emblem
ZNALEC	эксперт *(-а) m*	authority, expert, specialist
obchodní znalec	торговый эксперт	commercial expert
komise znalců	комиссия экспертов	panel of experts
ZNALECKÝ	экспертный	expert
znalecký posudek	экспертная оценка	expert opinion
ZNÁSILNĚNÍ	изнасилование *(-ия) s*	rape, violation
ZNÁSILNIT *dok.*	совершить изнасилование, изнасиловать	to rape, violate
ZNEČIŠTĚNÍ	загрязнение *(-ия) s*, засорение *(-ия) s*	pollution
elektromagnetické znečištění	электромагнитное засорение	electromagnetic pollution
rozsah znečištění	масштабы загрязнения	pollution level
znečištění prostředí	загрязнение среды	environmental pollution
znečištění vzduchu emisemi	загрязнение воздуха выбросами	air pollution
+ mezinárodní akce k omezení znečištění vod	международные действия по ограничению загрязнения вод	international campaign against water pollution
+ zamezení znečištění moře naftou	предотвращение загрязнения моря нефтью	sea oil pollution protection

ZNEHODNOCENÍ	обесцeнение *(-ия) s*	devaluation
znehodnocení rublu	обесценение рубля	rouble devaluation
ZNEHODNOCOVAT *nedok.*	обесцeнивать	to devalue, depreciate
znehodnocovat měnu	обесценивать валюту	to devalue currency
ZNEMRAVŇOVÁNÍ	развращeние *(-ия) s*	dissoluteness
ZNEŠKODNĚNÍ	обезврeживание *(-ия) s*	neutralization
zneškodnění jedovatých látek	обезвреживание ядовитых веществ	neutralization of toxic substances
ZNETVOŘENÍ	обезобрaжение *(-ия) s*	deformation
ZNEUŽÍT *dok.*	злоупотребить	to abuse
ZNEUŽÍVÁNÍ	злоупотреблeние *(-ия) s*	abuse, malpractice
zneužívání služebního postavení	злоупотребление служебным положением	abuse of one's office
ZNIČENÍ	истреблeние *(-ия) s*	destruction, extermination, annihilation
zničení lesů	истребление лесов	wholesale destruction of forests
ZNIČIT *dok.*	уничтoжить	to destroy
ZNÍT *nedok. (na* jméno, na hodnotu)	выдавaться (на имя, на стоимость)	to issue (in the name of, to the amount of)
ZNÍT *nedok.* (na doručitele)	быть офoрмленным на предъявителя	to be issued in the name of the bearer
ZNOVUZVOLENÝ	переизбранный	re-elected
znovuzvolený na druhé období	переизбранный на второй срок	re-elected for a second period
ZODPOVĚDNOST	причaстность *(-и) ž*	responsibility

+ přihlásit se k zodpovědnosti za teroristické akce	заявить о своей причастности к террористическим актам, действиям	to take the responsibility for acts of terrorism
+ nezříkat se zodpovědnosti *zač*	не снимать с себя ответственности *за что*	not to renounce one's responsibility for
ZOHAVENÍ	обезображение *(-ия) s*, уродование *(-ия) s*	disfigurement
ZÓNA	зона *(-ы) ž*, пояс *(-а) m*	zone, area
bezcelní zóna	бестаможенная зона	tax-free area
bezpečná zóna	зона безопасности	safety area
diskrétní zóna (v bankách)	дискретная зона (в банках)	keep beyond the yellow line
pohraniční zóna	пограничная зона	border area
volná ekonomická zóna	свободная экономическая зона	free economic area
zakázaná zóna	запрещенная зона	prohibited area
zvláštní ekonomická zóna	особая экономическая зона	special economic zone
zóna katastrofy	зона экологического бедствия	disaster area
zóna volného podnikání	зона свободного предпринимательства	free trade zone
zóna volného trhu	зона свободной торговли	free market, trade zone
stáhnout se ze zóny	уйти из зоны, покинуть зону	to abandon a zone
ZPĚTNÝ	обратный	back
zpětná působnost	обратное действие	feed-back
zpětný účinek	обратная сила	feed-back
ZPEVNĚNÍ	укрепление *(-ия) s*	strengthening, stabilization
zpevnění rublu	укрепление рубля	rouble stabilization
ZPLNOMOCNĚNÍ (dávající vlastníkovi právo na koupi akcií)	варрант *(-а) m*, уполномочие *(-ия) s*	warrant
ZPLNOMOCNĚNÍ (plná moc)	доверенность *(-и) ž*	authorization

ZPLNOMOCNIT *dok.*	уполномочить	to authorize
+ zplnomocnit k podepisování dokladů	уполномочить подписывать документы	to authorize sb to sign documents
ZPOMALENÍ	замедление *(-ия) s*	deceleration, slacking
zpomalení růstu	замедление темпов роста	deceleration in growth
ZPOPLATŇOVÁNÍ ÚKONŮ	введение платы за услуги	imposition of service fees
ZPOPLATŇOVAT *nedok.*	вводить плату за услуги	to impose service fees
ZPRACOVAT *dok.*	разработать, обработать	to elaborate, process, treat
zpracovat data	обработать данные	to process data
zpracovat dispozice	разработать распоряжения	to elaborate instructions
ZPRACOVATEL	разработчик *(-а) m*	compiler
zpracovatel vládního dokumentu	разработчик правительственного документа	compiler of government documents
ZPRACOVATEL *(*masa*)*	переработчик *(-а) m*	(meat) processor
ZPRÁVA	сообщение *(-ия) s,* отчёт *(-а) m*	message, report
+ vrátit ministrovi zprávu k přepracování	вернуть министру отчет для переработки	to give a report back to a minister for revision
ZPRÁVA (podrobná o splnění úkolu v rozvědce, kosmonautice)	дебрифинг *(-а) m*	debriefing
ZPRÁVY	ведомости *(-ей) mn,* новости *(-ей) mn,* сообщения *(-ий) mn*	news *j.č.*
ZPRONEVĚRA	растрата *(-ы) ž,* хищение *(-ия) s*	embezzlement

ZPRONEVĚŘIT *dok.*	растратить	to defraud, embezzle
ZPROSTŘEDKOVÁNÍ	посредничество *(-а) s*	mediation, procurement
obchodní zprostředkování	торговое посредничество	trade mediation
souhlasit se zprostředkováním	согласиться на посредничество	to agree upon mediation
ZPROSTŘEDKOVAT *dok.*	опосредовать, опосредствовать	to arrange, mediate
ZPROSTŘEDKOVATEL	посредник *(-а) m*	broker, mediator
burzovní zprostředkovatel	биржевой посредник	broker
obchodní zprostředkovatel	торговый посредник	middle-man
+ vystupovat v roli zprostředkovatele	выступать в качестве посредника	to act as mediator
ZPROSTŘEDKOVATELSKÁ SMLOUVA	договор *(-а) m* посредничества	agency agreement
ZPROSTŘEDKOVATELSTVÍ	посредничесто *(-а) s*	agency
obchodní zprostředkovatelství	коммерческое посредничество	purchasing agency
ZPROŠTĚNÍ (daní)	налоговый иммунитет *(-а) m*	exemption (from taxes)
ZPROŠTĚNÍ (viny)	оправдание *(-ия) s*	acquittal
ZPŮSOBIT *dok.*	нанести, причинить	to cause
způsobit škodu	нанести ущерб	to cause damage
způsobit ztrátu klientovi	причинить убыток клиенту	to inflict a loss to a client
ZPUSTOŠENÍ	опустошение *(-ия) s*	devastation
ZRUŠENÍ	отмена *(-ы) ž*, прекращение *(-ия) s* деятельности	abolition, cancellation
zrušení objednávky	отмена, ревокация заказа	cancellation of an order

ZRUŠIT *dok.*	расформировать, снять, аннулировать, закрыть	to abolish, cancel
zrušit doložku	снять оговорку	to abolish a clause
zrušit společnost	закрыть общество	to liquidate a company
zrušit účet	закрыть счет	to close an account
ZŘÍDIT *dok.*	организовать, открыть, учредить	to establish, open, set up
zřídit fond	образовать фонд	to establish a fund
zřídit účet	открыть счет	to open an account
ZŘÍZENEC	служитель *(-я) m*	public employee
ZŘÍZENÍ	устройство *(-а) s*, установка *(-и) ž*	establishment, system, regime
státně politické zřízení	государственно-политическое устройство	political system
unitární státní zřízení	унитарное государственное устройство	unitary state system
zřízení signalizačního systému	установка системы сигнализации	implementation of a signalling system
ZTRÁTA	потеря *(-и) ž*, убыток *(-тка) m*, утеря *(-и) ž*	loss
bilanční ztráta	балансовый убыток	balance loss
devizová ztráta	валютный убыток	exchange loss
nahodilá ztráta	случайный убыток	random loss
výše ztrát	цифры потерь	extent of losses
snížení ekologických ztrát	снижение экологических потерь	decrease in ecological losses
ztráta za běžný rok	убыток отчетного года	current year's loss
nahrazovat ztrátu	возмещать убытки	to compensate for a loss
obchodovat se ztrátou	торговать в убыток	to trade at a loss
sdělit výši ztrát	огласить цифры потерь	to announce the extent of a loss
utrpět ztrátu	потерпеть убытки	to suffer losses
ZÚČASTNIT SE *dok.*	участвовать, принять участие *в чем*	to participate in, take part in

zúčastnit se transakce	участвовать в сделке	to participate in a transaction
ZÚČTOVÁNÍ	расчёт *(-а) m*	settlement (of accounts)
devizové zúčtování	валютные расчеты	exchange settlement
klíringové zúčtování	клиринговый расчет	clearing payment
zúčtování nákladů a výsledků	расчет затрат и результатов	calculation of costs and returns
provést zúčtování	произвести расчет	to settle accounts
ZÚROČIT *dok.*	начислить проценты	to pay interest
ZŮSTAT *dok.*	остаться	to remain
zůstat v platnosti	остаться в силе	to remain in force
ZŮSTATEK	сальдо *neskl.s*, остаток *(-тка) m*	balance
úvěrový zůstatek	кредитовый остаток	credit balance
zůstatek na účtu	остаток на счете	account balance
ZŮSTAVITEL	наследователь *(-я) m*	testator, devisor, the deceased
ZUŠLECHŤOVÁNÍ	облагораживание *(-ия) s*	enhancement, improvement
zušlechťování břízy	облагораживание березы	birch improvement
ZVEŘEJNĚNÍ	обнародование *(-ия) s*	publication
zveřejnění výsledků voleb	обнародование результатов выборов	publication of the outcome of an election
ZVEŘEJNIT *dok.*	опубликовать	to make st public, release
zveřejnit v tisku	опубликовать в печати	to publish
ZVĚTŠIT *dok.*	увеличить	to enlarge, expand
zvětšit kapitál	увеличить капитал	to enlarge capital
ZVOLENÍ	избрание *(-ия) s*	election
zvolení do funkce	избрание на пост	election to a position
ZVÝHODNĚNÍ	преференция *(-ии) ž*	preference

systém zvýhodnění	набор, система преференций	set of preferences
+ seznam zvýhodněného zboží	список товаров, на которые распространяются преференции	preference, preferential list
ZVÝHODNĚNÝ	льготный	preferential
zvýhodněný úrok	процентная льгота	preferential interest
ZVÝŠIT *dok.*	повысить	to increase
zvýšit měsíční mzdu	повысить месячный оклад	to increase monthly pay

Ž

ŽÁDANÝ	ходовой, требуемый	in demand
žádané zboží	ходовой товар	goods in great demand
ŽÁDAT *nedok.*	просить, требовать	to apply, demand, require
žádat o dodržení lhůt	требовать соблюдения сроков	to demand adherence to the time limits
žádat o dovolenou	просить отпуск	to apply for holidays
ŽADATEL	заявитель *(-я) m*	applicant, claimant
země žadatele	страна заявителя	claimant's country
ŽÁDOST	заявление *(-ия) s,* ходатайство *(-а) s,* просьба *(-ы) ž*	application, plea, request
žádost o milost	просьба, прошение о помиловании	plea for mercy
žádost o registraci	заявление на регистрацию	application for registration
žádost o udělení koncese	заявление на приобретение концессии	application for a concession
podat žádost o místo	подать заявление о приеме на работу	to apply for a job
zamítnout žádost	отказать *кому* в просьбе	to decline a request

ŽALOBA	жалоба *(-ы) ž*, иск *(-а) m*	action, complaint, demand, suit
podat žalobu	предъявить, возбудить иск *кому*	to bring, take an action
zamítnout žalobu	отказать в иске	to dismiss a case
+ žaloba dědiců původních majitelů	жалоба наследников бывших, прежних владельцев	action brought by the inheritors of the original owners
ŽALOBCE	истец *(-тца) m*, обвинитель *(-я) m*	prosecutor, plaintiff
státní žalobce	государственный обвинитель	state prosecutor
ŽALOBKYNĚ	истица *(-ы) ž*	prosecutor, plaintiff
ŽALOBNÍ	исковой	action
žalobní návrh	исковое заявление	action, lawsuit
žalobní právo	право на иск	right of action
žalobní promlčení	исковая давность	negative prescription of an action
ŽALOVAT *koho*	подать жалобу *на кого*	to bring an action against
ŽEBŘÍČEK	рейтинг *(-а) m*	ranking list
žebříčky nejúspěšnějších firem	рейтинг успешных фирм	ranking list of the best firms
ŽIDOVSTVÍ	иудаизм *(-а) m*	judaism
ŽIRO	индоссамент *(-а) m*	giro
ŽIVNOST	предпринимательство *(-а) s*	business, trade
vázaná živnost	лицензированное предпринимательство	licensed business
volná živnost	свободное предпринимательство	free trade
ŽIVNOSTENSKÝ	предпринимательский	employer's, owner's
živnostenská daň	промысловый налог	trade tax
živnostenské oprávnění	предпринимательские полномочия	trade licence

živnostenské podnikání	предпринимательская деятельность	entrepreneurial work
živnostenský list	предпринимательское разрешение, свидетельство, лицензия	trade licence
živnostenský rejstřík	предпринимательский реестр	trade register
živnostenský úřad	предпринимательское учреждение	trade licence office
zánik živnostenského oprávnění	прекращение предпринимательского полномочия	extinction of a trade licence
ŽIVNOSTNÍK	мелкий предприниматель *(-я) m*	trader, tradesman
ŽIVOTASCHOPNOST	выживаемость *(-и) ž*, выживание *(-ия) s*	viability
ŽIVOTNÍ MINIMUM	прожиточный минимум	bare subsistence
stanovit životní minimum	установить прожиточный минимум	to determine the subsistence level
ŽIVOTNOST	выживаемость *(-и) ž*, выживание *(-ия) s*	service life, lifetime
křivky životnosti	кривые выживания	life curves
velká životnost jiker	высокая выживаемость икры	high viability of fish eggs

NÁZVY VYBRANÝCH MEZINÁRODNÍCH ORGANIZACÍ

Armáda spásy	Армия спасения	Salvation Army
ASEAN Sdružení národů jihovýchodní Asie	Ассоциация государств юго-восточной Азии (АСЕАН, 1967)	ASEAN Association of South-East Asian Nations
Asijská rozvojová banka	Азиатский банк развития (1965)	Asian Bank of Development
Bílý dům	Белый дом	White House
COCOM Koordinační výbor pro kontrolu vývozu zboží strategického významu do států býv. vých. bloku	Координационный комитет по экспорту и контролю (КОКОМ, 1949)	COCOM Coordinating Committee of East-West Trade Policy
Evropská banka pro obnovu a rozvoj (EBRD)	Европейский банк реконструкции и развития (ЕБРР, 1990)	European Bank for Reconstruction and Development
Evropská dvanáctka	Европа 12-ти	G - 12
Evropská investiční banka	Европейский инвестиционный банк	European Investment Bank
Evropská komise pro lidská práva	Европейская комиссия по правам человека	European Commission for Human Rights
Evropská rada	Европейский совет	European Council
Evropská rozhlasová a televizní unie (EBU)	Европейский союз радиовещания	European Broadcasting Union
Evropská unie	Европейское сообщество	European Union
Evropské hospodářské společenství (EHS)	Европейское экономическое сообщество (ЕЭС)	European Economic Community (EEC)

Evropské sdružení volného obchodu	Европейская ассоциация свободной торговли (ЕАСТ)	European Free Trade Association (EFTA)
Evropské společenství	Европейское сообщество (ЕС)	European Community
Evropský fond rozvoje	Европейский фонд развития (1959)	European Development Fund
Evropský měnový systém (EMS)	Европейская валютная система (ЕВС, 1979)	European Monetary System
Evropský parlament	Европейский парламент (Европарламент, 1957)	European Parliament
G 7	"Большая семёрка" (1975)	G - 7
G-24 Organizace pro hospodářskou spolupráci a rozvoj (OECD)	Организация экономического сотрудничества и развития (ОЭСР, 1961)	Organization for Economic cooperation and Development
GHATT Všeobecná dohoda o clech a obchodu	Генеральное соглашение о тарифах и торговле (ГАТТ, 1948)	General Agreement on Tariffs and Trade
Hnutí odporu HAMAS	Движение сопротивления ХАМАС	HAMAS resistance movement
ITAR-TASS	ИТАР-ТАСС (Информационно-трансляционное агентство России)	TASS
Komise pro bezpečnost a spolupráci v Evropě (KBSE)	Совещание по безопасности и сотрудничеству в Европе (СБСЕ)	Conference on Security and Cooperation in Europe

Liga arabských států (LAS)	Лига арабских государств (ЛАГ, 1981)	Arab League
Maastrichtská dohoda	Мастрихтский договор	Maastricht Treaty
Mezinárodní banka pro obnovu a rozvoj (IBRD)	Международный банк реконструкции и развития (МБРР, 1945)	International Bank for Reconstruction and Development
Mezinárodní finanční korporace (IFC)	Международная финансовая корпорация (МФК)	International Finance Corporation
Mezinárodní červený kříž	Международный Красный Крест (МКК, 1974)	International Red Cross
Mezinárodní měnový fond (MMF, IMF)	Международный валютный фонд (МВФ, 1944)	International Monetary Fund
Mezinárodní obchodní komora	Международная торговая палата	International Chamber of Commerce
Mezinárodní olympijský výbor	Международный олимпийский комитет (МОК, 1984)	International Olympic Committee
Mezinárodní organizace novinářů (MON)	Международная организация журналистов (МОЖ, 1946)	International Organization of Journalists
Mezinárodní svaz studentů	Международный союз студентов (МСС, 1946)	International Union of Students
Mezinárodní telekomuni-kační unie (ITU)	Международный союз электросвязи (МСЭ)	International Telecommunication Union
Meziparlamentní unie	Межпарламентский союз	Inter-parliamentary Union

NATO Severoatlantický pakt	НАТО Организация Североатлантического Договора (1949)	NATO North Atlantic Treaty Organization
Obchodně-průmyslová komora Ruské federace	Торгово-промышленная палата Российской Федерации	Russian Chamber of Commerce and Industry
Organizace africké jednoty	Организация африканского единства (ОАЕ, 1963)	Organization of African Unity
Organizace spojených národů (OSN)	Организация Объединенных Наций (ООН, 1945)	United Nations Organization (UNO)
Valné shromáždění	Генеральная Ассамблея	General Assembly
Rada bezpečnosti	Совет Безопасности	Security Council
Hospodářská a sociální rada	Экономический и социальный совет	Economic and Social Council
Poručenská rada	Совет по опеке	Trusteeship Council
Mezinárodní soudní dvůr	Международный суд	International Court of Justice
Organizace OSN pro průmyslový rozvoj (UNIDO)	Организация ООН по промышленному развитию (ЮНИДО)	United Nations Industrial Development Organization
Organizace pro osvobození Palestiny (OOP)	Организация освобождения Палестины (ООП)	Palestine Liberation Organization (PLO)
Organizace spojených národů pro výchovu, vědu a kulturu (UNESCO)	Организация Объединенных Наций по вопросам просвещения, науки и культуры (ЮНЕСКО, 1964)	United Nations Educational, Scientific and Cultural Organization
generální konference	Генеральная конференция	General Conference
výkonná rada	Исполнительный совет	Executive Council

generální ředitel	Генеральный директор	General Director
Rada Evropy	Совет Европы	Council of Europe
Ruská federace	Российская Федерация	Russian Federation
Severoatlantická aliance	Северо-атлантический альянс	North-Atlantic Alliance
Společenství nezávislých států	Содружество Независимых Государств (СНГ)	Commonwealth of Independent States
Světová banka	Всемирный банк (ВБ)	World Bank
Světová odborová federace (SOF)	Всемирная федерация профсоюзов (ВФП, 1945)	World Trade Federation
Světová rada církví	Всемирный совет церквей (ВСЦ, 1948)	World Council of Churches
Světová rada míru	Всемирный совет мира (1950)	World Council of Peace
Světová zdravotnická organizace	Всемирная организация здравоохранения (ВОЗ, 1946)	World Health Organization (WHO)
Visegrádská skupina	Вишеградская группа	Visegrad Group
Všeobecná deklarace lidských práv (1948)	Всеобщая декларация прав человека	General Declaration of Human Rights

poznámky

poznámky

poznámky

poznámky

poznámky

Překladový slovník

čeština/ruština/angličtina

Zpracoval kolektiv autorů

Obálku navrhla Jiřina Vaclová
Vydalo nakladatelství Votobia
v Olomouci 1997

ISBN 80-7198-231-8